JN442112

항공기내방송을 위한

스피치 코칭

Speech Coaching
for In-flight
Announcements

Cengage

Speech Coaching for In-flight Announcements

Lee Chi Min
Im You Jung

© 2026 Cengage Learning Korea Ltd. ALL RIGHTS RESERVED.

No part of this work covered by the copyright herein may be reproduced or distributed in any form or by any means, except as permitted by Korean copyright law, without the prior written permission of the copyright owner.

For permission to use material from this text or product, email to
asia.infokorea@cengage.com

ISBN-13: 978-89-6218-592-8

Cengage Learning Korea Ltd.
14F YTN Newsquare 76 Sangamsan-ro
Mapo-gu Seoul 03926 Korea

Cengage is a leading provider of customized learning solutions with employees residing in nearly 40 different countries and sales in more than 125 countries around the world. Find your local representative at: **www.cengage.com.**

To learn more about Cengage Solutions, visit **www.cengageasia.com.**

Every effort has been made to trace all sources and copyright holders of news articles, figures and information in this book before publication, but if any have been inadvertently overlooked, the publisher will ensure that full credit is given at the earliest opportunity.

Printed in Korea
Print Number: 01 Print Year: 2025

항공기내방송을 위한

스피치 코칭

이지민 · 임유정 지음

Speech Coaching
for In-flight
Announcements

Cengage

Australia • Brazil • Canada • Mexico • Singapore • United Kingdom • United States

항공기내방송을 위한

스피치 코칭

초판 1쇄 인쇄	2025년 12월 5일
초판 1쇄 발행	2025년 12월 12일
지은이	이지민, 임유정
발행인	탄록민(TAN LOCK MIN), 마이클 조셉 케이힐(MICHAEL JOSEPH CAHILL)
편집기획	김민정
발행처	센게이지러닝코리아(주)
등록번호	제313-2007-000074호(2007.3.19)
주소	서울시 마포구 상암산로 76 YTN 뉴스퀘어 14층
이메일	asia.infokorea@cengage.com
홈페이지	www.cengage.co.kr
ISBN-13	978-89-6218-592-8

정가 32,000원

시 작 하 며

저는 항공사 재직 시절부터 현재까지 25년 동안 항공기 기내 방송 스킬을 가르치는 교수자의 역할을 수행해 왔습니다. 이 길 위에서 수많은 승객과 학생을 만나며, 목소리 하나가 사람의 마음과 신뢰를 얼마나 깊이 움직일 수 있는지 매 순간 확인할 수 있었습니다. 그러나 강의실 안에서는 항공 서비스 전문가에게 필수적인 정확하고 신뢰감 있는 목소리의 뿌리가 되는 발성, 발음, 호흡법을 지도할 때 학생들이 어려움을 겪는 것이 늘 아쉬움으로 남았습니다. 이러한 고민을 안고 있던 10년 전 겨울, 저는 서울의 한 대형 서점에서 『성공을 부르는 목소리 코칭』을 접하며 스피치 전문가의 통찰이 제 고민에 대한 해답을 줄 것이라 확신했습니다. 이후 독자와 저자로 시작된 인연은 깊은 신뢰를 바탕으로 공동 저술이라는 귀한 결실을 하게 되었습니다. 귀한 경험과 전문성을 기꺼이 나누어 주신 임유정 대표님께 진심으로 감사드립니다.

이 교재는 스피치 전문가의 체계적인 음성 코칭 노하우와 항공 서비스 전문가의 깊이 있는 실무 암묵지가 오롯이 담긴 전문 교재입니다. 이 책은 현장에서 바로 활용 가능한 실습 중심의 안내서이자, 객실 승무원을 꿈꾸는 이들을 위한 가장 확실한 기내 방송 지침서입니다. 항공 승무원을 목표로 하는 학생들과, 서비스 전문가로서의 스피치 능력 향상 및 상위 방송 자격 취득을 원하는 현직 객실 승무원들을 대상 독자로 합니다. 교재는 총 3부로 구성하여, Part 1에는 좋은 목소리를 만드는 4가지 법칙과 기본기 훈련을, Part 2에는 기내 방송의 원칙과 규정, 시스템 이해와 주요 방송문 해설을 담았습니다. 이어지는 Part 3은 한국어와 영어로 구성된 상황별 실전 방송문 연습 워크북과 모델 보이스 자료를 수록하여, 학습자 스스로 자신의 목소리를 완벽하게 완성해 나갈 수 있도록 설계했습니다. 또한 학습 효과 극대화를 위해 발성 ·

발음 · 호흡 · 리듬 스피치법 코칭 동영상 자료와 언어별 주요 방송문의 모델 보이스 자료를 함께 제공합니다.

이 책이 여러분께 전하고자 하는 것은 단순한 기술이 아닙니다. 여러분의 목소리가 하늘 위에서 승객의 안전을 보장하고, 최상의 환대를 전하며, 궁극적으로 항공사의 품격을 완성하는 결정적인 순간을 저희와 함께 만들고자 합니다. 그 여정의 든든한 동반자로, 이 책이 여러분의 꿈과 실무 현장 곁에 항상 있기를 진심으로 바랍니다. 교재 출간을 위해 많은 도움을 주신 센게이지러닝코리아 김민정 과장님과 편집부 선생님들, 모델 보이스 제작에 함께해 주신 성우분들, 산업계 동향 정보 제공과 교정 작업을 도와준 제자 지현 · 희연 · 지윤에게 깊은 감사를 표합니다. 마지막으로, 좋은 결과를 위해 함께 노력해 주시고 저자 서문을 양보해 주신 라온제나 임유정 대표님께 다시 한번 깊이 감사드립니다.

2025년 11월

저자 이지민

차 례

PART 02 서비스를 이끄는 기내 방송 이론 코칭
객실 승무원을 위한 기내 방송의 원칙, 시스템, 전달 전략

PART

01

성공을 부르는 스피치 코칭

목소리로 신뢰를 만들고,
말로 감동을 전하는 법

목소리,
누구나 후천적으로
익힐 수 있는 기술이다

동영상

"유정 씨, 내가 보기에 유정 씨는 방송과 어울리지 않아. 방송 말고 다른 진로를 택해 봐." 우연하게 시작된 KBS 리포터 시절. 첫 방송을 하고 난 뒤 PD와 아나운서 선배가 내게 했던 말이다. 톤이 높고 허스키한 음성, 전혀 방송인답지 않은 촌스러운 리듬감, 불분명한 발음 등 나쁜 목소리 종합 선물 세트를 가지고 있던 나는 울면서 집으로 돌아올 수밖에 없었다.

하지만 이대로 포기할 수는 없었다. '어차피 말은 평생 안 하고 살 수는 없어. 또 말을 잘하고 목소리가 좋은 사람들이 많다는 것은 나 역시도 연습하면 그렇게 될 수 있다는 증거 아닐까? 어릴 때 욕먹는 것은 괜찮아. 하지만 나이들어 말 못해 욕을 먹을 수는 없지. 그래 포기하지 말고 도전해 보자.'

이렇게 시작된 나의 '좋은 목소리 만들기 훈련'은 방송 생활을 하는 9년여 동안 계속되었다. 방송하기 전에 목소리를 깨우기 위해 하루 30분에서 1시간 동안 발성 훈련을 게을리하지 않았고, 기계가 아닌 사람이기에 '오늘은 톤이 좀 낮네. 낮으면 너무 지루하지. 조금 톤을 올려서 방송하자.' 또는 '오늘은 톤이 너무 높아. 시끄럽게 들릴 수 있어. 조금 톤을 내려 보자.' 이렇게 항상 보이스 레코더를 가지고 다니며 나의 음성을 민감하게 체크했다. 그렇게 노력한 결과 지금은 목소리 전문가가 되어 사람들에게 '좋은 목소리를 만드는 방법'에 대해 강의할 수 있게 됐다.

이 책은 좋은 목소리를 내기 위한 나의 history다. 나의 사투다. 나의 눈물이다. 지금도 명절이 되면 친척들은 내게 "유정이는 인간극장에 나와야 할 애야!"라고 말한다. 난 어렸을 적에 말을 심하게 더듬던 아이였다. 심하게 더듬거렸던 말은 중학교 2학년이 돼서야 웬만한 의사소통이 가능할 정도로 됐다. 하지만 그 후에도 긴장하거나 어떤 특정 단어를 말할 때는 말이 잘 나오지 않아 더듬거렸다. 말을 심하게 더듬던 아이가 방송의 꽃이라 불리는 아나운서가 되고 대본 하나 없이 애드리브로 사람을 설득해야 하는 쇼핑 호스트라는 직업을 갖기까지 얼마나 많은 피나는 노력을 했을까?

목소리는 절대 타고나는 것이 아니다. 후천적인 노력만으로도 내 목소리를 찾아 자신감 있게 말할 수 있다. 이 책을 읽고 있는 독자 가운데 말을 심하게 더듬는 분도 계실 것이다. 하지만 대부분은 이런 심각한 증상을 안고 목소리에 대한 훈련을 시작하지는 않을 것이다. 다시 말해 여러분은 나보다 훨씬 더 유리한 출발선에서 목소리 훈련을 시작한다는 것이다. 그렇기 때문에 이 책에 쓰여 있는 목소리 훈련법을 실천에 옮긴다면 누군가에게 신뢰감을 줄 수 있는 좋은 목소리를 얻을 수 있다고 확신한다.

특히나 긴 비행시간 동안 지쳐 있을 기내 승객들을 위해서라도 반드시 승무원은 목소리 훈련을 통해 호감 있고 신뢰감 있는 모습을 보여 줘야 한다. 여러분은 이 책의 어느 한 부분도 놓쳐서는 안 된다. 내가 먼저 소리 내 보고 경험해 보고, 이른바 20여 년간의 '임상실험'을 거쳐 나온 좋은 목소리 훈련법이니 나를 믿고 따라와 줬으면 좋겠다. 그럼 머지않아 다른 사람 앞에서 '내 목소리'로 한결 편안하고 자신감 있게 말하는 나를 발견할 수 있을 것이다.

CHAPTER

01

내 안에 잠든 좋은 목소리를 깨워라

1. 공명으로 울리는 목소리 만들기

그리스 신화에 보면 상반신은 여자이고 하반신은 새의 모습을 하고 있는, 천상의 목소리를 내는 바다의 요정이 나온다. 바로 '세이렌'이다. 세이렌은 지중해의 한 섬에서 살면서 감미로운 노랫소리로 지나가는 배의 선원들을 섬으로 유혹해 잡아먹었다고 한다. 세이렌은 향후 경보(警報)를 뜻하는 사이렌의 어원이 된다. 얼마나 세이렌의 목소리가 좋았으면 그토록 사람의 마음을 유혹할 수 있었던 것일까? 그렇다면 사람의 마음을 끌어당기는 좋은 목소리는 어떤 소리일까?

예전에 한 행사에 초대되어 사회를 본 적이 있다. 그때 초대가수로 인순이가 나왔다. 나는 개인적으로 인순이의 '거위의 꿈'이라는 노래를 참 좋아한다. 몸 전체를 울려서 나오는 깊은 울림소리, 굳이 귀를 기울이지 않아도 머릿속에 쏙쏙 들어오는 정확한 가사의 발음, 저음과 고음을 넘나드는 완벽한 하모닉스(저 · 중 · 고음의 조화), 정말 감동 그 자체였다. 인순이는 사람들에게 무한한 감동을 주는 목소리를 갖고 있었다.

반면 그 날 행사에 초대된 또 다른 한 가수는 그 날 감기에 걸려 컨디션이 좋지 않았는지 비강음(콧소리)으로만 간신히 소리를 내 감동이 잘 전달되지 않았다. 사람들은 혼신을 다해 부르는 인순이에게는 기립박수를 보냈지만, 다른 가수에게는 노래가 끝난 다음 그저 옅은 박수만 보낼 뿐이었다.

왜 많은 사람들이 인순이의 목소리를 듣고 환호했을까? 그 이유는 바로 인순이의 목소리에는 사람의 마음을 울리고 유혹할 수 있는 '공명(共鳴)'이 들어가 있었기 때문이다. 공명은 추운 겨울에 손을 감싸주는 실크 장갑처럼 포근하고 부드럽다. 그러면서도 행렬을 맞춰 진군하는 군인들의 절도 있는 모습처럼 강한 힘도 가지고 있다.

사람의 마음을 유혹할 수 있는 목소리를 갖고 싶은가? 신뢰감이 있으면서도 편안한 목소리를 얻고 싶은가? 그렇다면 '공명(共鳴)'을 가져라.

1) 순수한 목소리의 싹에 공명을 더하라

목소리는 폐에서 나온 공기가 성대를 진동해 생기는 것을 말한다. 목소리는 눈에 보이지 않는다. 폐에서 나온 공기가 성대를 지나 진동을 하며 밖으로 나오게 되고, 사람들은 자신의 귀에 있는 고막을 통해 상대방의 목소리를 듣게 된다.

남자 목소리의 기본 주파수는 100~150hz, 여자 목소리의 기본 주파수는 이보다 높은 200~250hz의 주파수를 갖는다. 100hz는 1초에 성대가 100번 진동한다는 뜻으로 소리가 높을수록 주파수도 높다. 소리가 높으면 가까이 있는 사람에게는 잘 들리지만 멀리 있는 사람에게는 잘 들리지 않는다. 그래서 남자와 여자가 같은 소리를 낼 경우 남자의 목소리가 더 잘 들리게 되는 이유도 여기에 있다.

목소리는 크게 2가지로 나뉜다. 첫 번째 목소리는 '순수한 목소리의 싹'이다. 성대를 떨게 해 나오는 소리를 말한다. 폐로부터 직접 나오는 순수한 목소리의 싹은 사람의 지문만큼이나 다양하다. 타고난 자신의 목소리라 말할 수 있다.

하지만 순수한 목소리의 싹은 소리 자체가 약해 이 목소리로만 이야기할 경우 '왜 이렇게 목소리에 힘이 없어.' '왜 나이 어린 사람처럼 이야기하지?' 하는 느낌을 줄 수 있다. 그래서 신뢰감 있는 목소리를 만들기 위해 필요한 목소리가 있다. 바로 두 번째 목소리 '공명'이다.

공명(共鳴)은 소리가 나오면서 주변의 울림을 통해 밖으로 표출되는 것을 말한다. 즉 소리가 나오면서 구강(입), 비강(코), 두성(머리)을 울려서 나오는 울림소리를 말한다〈그림 1-1〉. 공명은 동굴 안에서의 울림소리라고 생각하면 쉽다. 여성성보다는 남성성이 강하기 때문에 목소리 안에 힘이 들어가 있다.

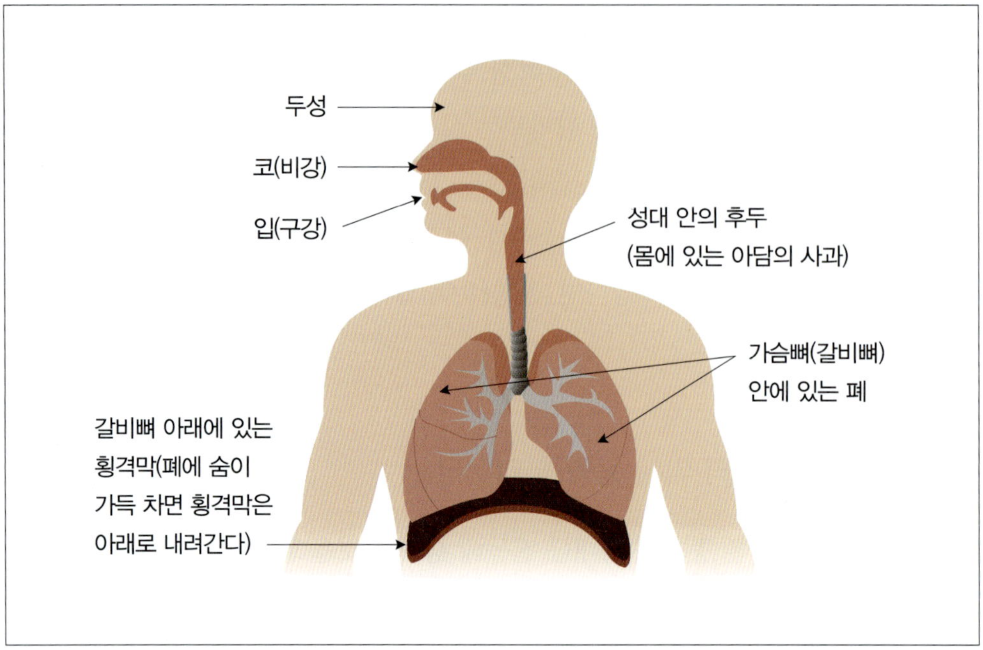

paveugra/iStock/Getty Images Plus

그림 1-1 폐에서 숨이 올라와 성대를 만나 진동하는 모습

예전 리포터 시절에 어떻게 하면 목소리가 좋아질 수 있느냐고 선배님에게 물었을 때 내게 해주셨던 말이 떠오른다.

"네가 남자라고 생각해!"

그때 왜 남자처럼 이야기하라고 했는지 이해가 되지 않았는데 지금 생각해 보니 예쁘게 말하지만 말고 남성성(性)이 강한 공명을 넣어서 말하라는 뜻이었던 것 같다.

좋은 목소리는 순수한 목소리의 싹과 공명이 합쳐진 목소리를 말한다. 순수한 목소리의 싹도 물론 좋은 목소리지만 순수한 목소리의 싹은 너무 소리가 약해 신뢰감을 주기 어렵다. 그래서 공명음의 도움을 받는 것이다. 공명은 튼튼하고 강하다. 또한 공명은 부드러움과 편안함을 같이 가지고 있다. 즉 좋은 목소리는 순수한 목소리의 싹(나의 개성)과 공명(편안함)이 합쳐진 목소리라고 말할 수 있다.

순수한 목소리의 싹은 내가 타고난 목소리이기 때문에 따로 훈련을 하지 않아도 된다. 하지만 공명은 반드시 훈련을 통해 단련해야 하기 때문에 좋은 목소리를 만들기 위해서는 반드시 '공명' 훈련을 해야 한다.

Deagreez/iStock/Getty Images Plus

좋은 목소리란

2) 공명은 너도나도 함께 울리는 것

왜 사랑이 사랑인 줄 아는가? 사랑은 '랑'이 4개 모여서 사랑이다. 나에게서 시작되는 '나랑 너랑' 그리고 상대방에게 오는 '나랑 너랑'이 보여 4랑이 되는 것이다. 짝사랑은 한쪽에서만 오는 '나랑 너랑'이기 때문에 2개밖에 없어 짝사랑이라 이야기한다고 한다.

누군가에게 사랑을 고백한다고 치자. 그 사람의 마음을 울리고 싶다면 먼저 누구의 마음부터 울려야 할까? 맞다. 내 마음부터 울려야 한다. 내 마음부터 울려서 진심으로 사랑을 표현해야만 그 사람이 내 마음을 받아줄 것이다(만약 내 사랑이 진심이 아니라면 그 사람을 설득하기는 어려울 것이다). 그렇게 내 마음을 울려 사랑을 표현할 결과 다른 사람의 마음도 함께 울리는 것, 바로 그것을 우리는 공명(共鳴)이라 부른다. 공명(共鳴)은 '함께 공(共)'자와 '울 명(鳴)'자를 써서 '함께 울린다'라는 뜻을 가지고 있다. 즉 먼저 내 마음을 울린 다음 다른 사람의 마음도 울려 함께 울리는 것, 그것을 바로 우리는 '공명'이라고 말하는 것이다.

사람들은 울림이 있는 공명 목소리를 좋아한다. 공명은 스피커로 치면 일반 스테레오 스피커가 아닌 저음이 쫙 깔리는 우퍼(wooper) 스피커다. 우퍼 스피커의 경우

저음이 많아 사람들 귀에 편안하게 들린다. 어렸을 적 엄마가 불러주던 자장가의 소리를 떠올려 보자. 아이에게 자장가를 록 버전으로 불러주는 엄마는 없을 것이다. 아이를 재워야 밥이라도 먹고 세수라도 할 짬이 생기기 때문에 무슨 수가 있더라도 아이를 재워야 하는 엄마로서는 잔잔한 울림이 가득한 소리로 아이에게 자장가를 불러준다. 이때 나오는 것이 바로 공명이다.

공명은 참으로 따뜻하고 편안하다. 생소리가 아닌 자신의 몸을 울려 나오는 울림이기 때문에 자신도 편하고 상대방에게도 편하게 들린다. 그러면서도 내 몸을 울려 나오는 소리이기 때문에 그 자체로 신뢰감이 묻어 나온다. 생각해 보라. 세일즈맨이 와서 물건을 설명하는데 자신의 상품에 대한 애정이 묻어 나오는 목소리로 말하는 사람과 겉도는 목소리로 말하는 사람 중에 우리는 어떤 사람에게 유혹당하는가?

공명 목소리는 편안하면서도 신뢰감 있는 목소리다. 그래서 누군가를 설득해야 하는 직업을 가진 사람들에게 반드시 필요한 목소리라고 이야기할 수 있다.

3) 설득 전문가에게 공명 목소리는 필수 조건

GS홈쇼핑 쇼핑 호스트 시절, 목소리에 공명이 있는 쇼핑 호스트와 그렇지 않은 쇼핑 호스트의 연봉 차이는 어마어마했다. 당연히 목소리 안에 공명이 있는 쇼핑 호스트의 연봉이 훨씬 높았다. 물건을 잘 팔기 위해서는 일단 내 마음부터 울리는 것이 먼저였다. 쇼핑 호스트 시절 가장 어려운 것이 '나의 마음 울리기'였다.

당시 주방용 그릇으로 유명한 한 회사에서 신상품을 출시해 방송을 하게 되었다. 전략회의(보통 방송하기 2주일 전에 MD, PD, 쇼핑 호스트가 모여 회의를 한다)를 하는데, 글쎄 접시 바닥에 물고기 두 마리가 그려져 있는 것이 아닌가? 사람들의 반응은 "여기에 과일 담는다고 생각해 봐. 너무 징그러울 것 같아."였다. 나 역시 그랬다. 도저히 팔 자신이 없었다. 방송 날짜는 다가왔고 아무리 그 접시에 정을 주려고 해도 정이 가질 않았다. 매출 결과는? 역시나 30%도 되지 않는 매출을 기록해 그 접시는 향후 홈쇼핑에서 모습을 감췄다.

내가 만일 보험을 판매하는 세일즈맨이라면 '야, 이거 진짜 좋은 보험 상품이구나. 단순한 보험 상품이 아닌 고객의 건강과 재산을 지켜줄 수 있는 좋은 보험이야'라고 먼저 내 마음을 울려야 한다. 그래야만 고객이 이 울림을 듣고 '아 이거 진짜구나!'라는 생각을 하게 되어 고객의 마음까지 함께 울리게 되는 것이다. 면접을 앞두고 있는 취업 준비생이라면 목소리 안에 반드시 '공명', 즉 울림소리가 들어가 있어야 한다.

면접에 대한 지도를 하다 보면 면접은 '말로 보는 것'이 아니라는 생각이 든다. 오히려 말을 많이 하면 마이너스가 될 수도 있다. 자기 자신 안의 믿음이 강한 사람, 그리고 회사에 대한 애정으로 자신의 마음을 울린 구직자들이 내뱉는 말 한마디에는 짧지만 깊은 울림, 즉 공명이 들어가 있다.

"제 심장에는 터지기 직전의 폭탄이 들어 있습니다. 제 심장의 폭탄에 불을 당겨주십시오. 이 활활 타오르는 열정을 회사에 쏟아내겠습니다!"

이때 만약 내 마음을 울리지 않은 생 목소리(목으로만 소리 내는)로 말한다면 감동이 진하게 전달될까? 그렇지 않을 것이다. 자기 몸과 마음 전체를 울려 나오는 소리여야만 면접관의 마음도 함께 울릴 수 있을 것이다.

전문적인 내용을 가르치는 강사들에게도 공명은 필수적이다. 공명은 그 자체로 마이크 역할을 한다. 목소리가 작은 사람일수록 "마이크가 있어야 남 앞에서 이야기할 수 있다"라고 하는 사람이 많다. 공명은 자기 스스로 울림을 만들기 때문에 소리를 크게 내려고 애쓰지 않아도 자연스럽게 소리가 커져 넓은 공간에서 소리 내기가 훨씬 편하다. 하루 2시간의 강의에도 목이 쉬어 성대결절로 고민하는 강사들이 많다. 공명을 넣어서 말하면 훨씬 적은 에너지로 큰 소리를 낼 수 있다.

또한 공명은 톤이 내려가 있는 안정된 목소리이기 때문에 잘 들린다. 앞에 나가 발표만 하려면 톤이 높아지는 사람이 있다. '꼭 잘해야 해!'라는 생각이 강하면 그럴 수 있다. 또 불안하고 두려워지면 톤이 올라가게 된다. 이렇게 톤이 올라가게 되면 음정 자체가 불안해지고 소리만 지르게 되는 경우가 많다. 계속 소리 지르듯이 높은 톤으로 이야기를 하면 단어와 단어 사이의 높낮이가 적절히 조화되지 않아 소리가 일자 톤으로만 들린다. 따라서 듣는 사람이 시끄럽게 느낄 수 있다.

공명을 연습하면 자연스럽게 톤이 내려가게 된다. 공명이 나온다는 것은 얕은 호흡이 아닌 깊은 호흡으로 말을 한다는 것이고, 이때의 톤은 위쪽에 떠 있기보다는 아래에 차분히 내려와 있기 때문이다. 톤을 내린다는 것은 '놓는다는 것'이다.

세상만사 다 가지려고 하면 도망가는 것이 이치인 것 같다. 하지만 놓고 생각하면 오히려 더 실현될 때가 많다. 강사의 목소리에 공명이 아닌 목 힘이 많이 들어가게 되면 말하는 강사도 힘들지만 듣는 사람도 힘들다. 차분히 내려진 공명음으로 강의해 보자. 강의를 하는 데 큰 도움이 될 것이다.

사람들을 설득하고 싶은가? 그럼 상대방을 먼저 설득하지 말고 자기 자신을 먼저 설득하자. 함께 울리는 공명 목소리를 내기 위해서는 무엇보다도 중요한 것이 바로 '나의 마음 울리기'임을 잊지 말자. 진심을 담아 하는 사랑고백, 내가 세일즈하는 상품에 대한 애정, 내가 말할 내용에 대한 진정한 사랑 없이는 내 마음도 다른 사람의 마음도 울릴 수 없다는 사실을 꼭 기억하자.

4) 공명 목소리를 내고 싶다면 복식호흡을 해야 한다

그럼, 공명을 내기 위해서는 어떻게 해야 할까? 물론 공명을 내기 위해서는 내가 말할 콘텐츠에 대한 믿음과 애정이 전제조건으로 되어야 한다. 하지만 내가 말하는 콘텐츠가 아무리 좋아도 내 마음처럼 공명이 나오지 않을 때가 있다.

예를 들어 일주일 동안 밤새워 만든 기획안이 있다. 일주일 동안 잠도 못 자고 밥도 못 먹고 만든 기획안이기 때문에 여기에 무한한 열정이 들어가 있다. 하지만 발표만 하려고 하면 내 목소리는 더욱 움츠러들고 작아진다. 이럴 때는 내 몸을 울려 소리를 내는 공명 목소리 훈련을 하면 목소리를 조절할 수 있다.

내 몸도 바이올린이나 첼로와 같은 하나의 악기다. 바이올린을 연주하듯 내 몸을 연주해 소리를 내면 사람의 마음을 유혹할 수 있는 공명음을 낼 수 있다. 단순히 목을 짜서 낸 목소리와 몸 전체에 울림을 만들어내는 목소리는 다르다. 내 몸 깊은 곳에서 호흡을 끌어올린 뒤 내 몸 전체를 울려 나오는 공명은 한 곡의 바이올린 연주만큼 아름답다.

그렇다면 내 몸을 어떻게 연주해야 할까? 목소리계의 스테디셀러이자 좋은 목소리의 종결자, 바로 '복식호흡'을 연습해야 한다. 복식호흡은 좋은 목소리를 내기 위해 가수, 성악가, 연기자, 아나운서들이 반드시 훈련하는 것으로 반드시 연습을 통해 몸으로 익혀둬야 한다.

하지만 복식호흡이라는 말만 꺼내면 "복식호흡 너무 어려워요!"라며 머리를 흔드시는 분들이 많이 있다. 이제 걱정하지 마시라. 복식호흡은 새로 배워야 하는 것이 아

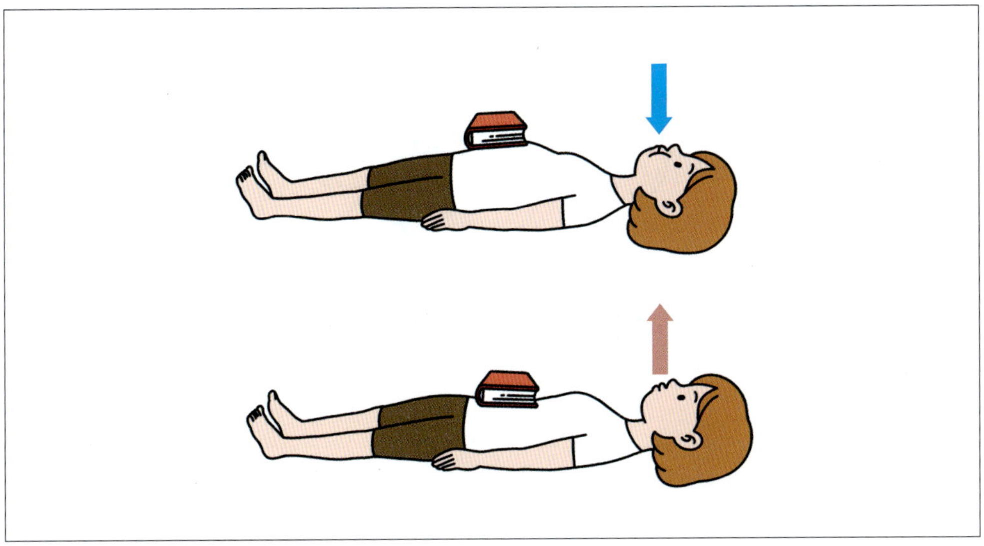

그림 1-2 누워서 하는 복식호흡

니다. 태어날 때부터 우리 몸은 복식호흡을 하고 있으니까 따로 배우지 않아도 된다.

자, 침대에 누워보자. 배에 책을 하나 올려놓고 숨을 들이마셔 보자. 배가 올라가면서 책도 함께 위로 올라가지 않는가? 숨을 내쉬면 배에 있는 숨이 빠지면서 책은 아래로 내려가게 된다〈그림 1-2〉. 이때 하는 것이 바로 '복식호흡'이다.

담배를 피우는 사람들에게 왜 담배를 끊지 못하냐고 물으면 "담배를 피우지 않으면 스트레스가 쌓여서 어쩔 수 없다."라고 말한다. 왜 그럴까? 담배를 피울 때 우리는 가슴을 쓰는 단순한 흉식호흡이 아니라 배까지 깊게 숨을 들이마시고 뱉는 복식호흡을 한다. 복식호흡을 하면 숨이 배 쪽까지 깊이 들어가고 나오기 때문에 안정감을 얻을 수 있다. 요가나 명상을 하면 호흡이 배 쪽으로 내려가 한결 편안한 기분을 느끼는 것처럼 말이다.

하지만 내가 불안해지고 몸이 피곤해질수록 호흡은 아래에 있기보다는 가슴 쪽으로 올라가게 된다. 더군다나 서 있을 때는 누워 있을 때보다 무게 중심이 위쪽으로 올라가기 때문에 평상시에 발표를 할 때 사람들은 복식호흡보다는 흉식호흡을 하게 된다. 게다가 입이랑 가까운 곳이 가슴이다 보니 자연스럽게 흉식, 즉 얕은 호흡을 하게 되는 것이다. 가슴으로만 내 몸을 울려서는 공명이 진해질 수 없다. 배까지 호흡을 내려 공명을 진하게 우려내 보자.

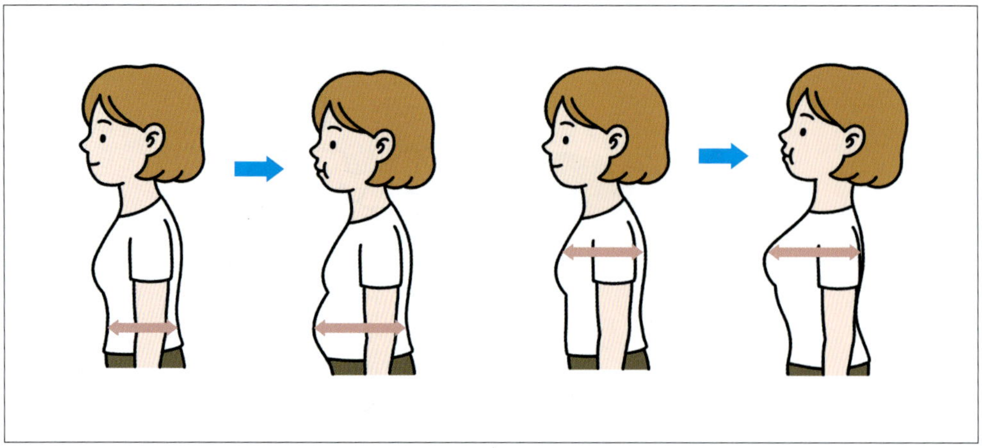

그림 1-3 복식호흡(좌)과 흉식호흡(우)의 차이

먼저 복식호흡 존(zone)에 손을 올려 놓자. 복식호흡 존은 갈비뼈 아래에서부터 배꼽 5cm까지의 공간을 말한다. 여기에 손을 올려놓고 숨을 들이마셔 보자. 코로도 좋고 입으로 들이마셔도 좋다. 자, 복식호흡 존에 풍선이 들어가 있다고 생각하자. 자, 숨이 들어가면 풍선은 어떻게 될까? 부풀어 오를 것이다. 그럼 이제 숨을 입으로 내뱉어 보자. 숨이 나가면 풍선은 바람이 빠지면서 수축될 것이다.

복식호흡할 때와 삼겹살 먹을 때의 배 모양은 똑같다. 삼겹살을 맛있게 먹으면 배가 볼록하게 나오는 것처럼 숨을 복식호흡 존에 담으면 배는 볼록하게 나온다. 하지만 배가 고파지면 배가 홀쭉해지는 것처럼 숨이 다 빠져나가고 없어지면 그때의 배 역시 홀쭉해진다.

숨을 가득 채운 다음 "아~~" 하고 뱉어 보자. 이때 목에 너무 많은 힘을 주면 소리가 꺾일 수 있다. 자연스럽게 하품하듯이 입을 벌려 주자. 그리고 목과 쇄골 사이에 손을 갖다 대 보자. 그러고 나서 숨을 들이마신 다음 "아~~" 하고 뱉어 주자. 이때 목과 쇄골 사이에 성대의 울림이 느껴져야 한다.

성대 안에 후두가 있는데 '아~~' 하는 소리 톤을 아래로 내리면 내릴수록 후두의 위치도 함께 내려가게 된다. 공명은 후두가 아래로 내려갈수록 더 진해지고 깊어진다. 높음 음과 낮은 음을 번갈아가며 소리를 내 보자. 후두의 이동이 손에 느껴질 것이다. 후두의 위치를 내린 다음 신문기사를 읽거나 말을 하면 공명 목소리를 쉽게 얻을 수 있게 된다.

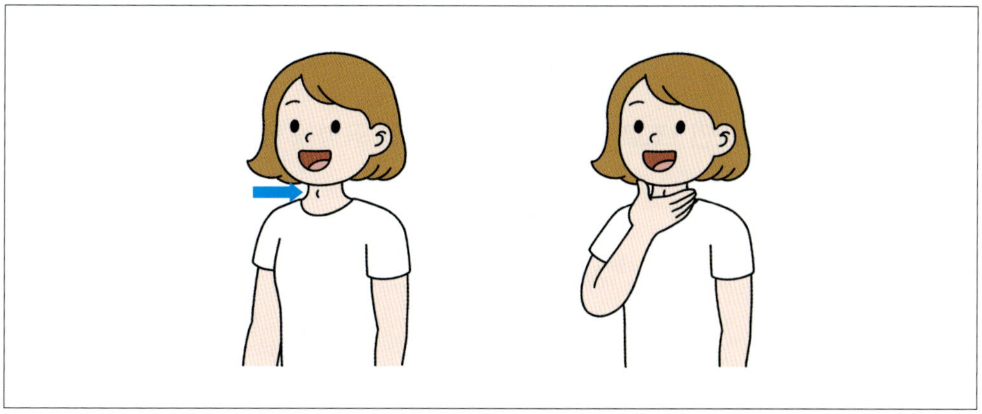

그림 1-4 후두의 위치(좌)와 후두에 손을 대고 있는 모습(우)
후두에 손을 대고 높은 음과 낮은 음을 번갈아가며 소리를 내면 후두의 이동이 느껴진다.

세일즈계의 바이블이라고 할 수 있는 지그 지글러(Zig Ziglar)의『당신에게 사겠습니다』라는 책을 보면 세일즈 초기에 경험이 없어 힘들어하는 사람이 어려움을 참지 못하고 상급자에게 가서 세일즈를 그만두겠다고 말을 한다. 이때 상급자는 "당신은 절대 보험업계를 떠날 수 없네. 왜냐하면 보험업계에 들어온 적이 없기 때문이네." 라고 말한다.

예전에 쇼핑 호스트 시절 10년 차 선배에게 내가 어려움을 토로했다.

"선배님, 저 요즘 슬럼프예요. 너무 힘들어요."

"유정아. 너 슬럼프 아니야. 왜냐하면 슬럼프는 어느 정도 올라간 사람이 중간에 겪게 되는 과정인데 넌 아직 시작도 안 했잖니."

우리는 대부분 자기 자신을 먼저 설득하는 과정을 거치지 않고 남들이 하니까 서둘러 따라 하다 금방 지치게 되는 경우가 많다. 그래서 중간에 포기해 버리거나 '이건 나와는 맞지 않은 일이야'라고 쉽게 치부해 버린다. 어떤 일을 하든 자기 자신을 설득하는 것이 중요하다. 지금 내가 하고 있는 말에 대해 먼저 내가 나 자신을 설득해 보자. 그럼 내 몸과 마음을 울린 울림소리가 나올 것이다. 이 진심을 담은 울림을 다른 사람에게 전해 주자. 그럼 다른 사람의 마음도 울려 함께 울리는 공명이 나올 것이다.

다른 사람을 설득하고 싶은가? 진심으로 소통하고 싶은가? 나의 마음과 몸을 울릴 수 없다면 다른 사람의 마음도 울릴 수 없는 법이다. 목소리에 공명을 담아 서로 소통해 보자. 그럼 상대방을 설득하는 것이 한결 편해질 것이다.

PRACTICE DIARY 1

실습회차

학습한 내용을 토대로 2인 1조로 복식호흡과 목소리에 공명을 담아 대화하는 연습을 해 보세요.

실습일 　　　　실습시간

실습한 부분	내가 잘한 부분과 아쉬운 부분

파트너의 피드백

코치의 피드백

다음 실습 시 집중공략

2. 부드럽고 안정된 '동그란' 음색 찾기

예전에 새 차를 구입했었다. 지방에서 외부 강의가 많은 나로서는 안전상 지금의 경제 상황보다 조금 더 비싼 차를 구입할 수밖에 없었다. 근데 이게 웬일인가? 구입한 지 6개월도 안 된 차가 강변북로를 달리던 중 멈춰 서지 않았겠는가? 다행히 위험한 상황은 벌어지지 않았지만 미션 전체를 갈아야 한다는 통첩을 받았다.

일주일이 지나서야 내 차를 받을 수 있었고, 난 안심을 하고 차를 탔다. 근데 이게 또 웬일인가? 출고한 지 이틀 만에 차가 또 강변북로에서 멈추는 게 아닌가! 이번에는 정말 위험했다. 다행히 갓길로 빠질 수 있는 차선에 있어 사고는 나지 않았지만 정말 큰일 날 뻔했다.

난 정말 화가 났다. 다시 콜센터에 전화를 했다. 이번에는 격앙된 목소리로 말했다.

"아니, 어떻게 이럴 수가 있죠? 출고한 지 이틀 만에 차가 또 멈추다니요. 저 죽을 뻔했어요!"

"네, 알겠습니다. 처리해드리겠습니다."

난 너무나 밝은 상담원의 말에 내 귀를 의심했다. 죽을 뻔했다는 나의 말은 듣지도 않은 채 상담 매뉴얼에 나와 있는 말을 그대로 읊고 있는 것이 아닌가? 난 상담원의 목소리에서 내 건강과 안위를 생각하는 진심이 느껴지지 않았다.

이렇듯이 대화를 나누면서 벽을 보고 이야기하는 느낌이 드는 순간이 있다. 나는 너무나 고민이 되어 잠도 못 잘 정도인데 "뭘 그런 것 가지고 고민이야. 잊어 버려."라고 쉽게 치부하거나, "오늘은 몸이 너무 아파서 더 이상 움직일 수 없어."라고 말하는 사람에게 "넌 왜 만날 아프다고만 하냐."라고 매몰차게 말하는 사람들! 그 사람들의 목소리에는 내가 들어갈 수 있는 공간이 없다. 이렇게 말하는 사람의 목소리에는 나를 진심으로 위하는 마음보다는 냉정하고 매몰찬 느낌이 가득하다.

그런 느낌이 드는 이유 중의 하나는 어미(말끝)에 문제가 있기 때문이다. 겸손한 사람의 어미는 아래를 향해 있다. 하지만 매사 퉁퉁거리고 화가 나 있는 사람이 하는 말의 어미는 위를 향해 있다.

매사 자신감 있으면서도 겸손한 사람이 하는 말의 어미는 동그랗다. 또한 서로 진심으로 대화를 나누는 사람들의 목소리를 들어보면 어미(말끝)가 동그랗다. 즉 소리가 나갔다가 다시 들어오는 동그라미 모양을 하고 있다. 반면 진심이 아닌 말을 하는 사람들의 어미는 내려가는 것이 아닌 올라가는 경향을 보인다. 즉 '죄송합니다. 고객님~~'이 아닌 '죄송합니다. 고객님.'

사람들과 소통하고 싶은 목소리, 따듯한 목소리를 얻고 싶다면 동그란 목소리에 도전해 보자. 한결 자신감 있으면서도 편안한 소리를 낼 수 있을 것이다.

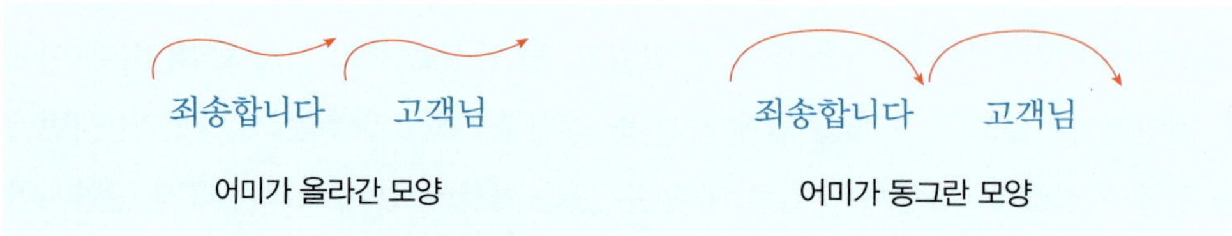

그림 1-5 어미가 올라간 모양(좌)과 동그란 모양(우)

매사에 자신감이 있으면서도 겸손한 사람이 하는 말의 어미는 동그랗지만, 진심이 아닌 말을 하거나 화가 나 있는 사람이 하는 말의 어미는 위를 향해 있다. 어미가 올라가면 경쾌하게는 들리나 진심이 느껴지지 않는다.

1) 동그란 목소리는 부메랑과 같다

발성학자들은 가장 좋은 목소리를 '동그란 목소리'라 말한다. 동그란 목소리는 소리가 입에서 나올 때 일자의 직선으로 나오는 것이 아니라 동그란 모양으로 그리며 나오는 것을 말한다. 소리가 동그랗게 나가는 것은 열정, 자신감, 카리스마를 이야기하

그림 1-6 소리가 동그랗게 나가도록 하는 말에는 자신감, 카리스마가 담겨 있으며, 이 소리가 다시 안으로 들어올 때는 겸손, 따듯함, 배려를 느낄 수 있게 해 준다.

며, 소리가 다시 안으로 들어올 때는 겸손, 따듯함, 배려를 느낄 수 있게 해준다. 주변에 말을 할 때 자신감 있으면서도 겸손하게 들리는 목소리가 있지 않은가? 그런 사람은 이 '동그란 목소리'를 하고 있을 가능성이 크다.

하지만 이렇게 목소리가 동그란 경우보다는 말끝이 위로 향하거나 아예 일자로 아무런 어조 없이 이야기하는 사람들이 많다. 어조는 말의 가락, 즉 억양을 이야기하는데 동그랗게 말하는 사람의 어조는 물결을 타듯이 동그란 리듬을 타게 된다. 하지만 무미건조하게 말하는 사람들의 어조는 이러한 리듬감이 들어 있지 않기 때문에 생명력과 전달력이 약할 수밖에 없다.

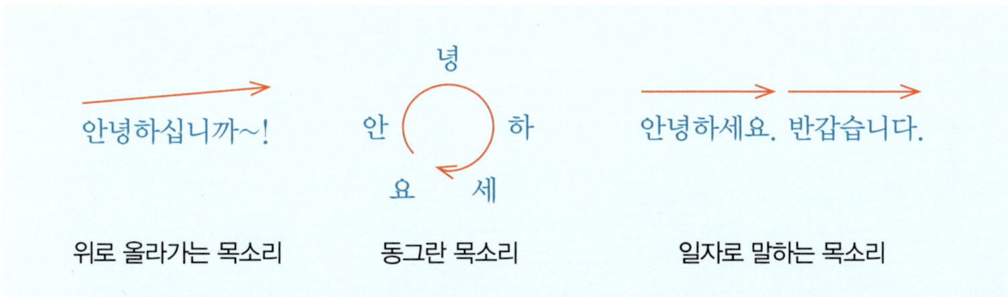

그림 1-7 위로 올라가는 목소리(좌), 동그란 목소리(중앙), 일자로 말하는 목소리(우)

목소리가 일자로 나오는 경우엔 말이 굉장히 지루하게 들릴 수 있다. 특히 프레젠테이션을 하거나 회의를 진행할 때 원고를 그대로 읽거나 외워서 발표하는 경우 모든 문장의 톤이 일직선으로 아무런 변화 없이 쭉 나오게 되는 경우가 많다.

자, 생각해 보자. 운동장에 키가 똑같은 사람을 쭉 줄을 세워 놓았다고 생각하자. 앞에 있는 사람만 앞이 보이고, 뒤에 있는 사람은 앞이 하나도 보이지 않을 것이다. 하지만 앞에는 작은 사람, 뒤에는 조금 큰 사람, 그 뒤에는 제일 큰 사람을 세워 두면 두루두루 잘 보인다. 소리도 마찬가지다. 똑같은 톤으로 계속 이야기하다 보면 말 안에 강약이 없어 잘 들리지 않게 되고 지루하게 느껴진다. 동그란 목소리로 단어와 단어 사이에 크고 작은 동그라미를 만들어 서로 다르게 표현한다면 훨씬 더 생명력 넘치는 말을 할 수 있다.

동그란 목소리는 부메랑이다. 소리가 나갔다가 자신에게 다시 돌아온다. 자신이 어떤 말을 내뱉고 있는지 모르는 사람의 소리는 그냥 앞으로 나가는 일자로 표현된다. 하지만 자신의 말에 책임을 지고 자신이 현재 어떤 말을 하고 있는지 아는 사람의 목소리는 동그랗기 때문에 다시 자신의 귀로 돌아온다. 마치 던졌다가 다시 내 손안에 들어오는 부메랑처럼 말이다. 말을 그냥 뱉지 말자. 내 입에서 나온 말은 내가 책임지자.

2) 제스처를 동그랗게 해서 동그란 목소리에 익숙해지자

일단 최소한의 단어로 나눠 보자. 이제 말의 어미를 동그랗게 내려 보자. 그런 다음 그 안에 동그라미를 넣는다고 생각하자. 말과 제스처는 짝꿍이므로 일단 제스처를 〈그림 1-8〉처럼 동그랗게 해서 동그란 목소리에 익숙해지도록 하자. 다음 문장을 가지고 연습해 보자.

> 안녕하세요. 반갑습니다.
>
> 자, 지금부터 프레젠테이션을 시작하도록 하겠습니다.

그림 **1-8** **제스처를 동그랗게 하는 모습**

어색한가? 김연아도 처음 점프를 연습할 때 엉덩방아도 찧고 많이 어색했을 것이다. 뭐든지 처음은 어색하고 힘들다. 하지만 부단한 연습을 통해 내 것으로 만들면 자연스러운 리듬감이 살아나게 될 것이다.

'나도 좋고 너도 좋은' 동그란 목소리를 통해 부드러운 소통을 해 보자. 다른 사람들에게 상처 주는 말투가 아닌 부드럽고 교양 있는 동그란 목소리를 통해서 말이다. 참고로 동그란 목소리를 내는 사람들은 제스처도 동그란 경우가 많다.

사실 목소리와 제스처는 짝꿍이다. 말에 힘이 들어가 있어야 제스처에도 힘이 실린다. 목소리가 커야 제스처도 커질 수 있다. 즉 목소리가 동그란 사람들은 제스처도 동그랗다. 제스처는 그냥 직선으로 나오는 경우보다는 안에서 밖으로 동그랗게 나오는 경우가 많다. 아나운서와 쇼핑 호스트들을 봐도 그렇다. 이는 말이 동그랗기 때문이다. 한번 텔레비전을 보면서 살펴보자. 다들 안에서 밖으로 나가는 동선을 가진 제스처를 하고 있을 것이다.

어느 날 점심시간에 유명한 일식집에 가서 밥을 먹었다. 워낙 사람이 많은 집이라 일찍 서둘러 그곳을 찾았다. 계산을 하고 나오는데 앞 테이블에 앉아 있던 남자가 대학생으로 보이는 직원에게 "당신 때문에 내 점심이 완전 망가졌다고!" 하며 소리를 지르고 삿대질까지 하고 있지 않은가? 그때 그 사람의 말은 동그랬을까? 그 사람의 제스처는 어땠을까? 그 사람은 목소리도 날카롭고 제스처도 날카로웠다.

이제 편안하고 따듯한 동그란 목소리에 도전해 보자. 내가 뱉은 편안하고 신뢰감 있는 목소리는 나에게로 돌아올 때도 처음 그 모습을 하고 있을 것이다. 하지만 날카롭고 무심코 뱉은 동그랗지 않은 목소리는 그대로 다른 사람의 마음속에만 박혀 있을 것이다.

PRACTICE DIARY 2

실습회차

아래 문장을 최소한의 단어로 나누고 말의 어미를 동그랗게 내려 제스처와 함께 동그란 목소리를 만드는 연습을 해 보세요.

실습일 / 실습시간

안녕하세요. 반갑습니다.
오늘은 날씨가 참 좋습니다.
내일은 비가 온다고 하는데 우산을 챙기세요.
요즘 감기가 유행이라고 합니다. 건강 잘 챙기세요.
오는 길에 사고가 나서 길이 막혀 늦었습니다. 죄송합니다.

실습한 부분	내가 잘한 부분과 아쉬운 부분

코치의 피드백

다음 실습 시 집중공략

CHAPTER

02

좋은 목소리를 만드는 4가지 법칙

1. 부정확한 발음을 교정하라: 또렷한 전달의 시작

동영상

중학교 시절, 연세가 지긋하신 사회 선생님이 계셨다. 그분은 머리가 너무 많이 빠져 뒷머리 아랫부분만 브이(V) 라인으로 머리카락이 남아 있었다. 그래서 그 선생님의 별명은 내 어린 시절 선풍적인 인기를 끌었던 미국 드라마의 주인공 브이였다.

브이 선생님의 또 다른 특징은 바로 '혀가 짧다는 것'이었다. 사회 수업시간에 선생님께서는 우리에게 아프리카 대륙을 돌아 인도 항로를 개설한 신항로 개척의 선구자 '바스코 다가마(Vasco da Gama)'에 대한 가르침을 주고 계셨다. 하지만 우리는 수업에 몰두할 수 없었다. 선생님께서 '바스코 다가마'라는 이름을 말씀하실 때마다 우리는 웃음을 참느라 혼이 났다. 혀가 짧으신 선생님은 '바스코 다가마'를 '빠뜨꼬 따까마'로 연신 말씀하고 계셨던 것이다.

예전에 스피치 교정센터를 찾아온 분이 계셨다. 샤프한 얼굴에 깔끔한 옷차림을 해 누가 봐도 호감형 이미지였다. 그런데 그 분이 "원당 썬쌩님! 쩨가 빠름이 쪼띠 아나떠요." 하며 입을 여는 순간, 왜 나를 찾아오셨는지 한눈에 알 수 있었다. 그 분은 충주에서 큰 식당을 운영하고 있다고 하셨다. 하지만 자신의 발음이 정확하지 않아 손님들과 아예 대화를 나누지 않는다고 말씀하셨다. 손님들과 소통하지 않는 사장님! 글쎄 아무리 음식 맛이 좋다고 해도 온기 나는 사람 정(情) 맛에 비하겠는가?

무슨 말만 하면 '3고'를 맞는 사람이 있다. 3고란 "뭐라고?" "잘 안 들려. 뭐라고?" "아니, 도대체 뭐라는 거야. 뭐라고?"이다. 이쯤 되면 '아! 내 발음에 뭔가 문제가 있구나!'라는 생각을 해봐야 할 것이다.

예전에 인기를 끌었던 〈자이언트〉라는 드라마를 매우 좋아하시는 분이 계셨다. "나 빨리 들어가야 해. 자이언트 봐야 해."라고 서두르자 옆에 있는 친구가 말했다. "뭐? 다이어트한다고?"

우리 현실 속에서도 사오정 시리즈를 쉽게 만날 수 있다. 한 번에 갈 수 있는 '소통의 길'을 괜히 돌아갈 필요가 있을까? 보다 정확한 발음으로 좀 더 빠르게 소통의 길을 걸어 보자. 발음을 정확하게 하려면 어떻게 해야 할까?

1) 입 모양은 크게! 혀 위치는 낮게! 첫음절에 악센트!

목소리는 후두 안에 있는 성대의 울림을 통해 발현된다. 성대는 엘리베이터의 문처럼 양쪽 문이 서로 닫혔다 열렸다를 반복하며 울림을 만들어 낸다. 사람이 목소리를 내려고 하면 성대나 그 주변의 근육이 움직여 느슨해져 있는 성대를 긴장시킨다.

그때 긴장되어 있는 성대가 공기에 의해 진동하고, 그 결과 소리가 나오는 것이다. 하지만 성대가 발음을 만들 수는 없다. 성대는 소리를 만들어내는 기관이므로 정확한 발음을 내기 위해서는 다른 기관의 도움을 받아야 한다.

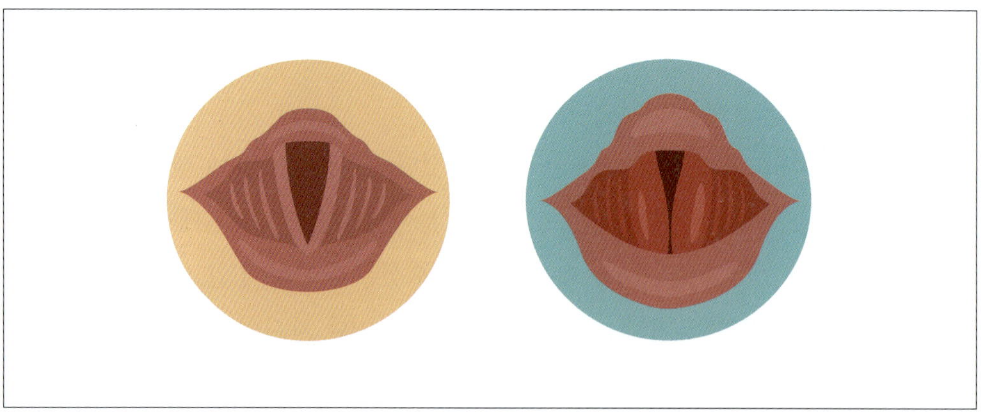

Dmytro Bosnak/iStock/Getty Images Plus

그림 2-1 정상 성대(좌)와 상처 난 성대(우)의 모습

우리가 쿠키를 만든다고 생각해 보자. 쿠키의 원료인 밀가루만으로는 쿠키 모양을 만들 수 없다. 쿠키의 모양을 만들기 위해서는 틀이 필요한 것처럼 발음을 할 때도 기본 소리 위에 발음을 만들어 줄 수 있는 틀이 필요하다. 그 틀은 대표적으로 '입과 혀'라고 할 수 있다.

즉 성대에서 올라온 소리가 입과 혀를 거치며 우리가 의사소통할 수 있는 발음을 만들어 내는 것이다. 만약 말을 할 때 입과 혀가 정확한 위치에 놓여 있지 않으면 우리는 그 말을 알아들을 수 없게 되는 것이다. 또한 입과 혀 말고도 발음을 정확하게 하기 위해서는 첫 단어의 첫음절에 악센트를 주는 것도 큰 도움이 된다.

"뭐라고 말하는 거야? 정확하게 발음 좀 해 봐!"라는 말을 항상 듣는다면 다음 세 가지를 명심하자.

'입 모양은 크게, 혀 위치는 낮게, 첫음절에 악센트'

(1) 발음 비법 1: 입 모양은 크고 정확하게 해줘라

아침에 일찍 일어나 출근을 해야 하는데 늦잠을 잤다. 아침밥을 안 먹자니 점심 때까지 배가 고파 기다릴 수 없을 것 같고, 먹자니 시간이 없을 때 우리는 밥을 국에 말아 후루룩 마시고 나간다. 대부분의 사람들이 아침밥만 후루룩 마시는 것이 아니라 우리의 말도 후루룩 마셔 버리는 경우가 많다. 각 음절의 자음과 모음을 최대한 살려 이야기를 해줘야 하는데 입 모양을 작게 해 발음을 대충 해 버리는 것이다. 일단 입 모양을 크게 해 발음이 소리에 묻히지 않도록 해야 한다.

발음은 말의 소릿값, 즉 음가를 이야기한다. 음이 10점 만점이라면 최소 8, 9 정도의 음가를 내줘야 한다. 하지만 대부분의 사람들은 5, 6 정도의 음가만 낸 채 말을 한다. 그렇기 때문에 음가가 제대로 나오지 않아 다른 사람의 귀에 잘 들리지 않는 것이다.

이제 입 모양을 크게 해서 발음을 하나씩 살려 보자. 발음을 살리기 위한 첫 번째 방법, 그것은 바로 '입 크게 벌리기'다.

모음이란 성대에서 생겨난 소리가 다시 공명을 일으키는 발음 기관(입, 코, 목구멍)에서 공기의 흐름을 방해받지 않고 자유로이 나가면서 만들어지는 말소리다. 우리말에는 모음이 총 21개가 있는데, 단모음 10개(ㅏ, ㅓ, ㅗ, ㅜ, ㅡ, ㅣ, ㅐ, ㅔ, ㅚ, ㅟ)와 복모음 11개(ㅑ, ㅕ, ㅛ, ㅠ, ㅒ, ㅖ, ㅘ, ㅝ, ㅙ, ㅞ, ㅢ)로 이루어져 있다.

‘아’는 양치질할 때 입 모양을 아래위로 크게 벌려주는 것과 비슷하다. 입안을 크게 벌려 주자. 턱을 완전히 아래로 빼서 계란을 세로로 세운 모양으로 입 모양을 만들어 줘야 한다. ‘에’는 입을 가로로 벌려주는 모양이다. 입꼬리가 미소 짓듯이 위로 향해야 한다. 이때 혀가 입 밖으로 나와서는 안 된다. 그렇게 하면 혀 짧은 소리가 날 수 있다. 혀는 입을 벌려준 상태에서 뜨지 않게 내려준다. ‘이’는 입을 가로로 쭉 찢는 느낌으로, ‘에’보다 입꼬리에 힘이 더 가해진다. ‘오’는 입술을 모아 원을 그린다고 생각해 보자. ‘우’는 오리 입처럼 입술을 앞으로 내밀어준다. 이때 윗니와 아랫니는 벌어져야 한다. 그런 상태에서 울림이 있는 ‘우’ 소리를 내 보자.

- **입 모양 실전 연습법**

‘안녕하세요’라는 말을 해 보자. ‘안녕하세요’에 있는 모음 ‘ㅏ ㅕ ㅏ ㅔ ㅛ’를 따로 떼어내 발음해 보자. 입 모양을 크게 하자. 입을 스트레칭하듯이 크게 크게!

그림 2-2 ‘아여아에요’의 입 모양

아나운서들의 경우 뉴스를 하러 들어가기 전에 모음만 따로 연습을 하기도 한다. 이렇게 연습하면 모음에 따라 입 모양이 바뀌기 때문에 말하기 전에 입 모양 스트레칭이 된다.

그다음에는 '안녕하세요, 반갑습니다'를 읽어 보자. 손거울을 보면서 입 모양이 정확하고 크게 벌어지는지 살펴보자. 이번에는 '아 여 아 에 요 아 아 으 이 아', 이렇게 모음만 따로 떼 내어 발음해 보자. 입을 스트레칭하듯이 입안을 크게 벌려 발음해야 한다. 또한 입이 시원하게 스트레칭되어야 한다. 그다음 다시 '안녕하세요. 반갑습니다'를 발음해 보자. 한결 입 모양을 정확히 하며 발음하는 것을 느낄 수 있을 것이다.

입 모양 실전 연습 예문

예 기형아 유발 우려가 있는 약물을 복용한 사람이 헌혈을 하고 이들이 헌혈한 혈액이 가임여성을 포함한 수백명에게 수혈되는 사고가 또다시 발생했습니다.

➡ 이여아 유아 우여아 이으 아우으 오요아 아아이 어여으 아오 이으이 어여아 여애이 아이여어으 오아아 우애여에에 우여외으 아오아 오아이 아애애으이아

혼동하기 쉬운 입 모양

첫째, '에'와 '애'의 혼동이다.

예 가게 : 가개 / 메다 : 매다 / 메밀 : 매밀 / 도대체 : 도데체

심할 경우에는 '예'를 '에'로 발음하는 경우도 많다.

예 계산서 – 게산서

'에'와 '애'를 구분하는 가장 좋은 방법은 '에'보다 '애'가 입 모양이 더 크다는 것이다. '애'는 '아'만큼 입 모양이 크지만 '에'는 '어' 정도의 입 모양 크기를 갖고 있다. 그래서 '가게'라는 말을 할 때 '가'보다는 '게'의 입 모양을 작게 해 줘야 한다.

둘째, '외'를 '웨'로 발음하는 것이다. '외'는 입 모양을 '오'를 발음할 때처럼 입을 둥글게 만들고 '오–이'를 소리 내면서 발음하는 것이다.

예 괴로움 → 궤로움 / 쇠고기 → 쉐고기 / 외교 → 웨교

셋째, '의' 익히기다. '의'는 세 가지로 발음이 될 수 있다.

예 의자 : 의자 ['의'로 발음]

나의 의자 : 나에 의자 ['의'와 '에' 모두 발음 가능]

민주주의 : 민주주이 ['의'와 '이'로 모두 발음 가능]

(2) 발음 비법 2: 혀를 바닥에 깔아라

보이스 트레이닝 강사들을 대상으로 '호감 목소리를 만드는 보이스 코칭법'에 대한 강의를 한 적이 있었다. 수업이 끝나고 나서 한 강사분이 제게 말씀을 하셨다.

"어머, 선생님! 선생님의 혀는 강의 내내 천장에 닿지를 않네요!"

물론 한국어 발음상 혀가 완전히 입천장에 닿지 않을 수는 없지만, 내 혀는 말을 할 때 기본적으로 바닥에 깔려 있다. 혀가 바닥에 깔려 있다는 것은 그만큼 목소리 톤이 높지 않다는 것이고, 혀가 바닥에 깔리면서 입안에서 소리가 자유롭게 진동해 그만큼 편안한 소리를 내고 있다는 말이기도 하다.

발음을 형성하는 데 있어 혀는 아주 중요한 역할을 한다. 소리는 우리의 눈에 보이지 않는다. "어머, 저기 고음 지나간다. 저음이 지나가네~"라고 말하는 사람이 있을까? 당연히 눈에 보이지 않기 때문에 이런 말을 할 수도, 할 필요도 없다. 소리는 눈에 보이지 않는다. 그저 음파와 진동으로 전달될 뿐이다.

자, 여기 큰 동굴과 작은 동굴이 있다. 동굴 안에서 "아~"라고 소리를 낸다고 생각

그림 2-3 큰 동굴(좌)과 작은 동굴(우)에서 말하기

해 보자. 어떤 동굴에서 소리가 더 우렁차게 들릴까? 당연히 큰 동굴 안에서일 것이다. 큰 동굴에서는 소리가 진동할 수 있는 진동 폭이 커서 더욱 크게 들리는 것이다. 발음도 마찬가지다. 입 모양을 크게 벌려 큰 동굴로 만들어야 한다.

그런데 특히 더 중요한 역할을 하는 것이 바로 '혀'다. 이 혀가 중간에 떡하니 떠 있으면 소리는 넓게 진동할 수 없다. 그래서 말을 할 때 혀를 내려 공간을 만들어주면 더욱 명료한 소리를 얻게 된다. 저음으로 이야기하는 사람들은 대부분 혀가 아래로 내려가 바닥에 깔리게 된다. 반대로 높은 톤으로 이야기하는 사람들은 혀가 중간에 떠 있는 상태에서 말을 한다. 혀가 위에 떠 있으면 아성, 즉 어린아이 목소리를 내게 되는데 이는 다른 사람에게 신뢰감을 주기 어렵다.

또한 혀가 중간에 떠 있는 경우 'ㅅ' 발음이 정확하게 나지 않는다. 취업 면접을 준비하기 위해 찾아온 한 친구가 있었다. 은행에 들어가고 싶어했는데, 혀가 짧아 매번 최종 면접에서 고배를 마신다고 했다. 음성 테스팅을 해 본 결과 혀가 짧아서가 아니라 혀가 위로 떠서 'ㅅ' 발음이 잘 되지 않은 경우였다.

'ㅅ' 발음이 잘 되지 않으면 '안녕하십니까'를 '안녕하띱니까'로 발음하기 때문에 후에 은행에 들어가서도 "고객님, 이 펀드의 수익률에 대해 말씀드리겠습니다."라는 말을 할 때 "고객님, 이 펀드의 쑤익률에 대해 말뜸드리겠뜹니다."라고 이야기하게 되어 고객의 신뢰를 얻기 힘들다. 고객을 상대하는 서비스 업무를 하는 사람의 발음이 정확하지 않다는 것은 큰 핸디캡일 것이다. 이 잘못된 'ㅅ' 발음은 혀를 내리는 연습을 통해 고칠 수 있다.

● 혀 운동 실전 연습법

첫째, 혀 근육 스트레칭을 해야 한다. 혀도 근육으로 이루어져 있다. 발음에 따라 혀가 자유자재로 움직일 수 있도록 스트레칭을 해주면 발음을 할 때 혀 위치가 정확해져 발음이 훨씬 좋아질 수 있다.

둘째, 혀를 입 바닥 쪽으로 내리는 훈련을 해 보자. 'ㅅ' 발음을 할 때 영어의 [th] 발음이 되어서는 안 된다는 것을 기억하자. 일단 거울을 앞에 두고 입안을 크게 벌려둔다. 자, 이때 혀의 위치는 어떤가? 위로 올라가거나 중간에 떠 있지 않은가? 이렇게 혀가 올라가 있으면 안 된다. 음을 한 톤 내려 보자. 솔 톤이 아니라 가장 낮은 도 톤으로 소리를 내 보자.

그림 2-4 혀가 내려간 모습(좌), 혀가 뜬 모습(우), 하품할 때 혀가 내려가는 모습(아래)

그래도 혀가 내려가지 않는다면 일단 하품을 크게 해 보자. 하품할 때 입을 크게 벌리면 혀가 내려갈 수 있는 공간이 생겨 혀는 자연스럽게 아래로 내려간다. 하품할 때 하이 톤으로 하는 분들은 없다. 하품할 때 나오는 소리는 굉장히 좋은 중저음이다. 혀를 내리는 또 다른 방법은 '입술 털기'다. 예전에 어르신들이 아이들이 입술을 털면 "야! 입술 털지 마라. 비 온다."라고 이야기했던 것이 기억나는가? 자, 입술을 한번 털어본 다음 "아~~" 하고 외쳐 보자. 입술을 털 때의 혀 위치를 보면 혀가 내려가 있다. 이때 입술을 턴 다음 바로 입을 열면 혀는 그 자리에 그대로 있게 된다.

열창하는 가수의 입 모양을 들여다보자. 어떤가? 혀가 중간에 떠 있는가? 내려와 있는가? 분명 혀가 내려와 있을 것이다. 혀를 바닥에 내려 소리가 진동할 수 있는 공간을 만들어 주자. 그럼 좀 더 또렷한 음가를 얻을 수 있다.

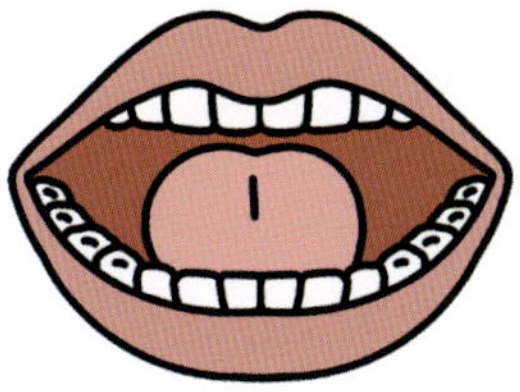

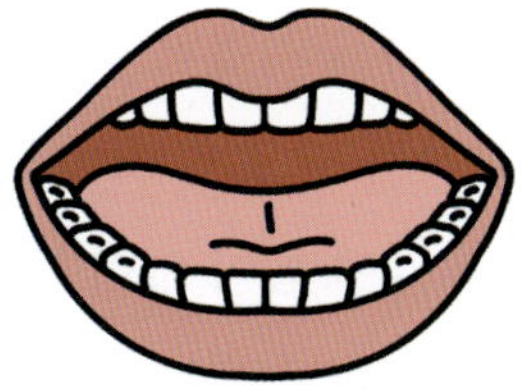

허끝이 목구멍을 향하도록
동그랗게 말아주세요.

혀를 바닥에
쫙 깔아주세요.

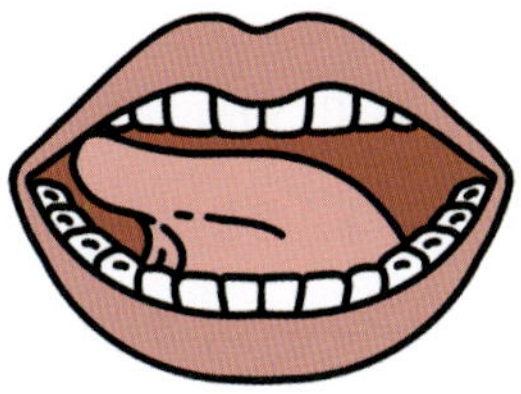

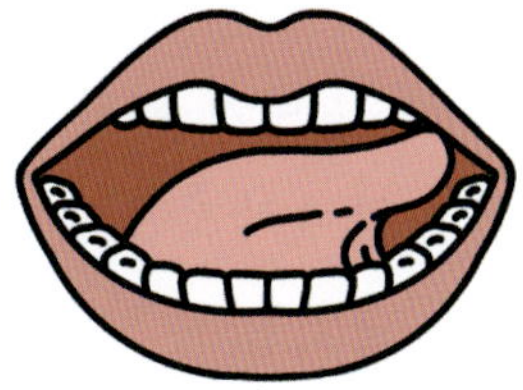

허끝이 윗니 왼쪽 제일 안에 있는
어금니에 닿도록 해주세요.

허끝이 윗니 오른쪽 제일 안에 있는
어금니에 닿도록 해주세요.

그다음에 아랫니의 오른쪽, 왼쪽 제일 안에 있는 어금니에 혀끝이 닿도록 해주세요.

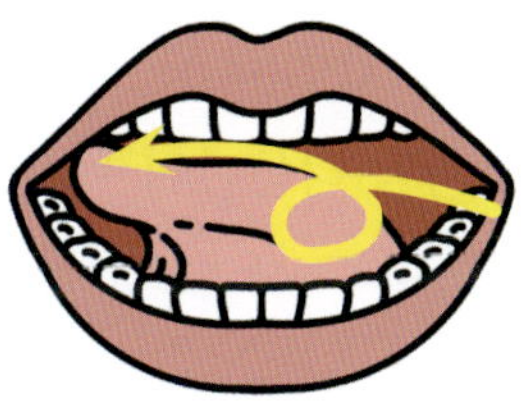

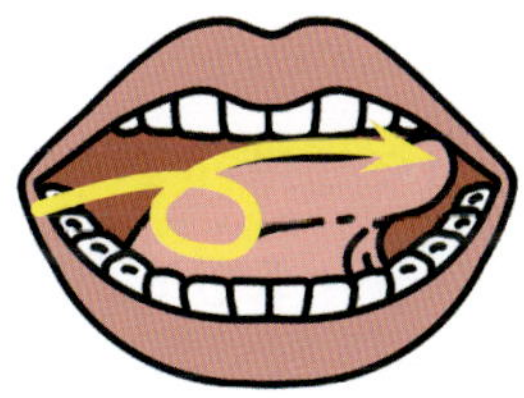

혀끝으로 원을 그리면서
왼쪽으로 움직여주세요.

혀끝으로 원을 그리면서
오른쪽으로 움직여주세요.

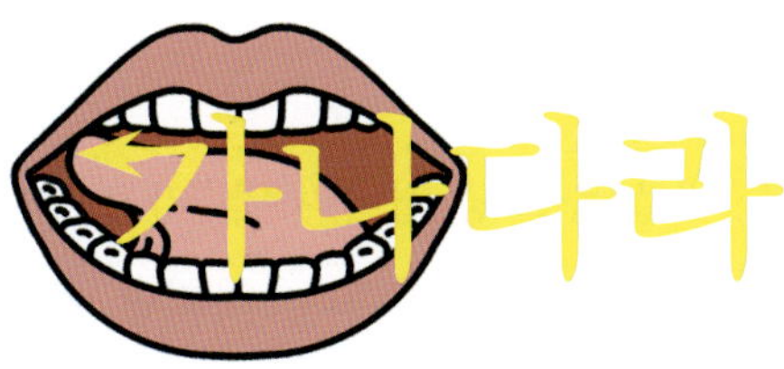

혀끝으로 '가나다라~' 이렇게 글씨를 써주세요.

그림 2-5 허 스트레칭

(3) 발음 비법 3: 첫음절에 악센트를 줘라

"왜 자꾸 혼자 구시렁거리는 거야!"
"우물우물하지 말고 똑바로 좀 말해 봐."
"왜 이렇게 말에 힘이 없어?"

평상시에 이런 말을 많이 듣는 분들은 대부분 말 안에 강약이 없어서일 가능성이 크다. 강약이 없이 말이 일자로 쭉 이어질 경우 말에 색깔 변화가 없어 전달력이 떨어지게 된다.

예를 들어 "올 상반기 우리 회사의 매출은 타 경쟁사 대비 30% 하락했으며, 이는 기업 전반에 걸친 총체적인 위기를 가져올 것으로 보입니다."라는 내용을 단어 하나하나의 색깔을 넣지 않고 그냥 일자로 무미건조하게 읽는다면 이 위기가 정말 위기처럼 느껴질까? '하락했다. 총체적인 위기를 가져올 것이다'라는 말은 조금 더 위기감이 가득한 목소리로 색깔을 달리해 강하게 전달해야 사람들이 '아, 정말 위기구나. 열심히 해야겠다.'는 생각을 하지 않을까?

아무리 발음을 정확하게 해도 단어와 단어가 서로 구분되어 있지 않으면 잘 들리지 않는다. 만약 우리가 노래를 부른다고 생각해 보자. 앞단어와 뒷단어의 리듬감이 달라야만 가사 전달력이 좋아질 것이다. 단어와 단어 사이 리듬감이 똑같은 랩의 경우, 잘 들리지 않는 요인도 바로 여기에 있다.

내 삶을 그냥 내버려 둬~

만약 이 노래를 "내 삶을 그냥 내버려 둬."라고 일자로 읽는다면 사람들은 내 노래에서 어떤 감정도 느낄 수 없을 것이다. 하지만 이렇게 단어에 색깔을 넣어 말하는 것을 어색해하고 어려워하는 사람들이 많다. 이런 분들을 위한 팁을 드리겠다. 바로 단어 첫음절에 '악센트'를 넣는 것이다. 첫음절에 악센트를 넣게 되면 말에 전체적으로 힘이 들어가게 되어 소리가 더욱 커져 명료하게 들린다.

그리고 좋은 목소리는 '동그란 모양'을 갖고 있다. 동그란 목소리는 소리가 앞으로 나갔다 부메랑처럼 돌아오는 소리를 말하므로, 단어의 첫음절에 악센트를 주면 소리가 앞으로 나가기 때문에 소리가 더욱 명료하게 들리는 것이다.

또한 단어 첫음절에 악센트를 넣으면 말의 전달력이 굉장히 좋아진다. 사람들은 첫음절을 듣고 나머지 다른 소리를 듣기 전에 단어의 뜻을 유추한다. 첫음절이 잘 들리면 스스로 단어 자체의 뜻을 유추할 수 있기 때문에 뒤 음절이 잘 들리지 않아도 잘 들렸다고 생각하는 것이다. 게다가 첫음절에 악센트를 주면 단어 끝에 힘이 가는 것을 막을 수 있다. 단어 끝에 힘이 들어가면 '안녕하십까~~'라는 이상한 소리가 나오게 된다. 자, 이제 첫음절에 악센트를 줘 보자. 그럼 한결 발음의 전달력이 좋아질 것이다.

예를 들어 "자, 지금부터 첨단의료복합단지 조성에 관한 프레젠테이션을 시작하겠습니다."라는 말을 할 때 그냥 똑같은 톤으로 이야기하지 말고 단어의 첫음절에 악센트를 줘 보자. '자, 지, 첨, 의, 복, 단, 조, 프, 테, 시, 하' 이 음절을 다른 음절에 비해 더 힘있게 이야기해준다고 생각하면 된다. 단, 첫음절에 악센트를 줄 때 너무 강하면 어색해질 수 있다. 조금 더 잘 들리게끔 악센트를 주는 것이지 음 자체가 너무 튀어서는 안 된다.

정확한 발음을 얻고 싶은가? 그럼 입 모양을 크게 하고, 혀 위치를 정확하게 두며, 첫음절에 악센트를 넣어라. 『습관의 힘』이라는 책을 쓴 잭 D. 핫지(Jack D. Hodge)는 우리가 습관을 바꾸는 데는 21일이라는 시간이 걸린다고 말했다. 21일 정도만 투자해서 내가 하던 말하기 습관에서 벗어나 보자.

말할 때 '입 근육을 너무 심하게 움직이는 것 아니야?' 하는 생각이 들게끔 입을 크게 벌려 보자. '어색하지 않나?' 하고 생각하지는 말자. 나만 어색해하지 다른 사람은 절대 어색하게 생각하지 않는다. 상대방의 귀에 단어 자체를 넣는다고 생각하자. 단어 하나하나를 정성 들여 말해 보자.

러시아의 유명 작가인 막심 고리키(Maxim Gorky)는 "사람의 눈은 그가 현재 어떻다는 인품을 말하고, 그 사람의 입은 그가 무엇이 될 것인가 하는 가능성을 말한다."라고 했다. 내 입에서 나오는 말이 명확한 음가를 가졌다면 "지금의 너보다 미래의 네가 더 궁금해!"라는 말이 사람들 입속에서 나오지 않을까?

● 어려운 발음 연습법

어려운 발음은 그냥 입 모양만 내서 연습하기보다는 쭉 소리를 밀어낸다는 느낌으로 연습해 보자.

발음 실전 연습 예문

1. 뜰의 콩깍지는 깐 콩깍지인가 안 깐 콩깍지인가. 깐 콩깍지면 어떻고 안 깐 콩깍지면 어떠냐. 깐 콩깍지나 안 깐 콩깍지나 콩깍지는 다 콩깍지인데.
2. 저기 계신 저 분이 박 법학박사이시고, 여기 계신 이 분이 백 법학박사이시다.
3. 작년에 온 솥장수는 새 솥장수고, 금년에 온 솥장수는 헌 솥장수다.
4. 상표 붙인 큰 깡통은 깐 깡통인가? 안 깐 깡통인가?
5. 신진 샹숑 가수의 신춘 샹숑 쇼우.
6. 서울특별시 특허 허가과 허가과장 허과장.
7. 앞집 팥죽은 붉은 팥 풋팥죽이고, 뒷집 콩죽은 햇콩 단콩 콩죽, 우리 집 깨죽은 검은깨 깨죽인데 사람들은 햇콩 단콩 콩죽 깨죽 죽 먹기를 싫어하더라.
8. 우리 집 옆집 앞집 뒷창살은 홑겹창살이고, 우리 집 뒷집 앞집 옆창살은 겹홑창살이다.
9. 내가 그린 기린 그림은 긴 기린 그림이고, 네가 그린 기린 그림은 안 긴 기린 그림이다.
10. 저기 가는 저 상장사가 새 상 상장사냐 헌 상 상장사냐.
11. 저기 있는 말뚝이 말 맬 말뚝이냐, 말 못 맬 말뚝이냐.
12. 옆집 팥죽은 붉은 팥죽이고, 뒷집 콩죽은 검은 콩죽이다.
13. 경찰청 철창살이 쇠철창살이냐 철철창살이냐.
14. 내가 그린 구름 그림은 새털구름 그린 구름 그림이고, 네가 그린 구름 그림은 깃털구름 그린 구름 그림이다.
15. 내가 그린 기린 그림은 잘 그린 기린 그림이고, 네가 그린 기린 그림은 잘못 그린 기린 그림이다.
16. 생각이란 생각하면 생각할수록 생각나는 것이 생각이므로 생각하지 않는 생각이 좋은 생각이라 생각한다.

17. 김서방네 지붕 위에 콩깍지가 깐 콩깍지냐 안 깐 콩깍지냐?
18. 안 촉촉한 초코칩 나라에 살던 안 촉촉한 초코칩이 촉촉한 초코칩 나라의 촉촉한 초코칩을 보고 촉촉한 초코칩이 되고 싶어서 촉촉한 초코칩 나라에 갔는데, 촉촉한 초코칩 나라의 문지기가 "넌 촉촉한 초코칩이 아니고 안 촉촉한 초코칩이니까 안 촉촉한 초코칩 나라에서 살아"라고 해서 안 촉촉한 초코칩은 촉촉한 초코칩이 되는 것을 포기하고 안 촉촉한 초코칩 나라로 갔다.

혼동하기 쉬운 자음 발음

모음은 청각적으로 귀에 들릴 때 소음이 없는 소리거나 발성기관에서 자유롭게 통과되는 발음을 말한다. 반대로 자음은 소음이 들리거나 공기의 흐름이 폐쇄되고 좁혀지면서 발음되는 경우를 말한다. 즉 자음은 발음을 할 때 혀와 치아, 입안, 입술 등에 의해서 호흡이 방해받아 제한적으로 나오게 되는 발음을 말한다.

1. 'ㄹ' 발음

'ㄹ' 발음을 영어 [R]이나 [L]로 발음하는 경우가 많다.

2. 'ㅅ' 발음

노홍철이나 권상우, 이선균 씨가 이 'ㅅ' 발음이 잘 되지 않는 경우에 속한다. 혀가 위쪽으로 올라가 영어 발음 [th]가 되는 것이다. 번데기 발음이 되지 않도록 턱을 아래로 향하게 해 혀가 내려갈 수 있는 공간을 만들어 주자.

예 사과, 선생님, 실장님, 사장님

* 'ㅅ' 발음을 할 때 혀가 이에 닿아서는 안 된다는 사실을 명심하자.

3. 'ㄴ' 발음

'ㄴ' 발음과 'ㅇ' 발음을 헷갈려하는 사람들이 많다.

예 명랑하다 : 면랑하다 (×)

참고하세요

자음의 바른 발음을 익힐 수 있도록, 2017년에 개정된 '표준어 규정'에서 제2부의 '제4장 받침의 발음' 내용을 발췌했다.

표준어 규정

제8항 받침소리로는 'ㄱ, ㄴ, ㄷ, ㄹ, ㅁ, ㅂ, ㅇ'의 7개 자음만 발음한다.

제9항 받침 'ㄲ, ㅋ', 'ㅅ, ㅆ, ㅈ, ㅊ, ㅌ', 'ㅍ'은 어말 또는 자음 앞에서 각각 대표음 [ㄱ, ㄷ, ㅂ]으로 발음한다.

닦다[닥따]	키읔[키윽]	키읔과[키윽꽈]	옷[옫]
웃다[욷:따]	있다[읻따]	젖[젇]	빚다[빋따]
꽃[꼳]	쫓다[쫃따]	솥[솓]	뱉다[밷:따]
앞[압]	덮다[덥따]		

제10항 겹받침 'ㄳ', 'ㄵ', 'ㄼ, ㄽ, ㄾ', 'ㅄ'은 어말 또는 자음 앞에서 각각 [ㄱ, ㄴ, ㄹ, ㅂ]으로 발음한다.

넋[넉]	넋과[넉꽈]	앉다[안따]	여덟[여덜]
넓다[널따]	외곬[외골]	핥다[할따]	값[갑]

다만, '밟-'은 자음 앞에서 [밥]으로 발음하고, '넓-'은 다음과 같은 경우에 [넙]으로 발음한다.

(1) 밟다[밥:따]	밟소[밥:쏘]	밟지[밥:찌]	
밟는[밥:는 → 밤:는]		밟게[밥:께]	밟고[밥:꼬]
(2) 넓-죽하다[넙쭈카다]		넓-둥글다[넙뚱글다]	

제11항 겹받침 'ㄺ, ㄻ, ㄿ'은 어말 또는 자음 앞에서 각각 [ㄱ, ㅁ, ㅂ]으로 발음한다.

닭[닥]	흙과[흑꽈]	맑다[막따]	늙지[늑찌]
삶[삼:]	젊다[점:따]	읊고[읍꼬]	읊다[읍따]

다만, 용언의 어간 말음 'ㄺ'은 'ㄱ' 앞에서 [ㄹ]로 발음한다.

맑게[말께]	묽고[물꼬]	얽거나[얼꺼나]

제12항 받침 'ㅎ'의 발음은 다음과 같다.

1. 'ㅎ(ㄶ, ㅀ)' 뒤에 'ㄱ, ㄷ, ㅈ'이 결합되는 경우에는, 뒤 음절 첫소리와 합쳐서 [ㅋ, ㅌ, ㅊ]으로 발음한다.

놓고[노코]	좋던[조:턴]	쌓지[싸치]	많고[만:코]
않던[안턴]	닳지[달치]		

[붙임 1] 받침 'ㄱ(ㄺ), ㄷ, ㅂ(ㄼ), ㅈ(ㄵ)'이 뒤 음절 첫소리 'ㅎ'과 결합되는 경우에도, 역시 두 음을 합쳐서 [ㅋ, ㅌ, ㅍ, ㅊ]으로 발음한다.

각하[가카]	먹히다[머키다]	밝히다[발키다]	만형[마텽]
좁히다[조피다]	넓히다[널피다]	꽂히다[꼬치다]	앉히다[안치다]

[붙임 2] 규정에 따라 'ㄷ'으로 발음되는 'ㅅ, ㅈ, ㅊ, ㅌ'의 경우에도 이에 준한다.

옷 한 벌[오탄벌]	낮 한때[나탄때]	꽃 한 송이[꼬탄송이]	숱하다[수타다]

2. ‘ㅎ(ㄶ, ㅀ)’ 뒤에 ‘ㅅ’이 결합되는 경우에는, ‘ㅅ’을 [ㅆ]으로 발음한다.

닿소[다:쏘]	많소[만:쏘]	싫소[실쏘]

3. ‘ㅎ’ 뒤에 ‘ㄴ’이 결합되는 경우에는, [ㄴ]으로 발음한다.

놓는[논는]	쌓네[싼네]

[붙임] ‘ㄶ, ㅀ’ 뒤에 ‘ㄴ’이 결합되는 경우에는, ‘ㅎ’을 발음하지 않는다.

않네[안네]	않는[안는]
뚫네[뚤네 → 뚤레]	뚫는[뚤는 → 뚤른]

4. ‘ㅎ(ㄶ, ㅀ)’ 뒤에 모음으로 시작된 어미나 접미사가 결합되는 경우에는, ‘ㅎ’을 발음하지 않는다.

낳은[나은]	놓아[노아]	쌓이다[싸이다]	많아[마:나]
않은[아는]	닳아[다라]	싫어도[시러도]	

제13항 홑받침이나 쌍받침이 모음으로 시작된 조사나 어미, 접미사와 결합되는 경우에는, 제 음가대로 뒤 음절 첫소리로 옮겨 발음한다.

깎아[까까]	옷이[오시]	있어[이써]	낮이[나지]
꽂아[꼬자]	꽃을[꼬츨]	쫓아[쪼차]	밭에[바테]
앞으로[아프로]	덮이다[더피다]		

제14항 겹받침이 모음으로 시작된 조사나 어미, 접미사와 결합되는 경우에는, 뒤엣것만을 뒤 음절 첫소리로 옮겨 발음한다.(이 경우, 'ㅅ'은 된소리로 발음함.)

넋이[넉씨]	앉아[안자]	닭을[달글]	젊어[절머]
곬이[골씨]	핥아[할타]	읊어[을퍼]	값을[갑쓸]
없어[업:써]			

제15항 받침 뒤에 모음 'ㅏ, ㅓ, ㅗ, ㅜ, ㅟ'들로 시작되는 실질 형태소가 연결되는 경우에는, 대표음으로 바꾸어서 뒤 음절 첫소리로 옮겨 발음한다.

밭 아래[바다래]	늪 앞[느밥]	젖어미[저더미]	맛없다[마덥따]
겉옷[거돋]	헛웃음[허두슴]	꽃 위[꼬뒤]	

다만, '맛있다, 멋있다'는 [마싣따], [머싣따]로도 발음할 수 있다.

[붙임] 겹받침의 경우에는 그중 하나만을 옮겨 발음한다.

넋 없다[너겁따]	닭 앞에[다가페]	값어치[가버치]	값있는[가빈는]

제16항 한글 자모의 이름은 그 받침소리를 연음하되, 'ㄷ, ㅈ, ㅊ, ㅋ, ㅌ, ㅍ, ㅎ'의 경우에는 특별히 다음과 같이 발음한다.

디귿이[디그시]	디귿을[디그슬]	디귿에[디그세]	지읒이[지으시]
지읒을[지으슬]	지읒에[지으세]	치읓이[치으시]	치읓을[치으슬]
치읓에[치으세]	키읔이[키으기]	키읔을[키으글]	키읔에[키으게]
티읕이[티으시]	티읕을[티으슬]	티읕에[티으세]	피읖이[피으비]
피읖을[피으블]	피읖에[피으베]	히읗이[히으시]	히읗을[히으슬]
히읗에[히으세]			

자음 발음의 종류

첫째, 공기가 터지면서 나오는 발음이다. 공기 호흡의 흐름이 어느 발음기관에서 완전히 막히거나 두 입술이 닫혀 있다가 열리면서 이루어지는 소리들이다. 여기에 속한 발음에는 'ㄱ, ㄷ, ㅂ, ㅈ, ㅍ, ㅌ, ㅋ' 등이 있다. 이들의 소릿값은 발성기관의 근육이 긴장해 있다가 긴장된 공기가 터짐과 동시에 풀어지면서 만들어진다.

둘째, 마찰을 일으키며 나오는 발음이다. 공기가 발성기관의 작은 틈을 지나게 될 때 마찰이 되면서 나오는 발음, 입과 입천장 사이에서 나오는 발음을 말한다. 'ㅎ'과 'ㅅ, ㅆ' 등이다.

셋째, 코에서 일어나는 발음이다. 공기가 입안을 거치지 않고 코로 호흡을 내쉬면서 발음이 이루어지는 경우 흔히 콧소리라 한다. 이러한 소릿값은 성대의 떨림이 없이 공기를 코로 보내어 만들어지는 발음이다. 'ㄴ, ㅁ, ㅇ'이 여기에 속한다.

넷째, 혀를 옆으로 해 만들어지는 발음이다. 혀를 입천장 가운데 쪽으로 놓고 혀의 옆으로 공기를 내보내며 만들어지는 발음이다. 달, 돌, 흘러 등의 ㄹ 발음을 생각하면 된다.

다섯째, 떨림의 소리를 내는 발음이다. 발음할 공기의 흐름이 발성기관의 어느 부분을 울려서 내는 소릿값 떨림을 만들어 내야 하는 곳은 혀끝과 목젖이다. 한국어의 발음은 거의가 혀끝의 떨림으로 보아야 한다. 소리, 사리, 오리, 노래 등의 'ㄹ' 발음이다.

여섯째, 한번 두드려서 나오는 발음이다. 떨림의 부분을 여러 번 울리지 않고 한 번으로 두드려 만들어지는 발음이다. 한국어의 모음 사이에서 혀끝을 잇몸에 가볍게 두드려 만드는 발음이다. 다리, 우리, 보리와 같은 'ㄹ' 발음이다.

PRACTICE DIARY 3

실습회차

학습한 내용을 토대로 아래 문장의 발음을 다음 순서에 따라 연습해 보세요.

실습일 　　　　　 실습시간

연습방법	1) 손거울을 보면서 입 모양이 정확하고 크게 벌어지는지 살피면서 발음한다. 2) 스트레칭 하듯이 입안을 크게 해서 모음만 따로 떼어내 발음한다. 3) 소리를 쭉 밀어낸다는 느낌으로 발음한다.

간장공장 공장장은 강 공장장이고, 된장공장 공장장은 공 공장장이다.

→ 아아오아 오아아으 아 오아아이오, 외아오아 오아아으 오 오아아이아.

저기 저 뜀틀이 내가 뛸 뜀틀인가 내가 안 뛸 뜀틀인가?

→

중앙청 창살은 쌍창살이고, 시청의 창살은 외창살이다.

→

앞 뜰에 있는 말뚝이 말 맬 말뚝이냐 말 안 맬 말뚝이냐.

→

칠월 칠일은 평창친구 친정 칠순 잔칫날.

→

고려고 교복은 고급교복이고, 고려고 교복은 고급원단을 사용했다.

→

실습한 부분	내가 잘한 부분과 아쉬운 부분

코치의 피드백

다음 실습 시 집중공략

2. 작고 약한 소리는 발성 훈련으로 키워라

동영상

오랜만에 친구들을 만나 월남쌈을 먹으러 베트남 쌀국수 식당에 갔다. 옆 테이블에 남자 세 명이 앉아 있었다. 그 남자들이 일하시는 분에게 단무지를 달라고 요청하는 모습이 보였다. 근데 그 목소리가 너무 작아 식당 직원들이 듣지 못했다. 한 친구가 "여기요." 하고 외쳤다. 그 소리를 직원분이 듣지 못하자 옆에 있는 친구가 "여기요, 단무지요!" 하고 외쳤다. 하지만 이 말도 듣지 못하자 마지막 남은 친구가 "여기요, 단무지 좀 주세요." 하고 말했다.

이 세 명의 친구들 모두 목소리가 작아 점원분들이 듣지 못했다. 그러자 그중에 한 명이 "에휴, 그냥 먹자."라고 말했다. 난 그 모습을 보고 나서 "사장님! 옆 테이블에 단무지 추가요!"라고 크게 외쳤다. 자, 결과는? 당연히 "네~! 갖다 드릴게요!"였다.

목소리가 작으면 식당에서 음식을 주문할 때도 어려움을 겪는다. 만약 식당에서 일하시는 분들이 잘 들을 수 있도록 처음부터 크게 말했으면 여러 번 말하는 수고스러움을 겪지 않았을 것이다.

소리는 울림이다. 보이지 않는 파동이 고막을 울려 듣게 되는 것이 바로 우리의 '소리'인 것이다. 그런데 그 울림의 길이를 길게 하지 않고, 자신만 들리게끔 소리를 짧게 내는 사람이 있다. 이런 사람과 대화를 나눌 경우 나도 모르게 몸이 앞쪽으로 쏠린다. 상대방의 말을 잘 듣기 위해 본능적으로 몸이 앞으로 향하는 것이다.

내가 힘을 들여 목소리를 크게 하지 않으면 내 말을 듣는 사람이 힘겹게 내 말을 들어야 한다. 상대방이 내 말을 쉽고 편하게 잘 들을 수 있도록 크게 이야기해 보자. 그렇게 하려면 '발성' 연습을 해야 한다.

1) 보이스계의 스테디셀러인 복식호흡

발성은 '소리의 울림'을 말한다. 목만 쥐어짜서 나오는 소리가 아니라 몸 전체를 울려 나오는 소리를 내려면 '복식호흡'을 해야 한다. 내 몸도 바이올린이나 첼로처럼 하나의 악기와 같다. 내 몸을 연주하는 방법을 배우면 내 몸 전체를 울려 소리를 낼 수 있다.

자, 복식호흡에 대해 공부해 보자. 복식호흡이란 숨을 배까지 깊숙이 채운 다음 입으로 뱉는 호흡을 말한다. 먼저 갈비뼈 아랫부분을 만져 보자. 여기에서부터 배꼽 아래 5cm까지의 사이에 손을 올려놓아 보자. 이곳을 우리는 복식호흡 존(zone)이라고 부른다. 여기에 풍선이 들어가 있다고 생각해 보자. 그런 다음 숨을 천천히 들이마시면 풍선은 부풀어오를 것이다. 더불어 배도 함께 부풀게 될 것이다. 다시 숨을 천천히 내뱉어 보자. 풍선에 있던 바람이 나가면서 풍선은 수축될 것이다. 더불어 배도 함께 수축될 것이다.

'왜 난 숨을 들이마시면 오히려 배가 들어가고 가슴이 나오지?' 하시는 분들이 계시는가? 그것은 배가 아닌 가슴에 숨을 채웠기 때문이다. 편안하게 숨을 깊이 들이마시고 뱉어 보자. 배에 숨을 가득 채운다고 생각해 보자. 또는 지금 당장 침대에 누워 복식호흡 존에 책을 올려놓고 숨을 편안하게 들이마셔 보자.

자, 어떤가? 숨을 들이마시면 배가 부풀어 위로 올라가지 않는가? 그런 다음 숨을 뱉으면 배는 아래로 내려간다. 이것이 바로 '배로 호흡을 한다'고 말하는 것이다.

2) 가슴이 아닌 배에 숨을 가득 채우고 말하라

자, 그럼 복식호흡 연습이 끝났다고 해서 모든 준비가 끝났을까? 그건 아니다. 많은 사람들이 연습할 때는 복식으로 연습하고 말을 할 때는 흉식으로 하니, 이것을 고쳐야 한다. 어떻게 하면 복식으로 말을 할 수 있을까?

그림 2-6 배에 숨을 가득 채운 다음 숨을 끌어 올려 말하는 모습

간단한 게임을 한번 해 보자. '안녕하세요'라는 단어를 숨을 들이마시면서 이야기 해 보자. 단, 절대 숨이 나가서는 안 된다. 한 치의 숨도 나가면 안 된다. 들이마시면서 '안녕하세요'를 해 보자. 어떤가? 숨을 들이마시면서 '안녕하세요'를 할 수 있는가? 절대 할 수 없을 것이다. 이건 애초부터 안 되는 게임이다. 우리는 숨이 들어가는, 즉 '들숨'에서는 말을 할 수 없다.

그렇다면 숨을 내쉬면서 말을 해 볼까? "안녕하세요!" 자, 어떤가? 이제는 말이 잘 되는 것을 느낄 수 있다. 우리의 말은 이렇듯이 '들숨'이 아닌 '날숨'에서만 할 수 있다. 즉 우리는 숨을 내뱉으며 말하는 것이다.

여기에 해답이 있다. 우리가 말을 하기로 마음먹은 그 순간에 이미 배까지 숨이 들어가 있어야 한다. 배에 차 있는 숨이 밖으로 나오면서 말을 하게 되는 것이기 때문이다. 복식호흡으로 말을 한다는 것은 배에 차 있는 호흡을 위로 끌어올리면서 말한다는 것을 뜻한다.

하지만 대부분의 사람들은 복식호흡을 연습하고 나서 말을 할 때는 숨을 가슴에 채우고 그냥 말을 뱉는다. 말에도 스탠바이(준비)가 필요하다. 자, 배에 숨을 가득 채우고 '안녕하세요!'를 말해 보자. 이것이 바로 복식호흡으로 말하기다.

3) 내 몸의 공명점을 찾아야 한다

둘째, 내 몸의 공명점을 찾아라. 즉 자신의 '키톤'을 찾는 것이다. 공명점을 찾아 소리를 낸다면 당연히 내 몸에 맞는(키톤에 맞는) 좋은 목소리를 낼 수 있다. 키톤은 명상을 하거나 안정감을 느낄 때 또는 진심으로 누군가에게 말할 때 나오는 음역대를 말한다. 키톤은 울림이 가장 극대화되는 톤으로, 키톤에 맞춰 말을 하면 나도 편하고 상대방이 듣기에도 편한 목소리가 나오게 된다.

사람들은 각자의 몸에 맞는 톤을 가지고 있다. 마치 피아노의 음계 '도레미파솔라시도'처럼 각자 그들의 몸에 맞는 톤을 갖고 있는 것이다. 키톤을 찾는다는 것은 깊은 울림이 느껴지는 공명점을 찾는 것이다. 깊은 울림이 나오는 공명점을 찾아서 말해야 나만의 키톤 영역대에 맞는 공명을 낼 수 있는 것이다.

내 몸에 맞는 키톤을 찾아보자. 내 몸에서 소리가 나오는 공명점을 찾으면 된다.

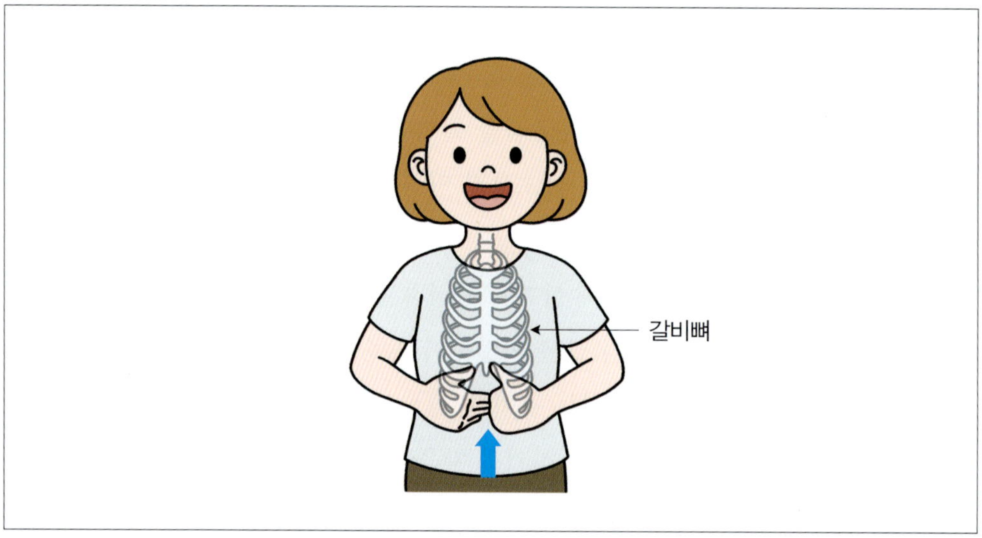

그림 2-7 공명점을 손가락으로 누르는 모습

키톤을 찾으면 고음이나 저음도 무리 없이 낼 수 있으며, 자기 스스로 울림을 만들어 내기 때문에 성대의 피로도를 낮추면서 정확한 소리를 얻을 수 있다.

그럼 자신의 키톤을 찾기 위해서는 어떻게 해야 할까? 먼저 복식호흡 존에 숨을 채운 다음 갈비뼈가 갈라지는 명치(Y-zone)에 손가락을 갖다 댄다. 이곳이 공명점이다. '음~'이라는 소리를 내 보자. 공명점에 양쪽 손가락으로 계속 압력을 주자. 이때 소리를 내면서 배를 손가락으로 눌러 보자. 울림이 큰 것이 느껴지는가? 공명점이 아닌 다른 곳을 손가락으로 눌러 보자. 공명점을 눌렀을 때의 울림이 더 크다는 것을 알 수 있을 것이다.

공명점은 소리가 나오는 초인종이다. 이곳을 누르면 내 몸 전체에 울림이 생겨 더 좋은 목소리가 나올 수 있다. 하지만 이 지점을 평소에 말을 하면서 손가락으로 계속 눌러줄 수는 없다. 평소에 말을 할 때는 이 부분을 손가락으로 눌러주는 것이 아니라 바로 '복근'으로 눌러 줘야 한다. 자신의 키톤을 찾기 위해서는 복근 훈련을 통해 자연스럽게 말을 할 때 공명점이 눌릴 수 있도록 연습해야 한다.

자, 정리해 보자. 간단히 말해 울림이 있는 좋은 발성을 얻기 위해서는 복식호흡으로 숨을 채운 다음 공명점을 눌러야 한다. 그렇게 하면 내 몸에 맞는 키톤의 목소리가 나오게 된다.

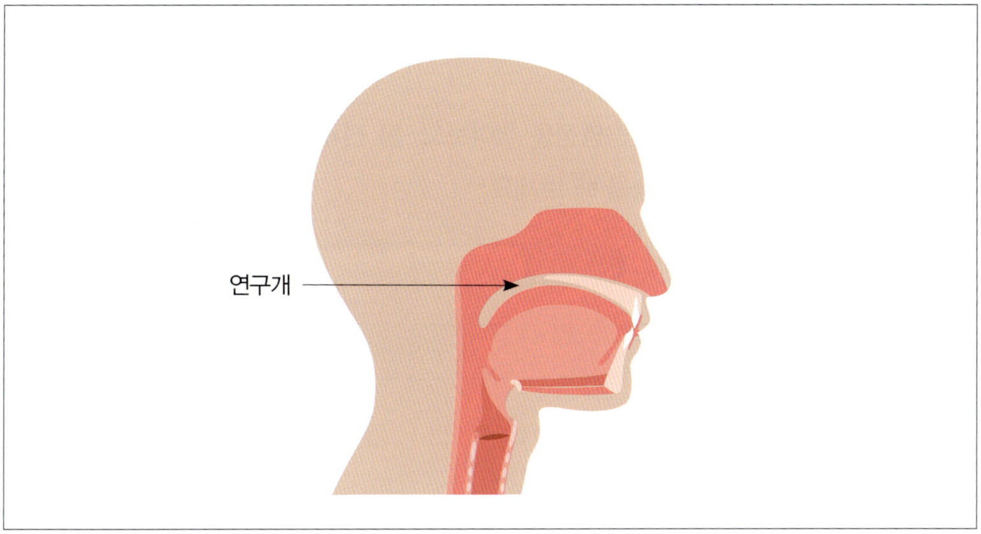

Pikovit44/iStock/Getty Images Plus

그림 2-8 연구개의 모습

또한 여기에 중요한 것이 하나 더 있다. 바로 입 모양을 동그랗게 만드는 것이다. 입안에 소리가 더욱 잘 진동할 수 있도록 입안을 크게 벌려 주자. 입을 벌린 다음 혀를 내려 연구개(입천장에서 연한 뒤쪽 부분)에서 소리가 나올 수 있도록 열어 주자. 입안이 완전히 열리게 되면 목젖이 보일 정도로 입을 크게 벌려 주자. 그다음 배에 숨을 채우고 자신의 공명점을 누르며 한껏 “아~~” 하고 소리를 내 보자.

스피치 교정센터에 한 안과 의사가 방문을 했다. 그는 환자와 한참을 안과 질환에 대해 말하고 있는데 대뜸 환자가 “그런데, 의사 선생님은 언제 오시는 거예요?”라고 말했다고 한다. 그분의 음성을 테스트해 보니 아성이 많아 울면서 말하는 느낌이 많았으며, 톤이 높아 허스키하고 시끄럽게 들렸다. 더군다나 발성이 하나도 되질 않아서 목과 어깨의 피로도가 높은 상황이었다.

일단 복식호흡 연습을 통해 호흡을 아래로 내렸다. 그런 다음 목이 아닌 갈비뼈 아래 공명점에서 소리가 나오게끔 지도했다. 그런 다음 입안을 넓혀 소리가 잘 진동하도록 했다. 그 결과 한결 편안하고 안정적인 목소리가 나왔다.

먼저 복식호흡으로 숨을 담고, 복근으로 공명점을 눌러 배에 있던 숨을 위로 끌어올려라. 입을 동그랗게 해 울림을 배가시킨 후 “아~~” 하고 뱉어 보자. 그럼 한결 좋은 목소리가 나올 것이다.

PRACTICE DIARY 4

실습회차

학습한 내용을 토대로 내 몸의 공명점을 찾아보고, 몸 전체에 울림이 생겨 좋은 소리가 나오도록 복근으로 누르는 연습을 해 보세요.

실습일　　　　　실습시간

실습한 부분	내가 잘한 부분과 아쉬운 부분

코치의 피드백

다음 실습 시 집중공략

3. 말의 체력, 호흡을 단련하라: 안정된 말하기의 핵심

동영상

"선생님, 저는 처음 다른 사람들 앞에 섰을 때는 별로 떨리지 않는데요. 말을 하다 보면 떨림이 더 커져 정신을 차릴 수가 없어요. 왜 그런 거죠?"

"저는 말을 할 때 숨이 차서 말을 잘할 수가 없어요."

"저는 말끝을 흐려요. 그래서 자신감이 없어 보인대요."

이분들 증상의 원인은 바로 '호흡이 짧다'는 것이다.

난 어렸을 적 말을 심하게 더듬거리는 아이였다. 초등학교 4학년 때 내가 말을 더듬는 것을 걱정하셨던 어머니께서 담임 선생님을 찾아가셔서 고민을 토로했다. 담임 선생님은 그때부터 내 말더듬증을 고치기 위해 나에게 매일 친구들 앞에 나가 동화구연을 하라는 명령(?)을 내리셨고, 말하는 것이 죽기보다 싫었던 나는 매일 아침마다 학교에 가기가 싫어 집을 울음바다로 만들었다.

그러던 중 정말 학교에 가기 싫은 날 가출을 결심했다. 하루종일 정처 없이 떠돌다가 집에 돌아갔더니 어머니는 "그래 네가 그렇게 싫으면 하지 마라." 하고 말씀하셨다. 하지만 담임 선생님의 의지를 꺾을 수는 없었다. 다음 날도 그다음 날도 나의 동화구연은 계속되었다. 그런데 계속 앞에 서서 말하다 보니 버벅거리는 횟수가 줄어들었다. 게다가 갑자기 빨라지던 말의 속도도 차츰 여유 있게 되는 것이 아닌가.

이 책을 보시는 분들 중에 말을 더듬어 고민하시는 분도 계실 것이다. 말을 더듬는 것은 호흡이 짧아서일 가능성이 크다. 말을 더듬거리는 사람들뿐만 아니라 머릿속에서 생각은 나는데 입이 따라주지 않는 사람들도 모두 말의 체력, 즉 호흡이 짧아서일 가능성이 많다.

1) 한 호흡이 길어야 좋은 목소리를 낸다

호흡은 '말의 체력'을 이야기한다. 체력이 좋아야 운동을 잘할 수 있는 것처럼 호흡이 좋아야 말을 잘할 수 있다. 우리는 숨을 폐안에 가득 들이마시고 다시 숨을 뱉는 것을 '한 호흡'이라 말한다. 한번에 숨을 많이 먹고 길게 뱉는 사람을 보고 "호흡이 길다. 말의 체력이 좋다"라고 말한다. 반대로 숨을 들이마실 때 조금만 들이마시고 뱉을 때 한꺼번에 많이 뱉어 호흡이 부족한 사람들을 보고 "호흡이 짧다. 말의 체력이 좋지 않다"라고 말한다.

호흡이란 살아 있는 생명체가 자신의 생명을 지키기 위해 본능적으로 이루어지는 활동을 말한다. 1분 동안의 호흡의 횟수로 수명을 알 수도 있다. 수명이 10년에서 15년으로 짧은 개는 1분 동안 30회에서 35회 정도의 호흡을 한다. 반대로 1분에 2회에서 3회 정도의 호흡을 하는 거북이는 300년 가까이 산다. 사람은 어떤가? 1분에 15회에서 18회 정도 호흡을 한다. 사람의 평균 수명은 80세 정도다. 이렇듯 수명과 호흡에는 밀접한 관계가 있다.

하지만 호흡은 수명에만 관계가 있는 것이 아니다. 한 호흡이 길어야 좋은 목소리를 낼 수 있다. 왜냐하면 호흡은 발음과 발성을 담는 '그릇'이기 때문이다. 그릇이 커야만 이 안에 정확한 발음과 풍부한 발성을 가득 넣을 수 있다.

'호흡 참기' 연습을 하면 호흡이 길어질 수 있다. 숨을 깊게 들이마신 다음 "아~" 하고 길게 뱉어 보자. 얼마나 오랫동안 뱉을 수 있는가?

예전에 〈불후의 명곡〉이라는 TV 프로그램에 성악가 조수미가 나왔다. 발성 연습을 하면서 숨을 크게 들이마신 다음 "아~~" 하고 얼마나 오랫동안 뱉느냐를 연습한 적이 있다. 이처럼 호흡은 길게 더 길게 연습을 하면 좋아진다.

원래부터 긴 호흡을 갖고 있는 사람들이 있다. 평상시에 말하는 것을 좋아하거나 말하는 것을 직업으로 하는 사람들은 조금씩 말을 하면서 체력이 좋아져 자기도 모르게 호흡이 좋아진 경우다. 하지만 스피치로 고민하는 대부분의 분들은 평상시 말을 하는 것을 별로 좋아하지 않는 경우가 많기 때문에 호흡이 짧다.

호흡 참기 연습법

1. 시계의 초침을 바라보자.
2. 배까지 숨을 가득 채운 다음 "아~~" 하고 뱉어 보자.
3. 기본 20초는 뱉을 수 있도록 해 보자.
4. 다시 숨을 들이마시고 30초, 40초…. 시간을 조금씩 늘려 계속 도전해 보자.

호흡 참기 연습

이때 숨을 채우면 풍선이 부풀어 오르는 것처럼 배가 나와야 하고, 숨을 조금씩 내쉬면 풍선에서 바람이 빠지듯이 배는 수축되어야 한다. 수축되면서 갈비뼈 아래 공명점이 등에 붙는다는 느낌이 들 정도로 강하게 자극이 되도록 해야 한다. '더 이상 숨을 뱉을 수 없다'는 생각이 들 정도로 강하게 배(복근)를 수축시킨 다음 다시 크게 숨을 들이마시자. 그러고 나서 다시 "아~" 하고 뱉어 보자.

2) 평상시에 호흡을 길게 하자

평상시에 호흡을 길게 하는 훈련을 해 보자. 복식호흡 존에 숨을 담은 다음 시계 초침을 바라보며 "아~~" 하고 20초 동안 중간에 숨을 쉬지 말고 뱉어 보자. 그런 다음 시간을 25초, 30초로 늘려나가 보자. 자, 어떤가? 30초 동안 숨을 고루 뱉으면서 말을 할 수 있는가?

호흡을 길게 만드는 것은 '참기'임을 잊지 말자. 숨을 들이마시고 얼마나 오랫동안 숨을 조금씩 뱉을 수 있느냐가 호흡 훈련의 관건이다. 물론 숨을 많이 들이마시고 조금씩 뱉으면 한 호흡 안에 들어갈 수 있는 단어도 많아지고, 단어의 전달력 또한 명료해질 것이다. 호흡은 평상시에 연습을 많이 해야 빨리 길어진다.

어떤 분들은 차가 터널을 지나가기 전에 숨을 채웠다가 조금씩 뱉은 뒤 터널 밖으로 나왔을 때 다시 숨을 들이마신다고 한다. 또 어떤 분들은 머리를 감기 전에 숨을 채웠다가 머리를 수건으로 감쌀 때 다시 숨을 들이마신다고 한다. 물론 따로 하루에 30분, 1시간 정도 시간을 내서 목소리 훈련을 하는 것도 좋다. 하지만 더 중요한 것은 짬짬이 시간을 내 목소리를 훈련하는 것이다. 잊지 말자. 그 누군가는 머리를 감으면서도 터널을 지나면서도 목소리 훈련을 하고 있다는 것을!

또한 호흡은 목소리를 만들어내는 재료이기도 하고, 말에 감정이라는 생명력을 넣는 수단이기도 하다. 어느 날 강의를 준비하고 있는 수강생이 오셔서 내게 이런 말을 했다.

"지난주에 어떤 강사님의 강의를 들었는데요. 내용도 참 좋고 준비도 많이 하신 것 같은데 목소리 때문에 강의를 듣는 내내 귀가 따가워 죽는 줄 알았어요. 어찌나 목소리가 하이톤이시던지. 그리고 계속 여러분 이거 꼭 알아야 한다고 어찌나 푸시하는지 정말 훈계만 2시간 내내 듣고 온 느낌이었다니까요!"

호흡이라는 그릇이 작으면 다양한 음식을 담아낼 수가 없다. 호흡이 짧아지면 나도 모르게 '톤이 올라간 상황에서 쥐어짜는 목소리'로 말을 하게 된다. 더불어 말도 굉장히 빨라진다. 이제 호흡 연습을 통해 '안정되고 편안한, 그러면서도 길게 말할 수 있는' 좋은 목소리에 도전해 보자.

우리는 누구나 호흡을 하고 산다. 각박한 도시 생활을 하다 보면 나도 모르게 호흡이 얕아지고 가벼워진다. '헉헉헉헉'. 마치 100m 달리기를 막 끝낸 사람처럼 가슴으로 얕게 호흡을 내쉰다. 이 짧은 호흡은 집에 돌아가 잠자리에 들기 전까지도 아래로 가라앉지 않는다. 휴가를 내 강원도나 전라도로 가는 긴 드라이브를 끝낸 후 차 문을 열고 나갔을 때의 상쾌함을 기억해 보자. 이때의 호흡도 얕을까? 그렇지 않을 것이다. 상쾌하고 맑은 공기를 내 몸 구석구석에 담기 위해 깊게 심호흡을 할 것이다.

앞에 나가 발표만 하려고 하면 호흡이 더 올라간다. 더 빨라진다. 내 호흡을 내가 조절할 수 없다. 이대로 호흡을 둘 수는 없다. 언제 어디서든 당당하고 안정감 있게 숨을 깊게 들이마시고 뱉을 수 있도록 평소에 연습을 해야 한다. 어디서든 어떤 상황에서든 내 호흡을 내가 통제할 수 있도록 말이다.

목소리가 좋다는 것은 발음, 발성, 호흡, 이 3가지가 잘 유기적으로 연결되는 것을 말한다. 정확한 발음과 풍부한 발성, 긴 호흡을 기억하자. 이 3가지에 대해 알았다면 이제는 목소리가 좋은 사람의 비밀인 리듬 스피치에 대해 공부해 보자.

PRACTICE DIARY 5

실습회차

시계 초침을 바라보며 배에 숨을 채우고, "아~~" 하고 뱉으며 호흡을 참는 연습으로 한 호흡의 길이를 늘리는 연습을 3회 이상 실시하고 그 길이를 시간으로 기록해 보세요.

실습일 　　　실습시간

실습한 부분	내가 잘한 부분과 아쉬운 부분

코치의 피드백

다음 실습 시 집중공략

동영상

4. 리듬을 살려 말에 생명력을 불어넣어라: 리듬 스피치의 힘

"어머, 아나운서 같으세요!" 마트에 가든, 옷을 사러 가든 항상 사람들에게 내가 듣는 말이다. 아나운서처럼 좋은 목소리와 정확한 발음을 갖고 있다는 칭찬일 수도 있지만 '내 말투가 그렇게 좀 딱딱한가?'라는 생각도 들어 항상 부드럽게 말하려고 노력한다. 숨기려고 해도 숨겨지지 않는 아나운서의 느낌이 내 말 속에 살아 있다. 그것은 바로 아나운서 특유의 '리듬감' 때문이다.

개그맨들에게도 개그맨 특유의 리듬감이 그들의 말 속에 녹아 있다. '1박 2일'을 이야기할 때 강호동, 이수근 등이 어떻게 이야기하는지 들어본 적이 있는가? "1바악~~~ 2일!" 하고 리듬감 있게 외친다. '무한도전'은 어떤가? "무한도전" 또박또박 이야기하는 것이 아니라, "무~우한 도전!" 하고 리듬감 있게 외친다. "오늘은 어떤 도전이 펼쳐질지 여러분 함께 해주시기 바랍니다!" 이렇게 말을 하면서도 평탄조로 이야기하는 것이 아니라 리듬을 넣어서 이야기한다.

연기자들도 마찬가지다. 〈선덕여왕〉이라는 드라마에서 배우 고현정이 했던 대사 가운데 이런 말이 있었다. "너희들은 지금껏 무엇을 했느냐. 난 혼신을 다해 이 신라를 지켰다." 이 말을 그냥 무미건조하게 쭉 배열한 것이 아니라 말의 내용에 따라 서로 악센트를 달리하며 말의 리듬감을 살려 이야기하는 것을 볼 수 있다.

이렇듯이 TV에 나오는 아나운서와 리포터, 쇼핑 호스트, 개그맨, 연기자처럼 말 잘하고 말을 업으로 삼고 있는 사람들에게는 공통점이 있다. 그것은 바로 말에 '리듬감'이 들어 있다는 것이다. 마치 노래를 부르듯이 말에 리듬감을 넣어 말한다. 그들은 이 리듬감에 익숙해져 있다. 똑똑 부러지는 아나운서의 리듬감, 밝고 경쾌한 리포터의 리듬감, 열정적이면서도 빠른 쇼핑 호스트의 리듬감, 대사 하나라도 틀리는 것 없이 정확하게 전달하려는 배우의 리듬감에 말이다.

하지만 우리의 말은 어떠한가? 앞에 나가서 발표만 하려고 하면 리듬감은 사라지고 평탄조로 무미건조하게 말하게 된다. 이제 우리도 '말 잘하는 사람의 목소리 리듬감'을 배워 보자. 그럼 한결 세련되고 자신감 있게 말할 수 있을 것이다.

1) 노래 부르듯 말에 리듬을 넣어 보자

이 과장은 회사에서 발표할 중요한 프레젠테이션 작업을 3박 4일 동안 밤새도록 했다. 발표하는 날 의미심장하게 '내가 그동안 이 프레젠테이션을 위해 열심히 준비했다!'라는 것을 강조해서 말하고 싶었지만 왠지 마음과 입이 따로 놀았다. 심지어 사장님께 "이 과장, 이 프레젠테이션 직접 작성한 것이 맞아?"라는 이야기를 듣는 상황까지 벌어졌다. 왜! 왜! 왜! 내가 하는 이야기에 내 마음이 실리지 않는 것일까? 그것은 바로 '말에 생명력'을 넣지 않아서다.

흔히 앞에 나가 말을 할라치면 기어들어 가는 목소리에 리듬감이라고는 눈을 씻고 찾아보려야 볼 수 없는 무미건조한 톤으로만 말하는 사람이 있다. 이렇게 말하면 사람들은 지루함을 느끼게 된다.

이제 전문가의 리듬감을 배워 보자. 평탄조로 무미건조하게 말을 할 것이 아니라 "이 부장님의 말씀은 참 잘 들리면서도 강한 열정이 느껴져!"라는 말을 들을 수 있도록 생명력이 넘치는 리듬감을 넣어 보자. 마치 노래를 부르듯이 말이다.

다음의 내용을 소리 내서 읽어 보자.

> 날씨 정보입니다. 벌써 4주째 비 내리는 월요일 아침입니다.
> 이 비는 도대체 언제쯤 그칠까 궁금해하시는 분들이 많을 텐데요.
> 출근길에도 퇴근길에도 우산 잘 챙기시길 바랍니다.

소리 내서 읽어 봤는가? 어땠는가? 보통의 리포터들처럼 리듬감을 넣어서 이야기했는가? 아니면 무미건조하게 일자 톤으로 이야기했는가? 만약 학교를 다니던 시절 어쩔 수 없이 자리에서 일어나 책을 읽었을 때처럼 재미없게 무미건조한 일자 톤으로 읽었다면 나도 재미없고, 내 말을 들은 사람들도 역시 재미있었을 리 만무하다.

이 말에 리듬감을 심어 넣어 강한 생명력을 불어넣어 보자.

날씨/ 정보입니다./ 벌써/ 4주째/ 비/ 내리는/ 월요일/ 아침/입니다./

이/ 비는/ 도대체/ 언제쯤/ 그칠까/ 궁금해/하시는/ 분들이/ 많을/ 텐데요./

출근/길에도/ 퇴근/길에도/ 우산/ 잘/ 챙기시길/ 바랍니다./

혹 리듬 스피치가 너무 어렵게 느껴진다면 한 가지 팁을 드리겠다. 말과 제스처는 짝꿍이다. 제스처로 동그라미를 그려주면 여기에 맞춰 발음도 동그랗게 표현될 것이다. 처음에는 어색하고 이상할 것이지만 연습을 하면 그 리듬감이 자연스러워진다. 조금만 더 힘을 내 열심히 연습해 보자.

2) 리듬 스피치를 하기 위한 사스(SAS) 법칙

말의 생명력을 넣을 수 있는 리듬 스피치를 하기 위해서는 2가지 전제조건이 반드시 필요하다. 첫째는 무미건조한 말은 절대 하지 않겠다는 열정이 필요하고, 둘째는 리듬을 위로 끌어올릴 수 있는 호흡, 즉 말의 체력이 필요하다.

리듬 스피치는 산의 모습을 하고 있다. 문장의 핵심 단어는 강하게 말해야 한다. 특히나 어려운 말뜻을 표현하는 체언은 천천히 강하게 이야기해야 하며, 숫자를 나타내는 수사는 더 강조한다. 또한 체언을 꾸며주는 수식어는 강하게 얘기하고 서술어를 꾸며주는 부사도 천천히 강하게 얘기해야 한다.

리듬을 주면서 이야기해 보자. 말 속에 리듬이 잘 들어가지 않을 경우에는 상대방을 향해 진심으로 스피치를 한다고 생각해 보자. "안녕하세요!" 하며 진심으로 반갑게 인사할 때의 표정을 지어 보자..

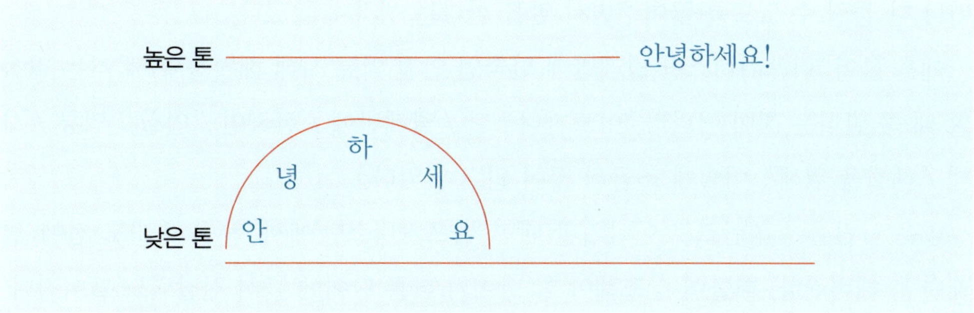

목소리에 리듬을 형성하는 것은 억양이다. 억양은 문자에 얹히는 높이 곡선으로 문장 전체 또는 일부분에 가락을 얹혀서 특정한 의미를 전달하는 것을 말한다. 말의 내용에 따라 살아 있는 리듬감을 넣어 보자. 리듬 스피치는 낱말 본연의 의미를 최대한 살려서 말해 주자는 것이다. 아주 중요한 프레젠테이션인데, 다음 원고를 그냥 쭉 아무 느낌도 없이 일자로 읽는다고 생각해 보자. 십중팔구 지루하기 짝이 없을 것이다. 문장에 리듬을 넣어 읽어 보자.

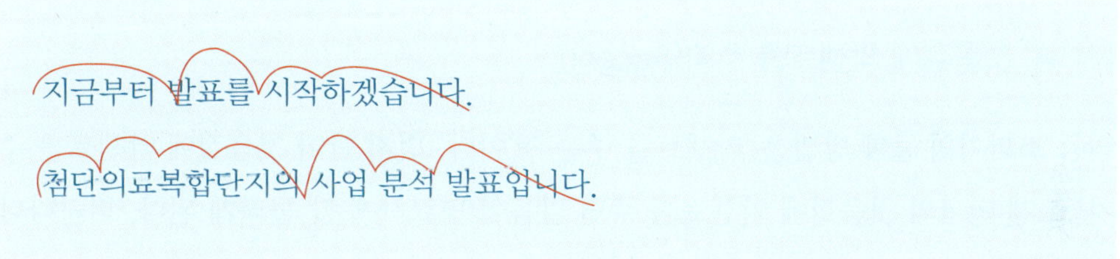

리듬 스피치를 하기 위해서는 S(segmentation)-A(accent)-S(sing a song), 즉 사스(SAS) 법칙을 기억해야 한다.

(1) S: 쪼개자(Segmentation)

처음 KBS 리포터로 방송에 입문할 때 "네 말투는 너무 촌스러워. 방송하는 사람 같지 않아."라는 말을 많이 들었다. 그것은 목소리 안에 전문 방송인의 리듬이 들어가 있지 않아서였다. 그래서 선배들의 말을 따라하며 전문 방송인의 리듬감을 닮아가려고 노력했다. 그런데 참 신기하게도 선배님들은 항상 말을 할 때 문장 안의 단어가 하나

하나 다 들릴 수 있도록 끊어주면서 말을 한다는 생각이 들었다.

예를 들어 "아프가니스탄 탈레반에 한국인 인질 억류 사태 해결을 위해"라는 말을 할 때 쭉 말하는 것이 아니라 "아프가니스탄 / 탈레반에 / 한국인 / 인질 / 억류 / 사태 / 해결을 위해", 이렇게 조금씩 끊어 읽고 있었다.

많은 사람들이 평탄조로 이야기할 때면 '아프가니스탄'에서 '탄'을 하기도 전에 '탈레반'을 해버린다. 더불어 강조해야 할 단어가 다른 단어에 묻혀 전달력도 떨어진다. 하지만 이렇게 단어와 단어 사이를 조금씩 끊어서 말을 하게 되면 잠깐의 쉼(Pause), 즉 말을 이해할 수 있는 찰나의 시간이 생겨 전달력이 더 좋아지는 것이다.

리듬 스피치의 첫째 방법은 바로 '쪼개기'다. 단어와 단어를 모두 쪼개 보자. 더욱 잘 들리게끔 쪼개 보자. 쪼갠 다음 동그라미를 그려 연결해 보자. 동그란 스피치가 모여 하나의 리듬을 형성한다. 이것이 바로 '리듬 스피치'다.

우리말은 낱말의 길고 짧음, 여리고 셈을 통해 작은 동그라미가 모여 하나의 리듬을 형성한다. 말에 리듬이 들어가게 되면 감정이입 스피치가 가능해진다. 그리고 강약을 넣어서 이야기하기 때문에 전달력이 아주 좋아진다.

(2) A: 첫음절에 악센트를 주자(Accent)

리듬 스피치의 둘째 방법은 '악센트를 주는 것'이다. 먼저 단어 첫음절에 악센트를 주자! 쪼갠 단어의 첫음절에 악센트를 주면 발음이 명료하게 잘 들리게 된다. 더군다나 첫음절에 악센트를 주다 보면 자연스럽게 단어에 대한 이해도도 올라간다.

그리고 문장에서 중요한 역할을 하는 단어에 악센트를 준다. 문장의 중심 단어, 수식 단어(형용사, 부사), 숫자는 강하게 읽어 준다. 또한 이해하기 어려운 단어에도 악센트를 넣어 전달력을 높여준다.

다음 문장에서 강하게 읽어야 할 부분은 어디일까? 한번 소리 내서 읽어 보자.

> 날씨 정보입니다. 벌써 4주째 비 내리는 월요일 아침입니다.
> 이 비는 도대체 언제쯤 그칠까 궁금해하시는 분들이 많을 텐데요.
> 출근길에도 퇴근길에도 우산 잘 챙기시길 바랍니다.

'정보'보다는 '날씨'를, '벌써'보다는 '4주째'를 강하게 이야기해야 한다.

(3) S: 노래 부르듯 리듬을 타며 부드럽게 뱉어 주자(Sing a song)

말에 리듬을 넣는 마지막 방법은 바로 '노래 부르듯이 말하기'다. 발성학자들은 가장 좋은 목소리를 '동그란 목소리'라고 말한다. 단어 자체가 동그랗게 표현되는 목소리를 말하는 것이다. 이런 동그라미가 모여 하나의 리듬을 형성하는 것이 '리듬 스피치'인데, 동그라미를 그려 줄 때 노래 부르듯이 부드럽게 호흡을 이어주는 것이다.

안녕하세요. 쇼핑호스트 ○○○입니다.

시작하기 전에 재미있는 정보 하나 알려드릴게요.

사람의 눈 시력이 2.0이 왜 한계인 줄 아세요?

사람의 눈 시력이 2.0이 넘으면 공기 중에 떠다니는 미생물도 눈에 보여서

생활하는 데 많은 어려움을 겪을 수 있다고 하네요.

하지만 내가 어떤 물건을 고를 때 꼼꼼히 따져보는 눈 시력은 당연히 2.0이

넘어야겠죠. 자, 시력 2.0을 만족시켜 줄 수 있는 에어컨을 소개해드리겠습니다.

시원한 에어컨으로 더위를 한방에 날려버리자고요.

지금부터 출발합니다.

단어가 동그랗게 표현되는가? 이상하고 어색한 느낌이 들지는 않는가? 그런데 하나도 어색할 것이 없다. 왜냐하면 리듬 스피치는 새로 만들어 낸 이론이 아니기 때문이다. 사실 우리들이 편한 친구를 만나 이야기할 때는 말에 리듬감을 넣어 말한다. 생각해 보자. 친구랑 "야! 너 그동안 어떻게 지냈냐? 그동안 소식도 없고 왜 잠

수 탄 거야?"라는 말을 그냥 무미건조하게 일자 톤으로 말하는 사람은 없지 않은가?

그렇다. 평상시 말할 때는 누구나 말에 리듬감을 넣는다. 하지만 앞에 나와 발표하려면 말에 리듬감이 없어진다. 이렇게 일대일로 만나 대화를 나누는 '맨투맨 스피치'에는 말의 리듬감이 있는데, 앞에 나가 발표하는 '퍼블릭 스피치'만 하려고 하면 리듬감이 없어진다. 사람들과 편안하게 말할 때의 리듬감을 퍼블릭 스피치에도 적용해 보자.

3) 리듬 스피치를 하면 좋은 점

리듬 스피치를 하면 좋은 점을 크게 4가지로 정리할 수 있다. 우선 첫째로 말의 '전달력'이 좋아진다. 첫음절에 악센트를 주면 사람들은 자연스럽게 단어를 연상하기 때문에 더욱 이해가 쉬워지는 것이다. 예를 들어 '여행'이라는 말을 할 때 뒤에 있는 '행'보다는 앞에 있는 '여'에 악센트를 줘 강하게 표현하면, 사람들은 '여'라는 말을 듣고 '행'이 이어지는 순간에 먼저 이 말에 대한 속뜻을 생각한다. 그러므로 이 단어에 대해 생각할 수 있는 시간이 더욱 길어져 전달력이 좋아지게 된다.

또한 단어와 단어가 서로 맞물리지 않아 중간에 단어가 서로 엉키지 않는다. 노래를 부르다 가사를 몰라 틀리는 경우는 있지만 서로 음이 엉켜 틀리는 경우는 거의 없다. 말을 더듬는 사람들도 노래를 부를 때는 말을 더듬지 않는다. 붙어 있는 단어에 리듬감이 있어 서로 겹쳐지지 않고, 높낮이가 달라 틀리지 않고 말할 수 있다.

게다가 단어와 단어 사이에 짤막한 휴식, 즉 포즈가 생겨 더욱 전달력이 좋아진다. 만약 서울에서 부산까지 고속도로를 타고 내려간다고 생각하자. 중간에 최소 2번 정도는 휴게소에 들려 맛있는 우동도 먹고 스트레칭도 해줘야 별 탈 없이 내려갈 수 있을 것이다. 우리말에도 고속도로 휴게소에 해당하는 쉼이 필요하다. 내가 아는 내용이라고 해서 무작정 급하게 뱉어버리면 안 된다. 사람들이 내 말의 뜻에 대해 생각할 수 있는 쉼을 줘야 한다. 리듬 스피치를 하게 되면 말이 내려갔다가 다시 올라가는 사이 잠깐의 쉼이 생기기 때문에 사람들이 내용에 대해 정리할 수 있는 시간을 줄 수 있다.

둘째, '호흡'을 아낄 수 있다. 방송인과 연기자들이 리듬 스피치를 하는 이유는 무엇보다도 전달력을 높이기 위해서이지만 호흡을 아낄 수 있다는 강점도 한몫한다. 말을 할 때 발음을 정확하게 한다고 '안녕하세요'라는 말을 한 글자씩 힘줘서 이야기하면 호흡이 한꺼번에 너무 많이 빠져나가게 된다. 이렇게 30분 이상 이야기하게 되면 나중에는 기력이 달리게 된다.

'일복'을 타고난 나는 하루 8시간에서 10시간 이상 강의를 하는 날이 많다. 그 덕에 잘 때는 항상 허리가 아파 똑바로 누워서 잘 수 없지만, 목소리만큼은 오히려 강의를 하면 할수록 깊어짐을 느낀다. 이것은 바로 리듬 스피치를 통해 에너지 사용을 최소화하기 때문이다. 강사들 가운데 목소리 톤이 높고 목으로만 이야기하는 사람들은 단어를 말하는 데 호흡이 많이 빠져나가 쉽게 지치는 경우가 많다.

마지막으로 편안한 톤을 가질 수 있다. 요즘 아나운서가 되기 위해 아나운서 아카데미를 다니는 친구들이 많다. 학생들이 아카데미에 들어가 맨처음 하는 것이 바로 '어미 내리기'다. 어미는 말끝을 이야기한다. 어미가 내려가야 전체적으로 말의 전달력이 좋아지고 말이 굉장히 기품 있게 된다. 어미를 내리게 되면 자연스레 동그란 목소리를 얻을 수 있기 때문이다. 하지만 어미는 그냥 혼자 저절로 내려가지 않는다. 전체적인 톤이 내려가야 어미도 내려간다.

톤과 어미 내리기는 아나운서 아카데미에 들어가 몇 개월을 배워도 쉽게 만들어지지 않는다. 하지만 리듬 스피치를 하게 되면 전체적인 톤이 내려가게 된다. 왜냐하면 단어와 단어 사이에 높고 낮은 리듬감을 넣어야 하기 때문에 한없이 톤을 올려서 말을 할 수가 없어 자연스럽게 아래에서 기본 톤이 형성된다.

4) 힘 있고 강한 목소리! 스타카토 리듬감을 넣어라

말 안에 신뢰감이 강하게 묻어나오는 사람들이 있다. 신뢰감을 주려면 어미를 절대 끌어서는 안 된다. 음악 시간에 배웠던 스타카토를 어미에 접목해 보자. 딱딱 어미를 끊어 주자. 말끝 어미를 늘리는 사람이 있다. '안녕하세요 … 반가워요 …' 하는 식으로 말끝을 흐리면 '이 사람은 왜 이렇게 자신감이 없어?'라는 생각이 든다. 어미를 흐리면 말 전체에 힘이 들어가지 않기 때문이다.

군인들의 걸음걸이를 봐라. 각이 잡힌 모습에서 어느 것 하나도 긴장감이 느껴지지 않는 부분이 없다. 말꼬리를 흐린다는 것은 말 전체에 힘이 실리지 않기 때문이다. 이 증상은 의도적으로 큰 목소리를 내게끔 하는 방법만으로도 고칠 수 있다. 말끝 어미를 늘리지 않고 스타카토로 힘 있게 마무리를 해준다.

자,/ 지금부터/ 프레젠/테이션을/ 시작/하도록/ 하겠습니다.

어린이 스피치를 지도하다 보면 부모와 아이의 말버릇이 굉장히 비슷하다는 것을 알 수 있다. 어머니가 아이의 스피치에 대해 상담을 하면서 "우리 아이가요. 말끝을 흐려요."라고 말할 때 어머니의 말이 명료한 경우는 별로 없다. "우리 아이가요. 말할 때 입을 많이 벌리지 않아요."라고 말하는 어머니는 입을 크게 벌리지 않는다.

자, 이제 입 모양을 크게 벌려 리듬감을 타면서 이야기해 보자.

리듬 스피치 실전 연습을 위한 실생활 문장

안녕하세요.

반갑습니다.

오늘 저녁에는 뭐 먹을까?

날씨도 더운데 시원한 맥주 한잔 어때?

난 당신을 사랑합니다.

당신을 잊지 못할 거야.

표현력이 중요한 세상이 되었다. 표현력은 생각이나 느낌 따위를 언어나 몸짓의 형상으로 드러내어 나타내는 능력을 말한다. 똑같은 자식인데도 어머니가 정성껏 끓여주신 김치찌개를 먹으면서 다르게 표현을 한다. "엄마, 찌개 진짜 맛있다! 정말 짱이야!"라고 말하는 아이와 "그냥 괜찮네."라고 말하는 아이. 어떤 아이의 말에 어머니는 큰 행복감을 느낄까?

어떤 사람의 목소리를 들어보면 무뚝뚝한 기운이 넘칠 때가 많다. 특히 전화상에서는 더 그렇다. 전화상에서 목소리의 중요성은 82%라고 한다. 전화를 할 때는 얼굴은 보지 못한 채 목소리에만 의존을 해야 하기 때문에 더욱 친절하고 상냥한 느낌을 줘야 한다. 하지만 어떤가? 전화상 너무 사무적인 목소리, 무뚝뚝한 목소리 등 아무 리듬감도 없는 무미건조한 목소리는 사람들의 호감을 얻을 수 없다. 자, 이제 단어와 문장 안에 리듬감을 넣어 표현해 보자.

PRACTICE DIARY 6

실습회차

학습한 내용을 토대로 아래 문장에 SAS(Segmentation, Accent, Sing a song) 법칙을 적용해서, 최소한의 단어로 쪼개고, 첫음절과 문장의 중요한 단어에 악센트를 주고, 노래하듯 리듬을 타며 스피치를 해 보세요.

실습일

실습시간

날씨 정보입니다. 벌써 4주째 비 내리는 월요일 아침입니다.
이 비는 도대체 언제쯤 그칠까 궁금해하시는 분들이 많을 텐데요.
출근길에도 퇴근길에도 우산 잘 챙기시기 바랍니다.
지난여름에 고성으로 휴가를 다녀왔는데 공기가 정말 좋았습니다.
경제 상황이 좋아지고, 제품에 대한 평가가 좋아 소비자들의 구매가 늘고 있습니다.

실습한 부분	내가 잘한 부분과 아쉬운 부분

코치의 피드백

다음 실습 시 집중공략

PART

02

서비스를 이끄는 기내 방송 이론 코칭

객실 승무원을 위한
기내 방송의 원칙, 시스템, 전달 전략

언어는
효과적인 소통을 위한
기호 체계다

언어는 인류를 다른 동물과 구별해 주는 핵심적인 특징 중 하나이다. 인간은 자의적인 음성 기호 체계를 마련함으로써 자신의 생각이나 감정을 표현하고, 이를 타인에게 전달하는 능력을 갖추게 되었다. 이러한 의사소통의 과정에는 심리적 요인뿐만 아니라 생리적 · 물리적 · 사회적 요인들이 복합적으로 작용한다.

언어는 본래 경험이나 계획을 전달함으로써 집단 내 협력과 분업을 가능케 했으며, 이러한 기능이 확대되어 언어를 통해 지식이 축적되고 문명이 발전하는 계기를 제공했다.

언어는 음성 언어와 문자 언어로 구분할 수 있다. 음성 언어는 사람이 발성한 소리를 귀로 들으며 의사를 전달하는 방식이며, 문자 언어는 그 음성 언어의 의미를 사회적 관습에 따라 상징적으로 표현한 기호 체계이다. 두 언어 형태는 상호보완적인 관계를 이루며, 음성 언어는 억양(Intonation)과 쉼(Pause) 등을 통해 감정을 직관적으로 전달할 수 있고, 문자 언어는 보다 논리적이고 정리된 표현이 가능하다는 특성을 갖는다.

항공사에서는 승객의 안전하고 쾌적한 여정을 지원하기 위해 기내 방송을 실시한다. 기내 방송은 주로 방송 담당 승무원이 음성 언어를 사용하여 안내하며, 일부 내용은 사전 제작된 영상에서 음성 언어와 문자 언어를 병행하여 송출하는 방식도 활용된다. 최근 항공 여행이 보편화되면서 고객의 다양한 요구를 반영하기 위해 일부 항공사에서는 기내 방송의 분량을 축소하는 추세를 보이고 있다. 이에 따라 효과적인 기내 방송 전달 방안에 대한 지속적인 연구와 개선이 요구된다.

C H A P T E R

03

객실 승무원은 방송인이다

방송 언어와 음성 전달의 기본 이해

1. 방송 언어의 이해

방송 언어는 공중파, 케이블, 라디오, 인터넷 등 다양한 매체를 통해 불특정 다수에게 전달되는 언어적 메시지를 의미한다. 이는 단순한 정보 전달을 넘어, 사회적 영향력과 문화적 함의를 지닌 커뮤니케이션 도구로 작용한다.

방송 언어는 명료성, 신속성, 공신력, 대중성을 기본 특성으로 하며, 표현 방식에서 구어와 문어의 경계를 넘나든다. 특히 음성 매체에서는 음색, 속도, 억양과 같은 비언어적 요소가 중요한 메시지 전달 수단이 된다.

또한 방송 언어는 사용되는 상황과 장르에 따라 그 표현 방식이 달라지며, 뉴스, 예능, 드라마, 다큐멘터리 등 각 장르의 특성에 부합하는 언어 전략이 요구된다. 따라서 방송 언어를 효과적으로 활용하기 위해서는 언어의 정확성과 전달력뿐 아니라, 청중의 기대와 사회적 맥락을 이해하는 태도가 필요하다.

1) 언어와 커뮤니케이션

인간은 자신의 구체적인 경험을 유형별로 분류하고 이를 언어를 통해 추상화함으로써 타인과 의사소통을 하게 된다. 이는 인간이 상징을 사용하여 경험을 정리하고 의미를 부여하며, 이를 기반으로 커뮤니케이션을 수행한다는 것을 의미한다. 이러한 소통 과정을 '대인 커뮤니케이션'이라 하며, 이는 언어적 커뮤니케이션(Verbal Communication)과 비언어적 커뮤니케이션(Nonverbal Communication)으로 구분할 수 있다.

대인 커뮤니케이션에서 송신자는 자신의 느낌이나 사고를 완전하게 상징(Symbol)으로 표현하기는 어렵지만, 메시지를 전달하기 위해 반드시 부호화(Encoding) 과정을 거치게 된다. 수신자는 감각기관을 통해 수신한 상징을 해독하는 과정을 통해 메시지의 의미를 받아들인다.

이처럼 대인 커뮤니케이션에서는 의미의 공유를 위해 상징을 선택하고 이를 전달 · 해독하는 과정이 필수적으로 수반되며, 이러한 과정을 쉬람(Schramm, W.)의 '상호작용 모형(Interaction Model)'이 효과적으로 설명하고 있다.

이러한 순환 과정에는 단순히 언어를 통한 부호 전달뿐만 아니라, 언어적 표현을 보완하고 강화하는 다양한 비언어적 메시지들도 포함된다. 표정, 몸짓, 억양, 시선

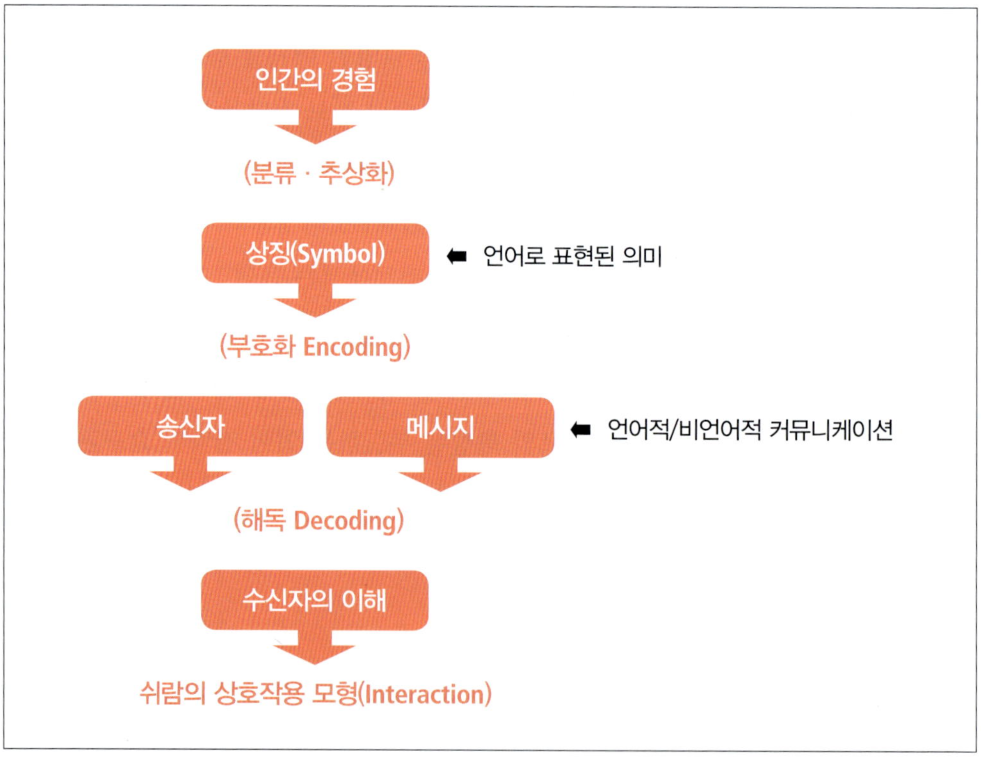

※ 언어적 커뮤니케이션 : 말, 글 등 명시적 표현 ※ 비언어적 커뮤니케이션 : 표정, 자세, 억양, 공간 등

그림 3-1 쉬람의 상호작용 모형(Interaction Model)

Urbanscape/iStock/Getty Images Plus

등의 비언어적 요소들은 커뮤니케이션의 명료성과 감정 전달에 중요한 역할을 하며, 메시지의 수용과 해석 과정에 직접적인 영향을 미친다.

학자 R. Adler 등은 모든 메시지는 비언어적 커뮤니케이션을 포함하게 되는데, 감정(Feeling)을 전달해 주며, 그 메시지가 모호한 데가 있으며, 문화적 영향을 크게 받는다고 그 특징을 정리하고 있다.

마지막으로 언어적 커뮤니케이션과의 관계를 살펴보면, 언어적 표현을 되풀이하는 반복, 언어적 표현을 대신하는 대체, 언어적 메시지의 불분명한 점을 보완하는 보완, 언어적 메시지의 일부를 강조하는 강조, 언어적 행위를 규제하는 역할을 하며, 때로는 서로 갈등을 일으키기도 한다.

항공 기내 방송 담당자는 전문 방송인으로서 커뮤니케이션의 다양한 특징을 정확히 이해하고 있어야 한다. 이를 통해 언어적 커뮤니케이션의 한계를 인식하고, 이를 보완하거나 강화하는 비언어적 표현을 적절히 활용함으로써 승객에게 메시지를 보다 효과적으로 전달할 수 있어야 한다.

기내 방송에서 수신자에게 영향을 미치는 주요 비언어적 커뮤니케이션 요소에는 방송 담당자의 용모, 얼굴 표정과 시선, 자세와 몸짓, 음성의 특성이 포함된다. 또한

방송 기기나 시스템 환경 등도 메시지 수용에 직접적인 영향을 미친다. 이 가운데 특히 음성은 승객이 언어 메시지를 해독하는 데 중요한 역할을 하며, 발성의 크기, 높낮이, 특정 단어의 강조 등과 같은 낭독 기술은 메시지의 전달력을 좌우하는 핵심 요소라 할 수 있다.

따라서 항공 기내 방송의 품질 향상과 서비스 만족도 제고를 위해서는 발성 기술과 방송 낭독법에 대한 지속적인 연구와 전문적인 훈련이 필요하다. 이는 항공 서비스의 전문성을 높이고 승객과의 커뮤니케이션 효과를 극대화하는 기반이 된다.

2) 방송 언어란 무엇인가

방송 언어란 방송을 통해 전달되는 모든 언어적 표현을 의미한다. 방송 언어는 구어 형태의 음성 언어(Spoken Language)와 문어 형태의 문자 언어(Letter Language)로 구분되며, 일반적으로는 음성 언어를 지칭한다. 방송 언어는 일상언어와 대비되는 개념으로, 전문 방송인이 방송 상황에서 구사하는 언어를 가리킨다.

방송인은 아나운서, 기자, 프로듀서, 성우, 탤런트 등 전통적 방송 직종과 함께 리포터, DJ, MC, 쇼 호스트 같은 자유 출연자, 기상 · 교통 · 물가 정보 전달 전문 요원, 통신원 등 다양한 역할을 포함한다. 이 중 여객에게 여행 정보와 안전 안내를 제공하는 기내 방송 담당 승무원도 넓은 의미의 방송인에 속한다. 따라서 기내 방송 담당 승무원은 방송 언어와 커뮤니케이션 특성을 충분히 이해해야 한다. 아울러 발음 · 억양 · 속도 조절, 어휘 선택, 메시지 구성 등 방송인으로서의 기본 소양을 갖추고 지속적으로 연마해야 한다.

AnonymousUnknown author, Public domain, via Wikimedia Commons

세계 최초의 라디오 방송 아나운서
Harold W. Arlin

방송의 유래와 역사

19세기 말인 1896년, 마르코니가 전파의 송수신에 성공한 이래 인류는 인쇄술 중심의 커뮤니케이션 시대를 넘어 전파의 시대로 진입했다. 전파를 매개로 한 정보 교환은 주로 음성 중심의 방송 형태로 이루어졌으며, 이는 문자 기반 매스미디어를 음성 언어 매스컴 시대로 전환시키는 계기가 되었다. 전파 방송의 발명은 인쇄술에 버금가는 혁신을 일으키며 사회 전반에 지대한 변화를 촉발했다.

방송의 역사는 인쇄술에 비해 약 500년 뒤처졌으나, 1920년 첫 정규 방송 개시 이후 불과 100여 년 만에 인류의 생활 양식과 문화 전반을 크게 변모시켰다. 세계 최초의 상업 정규 라디오 방송은 1920년 11월 2일, 미국 웨스팅하우스사의 콘래드 박사 지휘하에 피츠버그에서 'KDKA'라는 이름으로 송출되었다. 국내에서는 1927년 2월 16일, 사단법인 경성방송국이 JODK 국을 통해 첫 라디오 방송을 실시하며 방송의 역사를 시작했다.

PhotoQuest/Getty Images

세계 최초의 정규 방송사 KDKA

3) 방송 언어의 조건

방송 언어는 대중과의 즉각적 소통을 위해 주로 구어적 특징을 활용한다. 말투의 자연스러움과 억양, 리듬을 통해 친밀감을 형성하며 청중의 이목을 끌어당긴다.

하지만 뉴스 방송처럼 정확한 정보 전달이 중요한 장르에서는 문어적 요소를 함께 수용해야 한다. 전문 용어와 논리적 문장 구조를 적절히 배치하여 메시지의 객관성과 체계성을 확보함으로써 신뢰를 얻는다.

이처럼 방송 언어를 정의할 때는 구어와 문어의 상호보완적 관계를 고려해야 한다. 지나친 저속어, 사투리, 불필요한 감탄사는 배제하여 대중의 신뢰를 유지하고, 반대로 지나치게 딱딱한 문어체만 고수할 경우 청중의 몰입을 방해하므로 적절한 구어체 표현을 삽입하여 전달력을 높여야 한다.

결국 효과적인 방송 언어는 친근성과 정확성, 두 가지 가치를 균형 있게 구현할 수 있어야 하며, 이를 통해 청중에게 신뢰롭고 생동감 있는 정보를 제공할 수 있다.

(1) 표준어라야 한다

표준어는 한 언어권을 대표하는 이상적인 공용어로, 교육과 공적인 상황에서 사용할 수 있도록 일정한 기준을 바탕으로 다듬어져 규정된 언어 형태이다. 한국어의 표준어는 '교양 있는 사람들이 두루 쓰는 현대 서울말'을 기준으로 삼아 선정했으며, 일상의 다양한 방언을 넘어 누구나 이해할 수 있는 공통어적 기능을 수행한다.

TABOSAN/iStock/Getty Images Plus

한글 맞춤법과 표준어 규정은 표준어 사용의 근간을 이루며, 발음을 글자로 적되 어법에 맞추어 표현하는 것을 원칙으로 한다. 2017년 3월 28일부터 시행된 개정 한글 맞춤법과 표준어 규정은 방송 언어의 공식 규범으로 적용되며, 특히 방송의 주요 전달 수단인 음성 언어는 표준 발음법에 따라 발음해야 정보의 정확성과 공신력을 확보할 수 있다.

보도 방송이나 교양 프로그램과 같이 정확한 정보 전달이 요구되는 방송에서는 표준어 사용이 필수적이다. 이를 통해 잘못된 발음이나 방언적 표현으로 인한 오해를 방지하고, 청중에게 일관된 메시지를 전달할 수 있다.

표준어 규정은 크게 '표준어 선정의 원칙'과 '표준 발음법'으로 구성된다. 표준 발음법은 표준어의 실제 발음을 따르되 국어의 전통성과 합리성을 함께 고려하여 규정함으로써, 현대 한국어 화자의 발화 양상을 존중하면서도 일관된 발음 기준을 제시한다.

(2) 명료하고 전달이 쉬워야 한다

방송은 활자 매체와 달리 청취자가 한 번 듣고 지나가기 때문에 이해하기 쉬운 표현을 사용해야 한다. 듣는 사람이 내용을 놓치지 않도록 간결하면서도 핵심을 명확히 전달하는 말투를 유지해야 한다.

또한 방송은 청각에만 의존하므로 발음이 분명하고 표준 발음법에 맞아야 한다. 모호한 발음이나 사투리는 청중의 이해를 방해하므로 피하는 것이 바람직하다.

어려운 한자어나 외국어, 전문 용어는 가능한 한 사용을 자제하고, 불가피하게 쓸 경우에는 쉬운 우리말로 풀어 설명해야 한다. 이로써 청취자는 용어의 의미를 정확히 파악하고 방송 내용에 자연스럽게 몰입할 수 있다.

(3) 시청자 중심의 경어를 사용한다

방송은 경어로 시작해서 경어로 끝나는 정중한 언어 환경을 지향한다. 이는 청취자와의 신뢰 구축을 위한 기본 자세로, 방송인의 목소리와 말투에 자연스럽게 반영되어야 한다.

방송 언어의 경어는 청취자를 중심에 두고 구성되어야 하며, 방송인의 주된 임무가 메시지 전달이라는 사실을 잊지 않아야 한다. 따라서 방송 대상 인물이나 사건을 보도할 때는 과도한 높임말이나 장황한 경칭을 사용하지 않고, 객관적이면서도 균형 잡힌 표현을 활용해야 한다.

특히 국가 원수나 사회 유명인을 지칭할 때도 지나친 경칭은 자제해야 한다. 불필요한 격식을 줄이고, 청취자가 오히려 부담을 느끼지 않도록 적절한 높임말을 선택함으로써 내용의 명료성과 호응도를 높일 수 있다.

결국 효과적인 방송 언어는 기본적인 경어 예절을 지키되, 대상에 대한 과도한 격상 없이 청취자 친화적이고 객관적인 전달을 실현함으로써 신뢰성과 편안함을 동시에 제공해야 한다.

(4) 품격과 배려를 담은 표현을 사용한다

방송 언어에서는 진행자의 감정이나 의도가 과도하게 드러나는 감탄사 사용을 자제해야 한다. 감탄사는 뒤따르는 전체 메시지에 주관성을 덧입혀 객관성을 훼손할 우려가 있으며, 객관적 정보 전달이 핵심인 방송에서는 더욱 삼가야 한다.

욕설이나 은어 대신 품격 있는 표현을 사용해야 하며, 특히 신체적 결함을 암시하는 단어에는 주의를 기울여야 한다. 예컨대 '곰보처럼 파인 길', '애꾸눈 운전', '외팔이', '절뚝발이' 등은 자칫 상처를 줄 수 있으므로 가급적 피하는 것이 바람직하다.

maroke/iStock/Getty Images Plus

또한 '돼지 새끼', '사슴 새끼'와 같은 표현보다는 '새끼 돼지', '새끼 사슴'으로 순서를 바꾸어 부드럽고 친근한 어감을 살리는 것이 좋다. 우리의 선조들이 '병아리', '송아지', '망아지'처럼 가축 새끼에 귀엽고 정감 어린 이름을 붙였던 지혜를 본받아, 방송 언어에서도 품격과 배려를 함께 담아내야 한다.

(5) 지나친 수식어를 피한다

방송 언어는 주어 · 서술어 · 목적어 · 보어 같은 기본 문장 성분을 중심으로 구성된다. 이러한 주성분이 메시지의 핵심을 정확히 전달하는 축을 이루며, 청취자가 내용을 빠르게 파악할 수 있도록 돕는다.

문장을 꾸미는 관형어와 부사어는 기본형에 가까운 어휘로 절제하여 사용해야 한다. 특히 수나 시간을 나타내는 필수 부사어를 제외하고는 과도한 수식은 피해야 하며, 의미 전달에 기여하지 않는 불필요한 부속 성분은 과감히 생략해야 한다.

관형어 중 형용사는 더욱 신중을 기울여야 한다. 형용사가 주된 의미를 부각하지 못할 때는 사용을 자제하고, 불필요하게 덧붙인 관형구나 부사구로 문장이 길어지거나 절 · 구가 중첩되지 않도록 주의해야 한다.

문체 측면에서 방송 언어는 강건체가 아닌 우유체, 화려체가 아닌 건조체, 만연체가 아닌 간결체를 지향해야 한다. 듣는 이가 한 번에 이해할 수 있는 우아하고 담백한 문장으로 메시지를 전함으로써, 정보의 명료성과 청취의 편안함을 동시에 확보할 수 있다.

(6) 음운의 생략이 구어적이다

방송 언어는 일상 구어의 효율성을 반영하여 음운이나 음절을 일부 생략해 발화 속도를 높인다. 예컨대 '~하여'는 '~해', '~되어'는 '~돼'로 줄여 말하며, 이름 소개 멘트도 '이영호입니다'를 '이영홉니다', '이영미입니다'를 '이영밉니다'처럼 발음한다.

이러한 축약은 짧은 시간에 많은 정보를 전하기 위한 전략이지만, 의미가 분명히 전달되지 않을 정도로 과도한 생략은 금물이다. 방송인은 청자가 듣고 바로 이해할 수 있도록, 어법과 발음의 원칙을 지키며 필요한 부분만 간결하게 줄여야 한다.

photograph by dorisj/Moment/Getty Images

(7) 수의 표현에 유의한다

방송에서는 수치 표현이 빈번하게 사용되므로 발음의 정확성과 어휘 선택에 각별히 신경 써야 한다. 일 · 이 · 삼 · 사는 한자어 숫자로 무난하지만, 순우리말 숫자를 쓸 때는 발음 규정에 세심한 주의가 필요하다. '둘 · 셋 · 넷 · 열 · 쉰 · 만'은 장음을 살려 길게 발음하고, '쉰'을 '쉬흔'으로 잘못 발음하거나 '스물'을 '스믈'로 발음해서는 안 된다. '쉰여덟'을 '오십여덟'로 착각해선 안 되며, '석 장 · 넉 장 · 석 대 · 넉 대' 대신 '세 장 · 네 장 · 세 대 · 네 대'를 사용해 방송의 품격을 유지해야 한다. 또한 '일백 원 · 일천 원 · 일만 원'은 '백 원 · 천 원 · 만 원'으로 간결히 발음하며, 시간 · 날짜 · 기록 등 각종 수 표현에서도 표준 발음과 어법을 철저히 준수해야 한다.

(8) 논리적인 언어 표현이라야 한다

산문 문장이 소설처럼 자유롭고 서사적인 형식을 취한다면, 방송 문장은 짧고 함축적인 콩트에 가깝다. 한 편의 시에 비유할 때도 산문 문장은 산문시처럼 운율에 구애받지 않지만, 방송 문장은 외형률(外形律)을 중시하는 정형시에 비견할 수 있다.

방송 문장은 대부분 음성 언어로 전달된다는 전제하에, 전달자의 호흡과 억양에

Dukas/Universal Images Group/Getty Images

맞춰 작성되어야 한다. 이 때문에 논술문이나 설명문처럼 복잡한 논리 전개가 반드시 요구되지 않는다고 오해하기 쉽다. 그러나 오히려 방송 문장은 간결하면서도 '듣기 편한' 일정한 형식을 갖춘 논리적 문장이 되어야 한다.

즉, 말의 흐름이 끊기지 않도록 어절과 구문의 길이를 적절히 조절하고, 음절의 반복이나 장황한 수식을 배제하여 청취자가 한 번의 청취로도 핵심을 놓치지 않도록 설계해야 한다. 이를 통해 방송인은 청자에게 친근하면서도 명확한 정보를 효과적으로 전달할 수 있다.

방송 언어는 '바르고, 품격 있고, 쉽게'라는 이상을 추구해 왔으나, 때로는 일상 언어와 동떨어진 특수 언어라는 비판을 받기도 한다.

그러나 방송 언어가 진정으로 청중에게 다가서려면, 일상언어가 지닌 소탈함과 따스함, 풍부한 정감을 고스란히 담아내야 한다. 말 한마디마다 생명력을 불어넣어 활기 넘치는 소통을 실현함으로써, 청자가 '방송인이 아닌 이웃의 목소리'를 듣고 있다는 친근함을 느끼게 해야 한다. 이를 위해 언어적 커뮤니케이션의 정확성과 논리성 위에, 방송인의 용모와 표정, 목소리가 선사하는 비언어적 커뮤니케이션을 균형 있게 조화시켜야 한다. 다양한 방송 낭독 기법을 연구 · 실습하여 화법의 완성도를 높일 때, 방송 언어는 특수성을 넘어 살아 있는 언어로 빛날 수 있다.

2. 발음기관과 목소리

발음기관과 목소리에 대한 이해는 방송 언어의 전달력을 결정짓는 핵심 요소이다. 발음기관은 폐에서 시작된 공기 흐름을 후두와 구강, 비강을 거쳐 조절하며 다양한 소리를 만들어 낸다. 목소리는 성대의 진동을 통해 생성되며, 그 크기와 음색은 발성 습관과 신체적 조건에 따라 달라진다. 청취자는 목소리의 미세한 떨림과 억양 변화를 통해 방송인의 감정과 의도를 파악하게 된다. 따라서 발음기관의 구조와 목소리 형성 원리를 정확히 이해하고, 체계적인 발성 훈련을 지속해야 한다.

1) 인간의 발음기관 구조

말소리는 폐에서 나온 공기가 발음기관을 지나며 장애를 받거나 공명하면서 생성된다. 공기의 흐름을 일으키는 폐와 복부 근육을 발동부, 흐름에 장애를 주어 다양한 소리를 만드는 구강·비강·치조 등을 조음부라 부른다. 후두 안의 성대는 근육 수축과 이완으로 진동음을 만들어내며 발성부 역할을 수행한다. 발동부·조음부·발

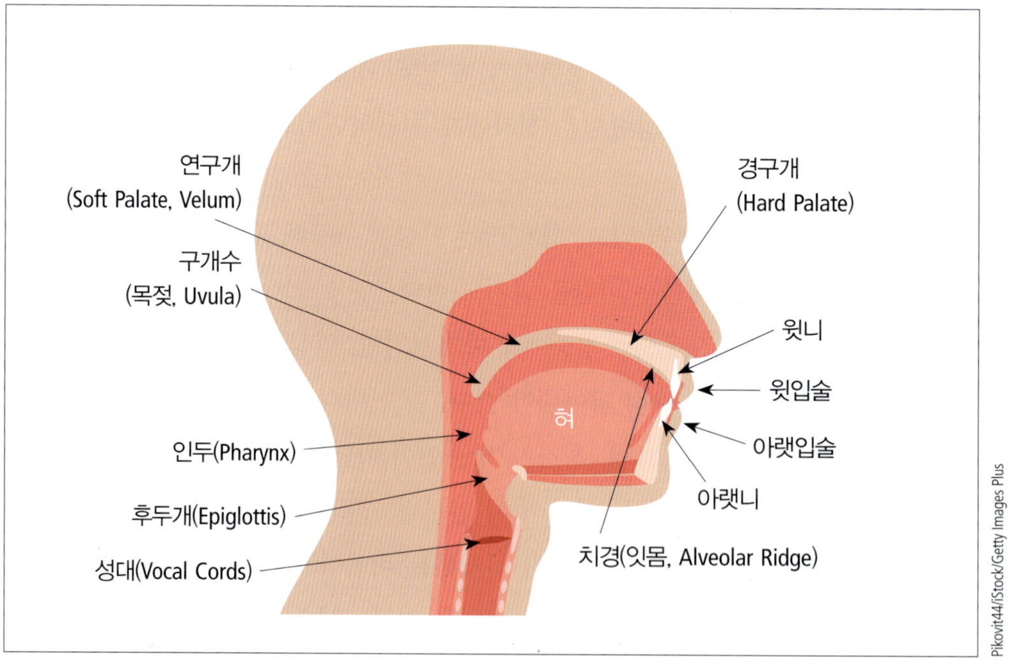

그림 3-2 발음기관의 구조

성부가 조화롭게 작용할 때 명료하고 풍부한 음성이 탄생한다. 이 세 요소의 구조와 기능을 살펴보고 방송 언어 전달력을 높이는 발성 원리를 알아보자.

(1) 폐

공기의 흐름을 발생시키는 발동부의 핵심은 폐이다. 폐는 횡격막과 흉근의 수축 · 이완을 통해 공기를 흡입하고 방출하며, 이때 생성된 기류가 발성의 원동력이 된다. 폐에서 내보낸 공기는 가장 먼저 후두(Larynx)를 통과하는데, 후두 내부의 성대가 진동하며 음성의 기초가 되는 소리를 만들어낸다. 이후 공기는 인두 · 구강 · 비강 등 조음부를 거치며 혀, 입술, 치조 등의 장애를 통해 다양한 음소로 분화되어 최종 발음된다.

(2) 후두

후두에는 성대(Vocal Cords)라 부르는 두 개의 강력한 근육이 있다. 이 근육은 신축성이 커서 공기의 흐름에 따라 열리고 닫히는 정도를 자유롭게 조절할 수 있으며, 성대 사이의 틈을 성문(Glottis)이라 한다.

후두를 통과한 공기는 인두(Pharynx), 비강(Nasal Cavity), 구강(Oral Cavity)을 차례로 지나가며 그 통로 모양이 끊임없이 변한다. 평상시 숨을 쉴 때는 주로 코로 기

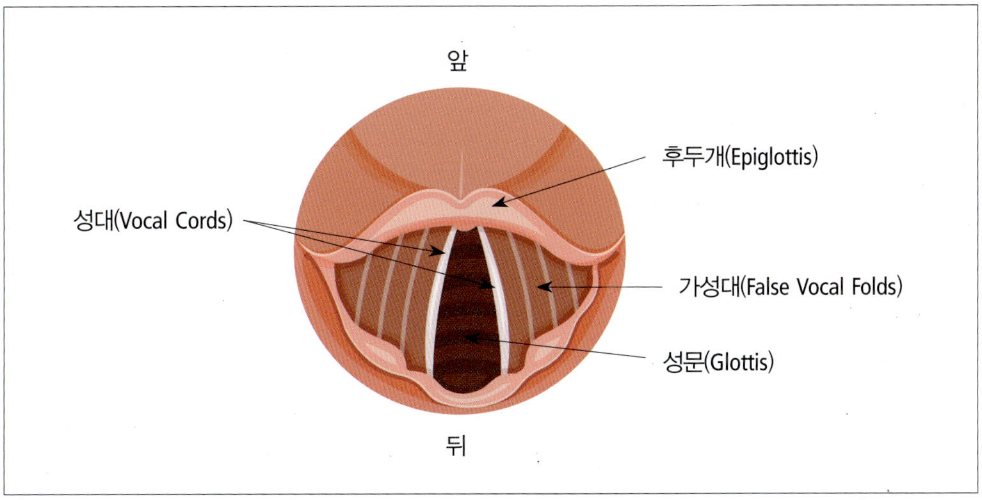

stock_shoppe/iStock/Getty Images Plus

그림 3-3 후두의 구조

류를 들이마시고 내쉬나, 입을 열고 호흡할 경우 코와 입을 통해 동시에 공기가 나갈 수도 있다. 이러한 발성기관들의 유기적 작용이야말로 명료하고 풍부한 음성을 만들어내는 기반이 된다.

(3) 구강

구강은 입안을 이루는 공간으로, 혀의 자유로운 움직임에 의해 크기와 형태가 끊임없이 변한다. 혀가 위 · 아래 또는 앞 · 뒤로 위치를 바꾸면서 다양한 모음의 음질을 조절하고, 입술 · 치조 · 경구개 등 다른 조음 기관과 결합해 자음을 생성한다. 구강은 단순한 공명강이 아니라 말소리를 분화시키는 핵심 조음부로 기능한다. 대부분의 구강음(Oral Sound)은 연구개를 들어 올려 비강 통로를 차단하고 공기가 오로지 구강으로 흐를 때 만들어진다. 반면 연구개를 내린 상태에서는 공기가 비강으로 빠져나가 비음(Nasal Sound)이 생성된다.

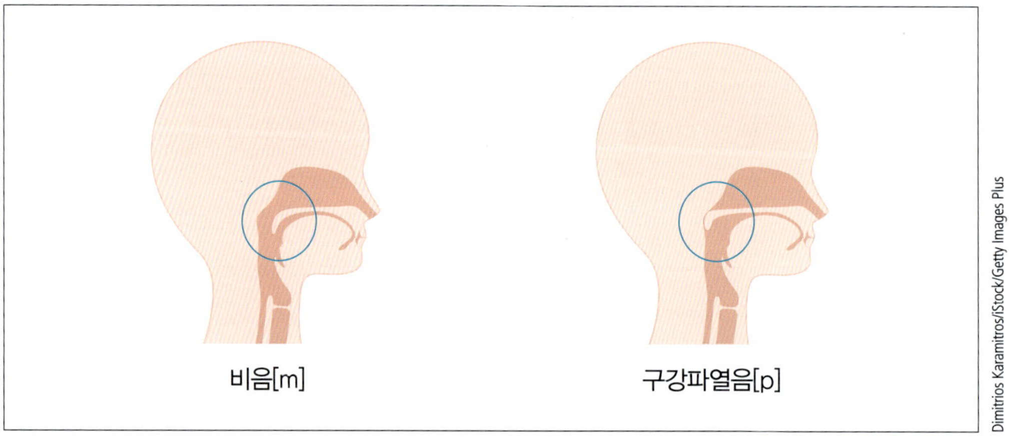

그림 3-4 비음과 구강음의 조음방법

(4) 입천장

발음기관의 여러 요소, 즉 이 · 입술 · 입천장 · 목젖 등은 각자의 위치와 상호간의 움직임을 통해 다양한 소리를 만들어낸다. 특히 혀는 윗니 바로 뒤쪽의 치경(Alveolar Ridge), 입천장의 딱딱한 부위인 경구개(Hard Palate), 그 뒤의 물렁한 연구개(Soft

Palate, Velum), 그리고 연구개의 끝부분인 구개수(목젖, Uvula) 사이를 자유롭게 오가며 자음과 모음의 미세한 차이를 조음한다. 이때 각 조음부가 공기 흐름을 제어하고 접촉 지점을 형성하는 방식이 곧 음질과 음색을 결정짓는 핵심 요소가 된다.

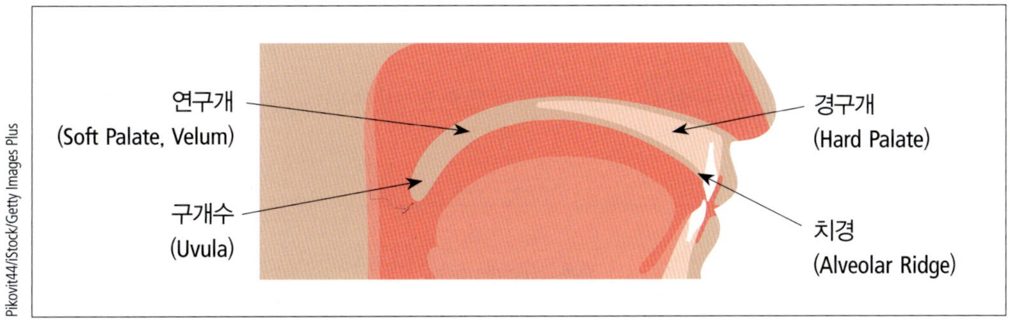

그림 3-5 입천장의 부위별 명칭

(5) 혀

말소리가 만들어지는 과정을 이해하려면 혀의 부위별 명칭을 알아두는 것이 유용하다. 혀의 가장 앞부분은 혀끝(설첨, Tongue Tip)이라 부르며, 혀끝에서 약 10~15mm 뒤쪽으로 치경(잇몸) 부위에 닿는 부분을 혓날(설단, Tongue Blade)이라 한다. 그 뒤를 차지하는 혀의 윗면 전체는 혓몸(설배, Tongue Body)이라 하며, 혓몸은 다시 전설(Front), 중설(Central), 후설(Back)로 나뉜다. 혀뿌리(설근, Tongue Root)는 후설 뒤쪽의 깊숙한 부위로, 이들 각 부분의 위치와 움직임이 조음 과정 전반을 결정짓는다.

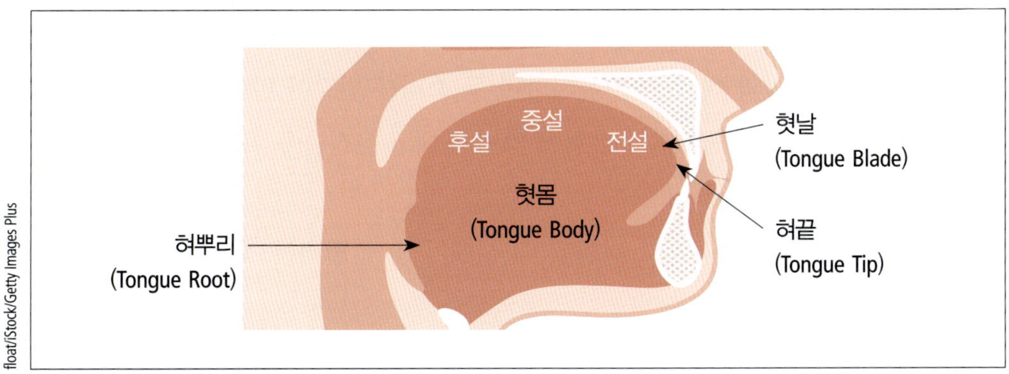

그림 3-6 혀의 부위별 명칭

2) 유성음과 무성음

폐에서 나온 공기는 그대로는 언어 음을 만들어내지 못하므로 성대의 개폐를 통해 음파로 전환된다. 성대가 닫히며 통로가 좁아지면 성대 근육이 떨려 유성음(Voiced Sound)이 생성되고, 성대가 벌어져 기류가 부드럽게 흐르면 무성음(Voiceless Sound)이 형성된다.

모음은 특별한 경우를 제외하고 모두 유성음으로 발음된다.

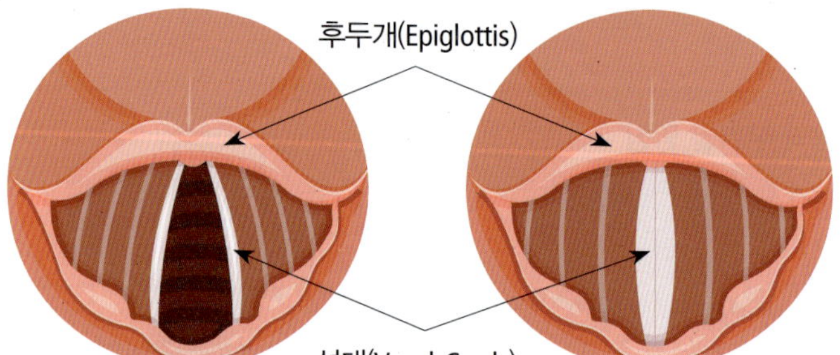

그림 3-7 성문의 개폐에 따른 무성음과 유성음

쌍을 이루는 [f]와 [v], [k]와 [g], [p]와 [b], [s]와 [z], [t]와 [d], [tʃ]와 [dʒ], [Θ]와 [ð], [ʃ]와 [ʒ]는 동일한 조음 위치와 방식을 가진다. 왼쪽 소리는 성대가 진동하지 않아 무성음이다. 오른쪽 소리는 성대 진동을 수반하여 유성음이다. 연습 방법은 다음과 같다.

첫째, 같은 입 모양과 혀 위치를 유지하며 두 소리를 번갈아 발음해 본다.

둘째, 손가락을 목젖 아래 후두 부위에 가볍게 대고 유성음을 발음할 때 진동이 느껴지는지 확인한다.

셋째, 무성음에서 유성음으로 전환될 때 성대가 짧게 떨리는 것을 의식하며 발성한다.

이 과정을 통해 조음 위치는 같되 성대 진동 유무에 따라 음질이 어떻게 달라지는지 체감할 수 있다.

성대 진동 유무에 따른 음의 구분

Unvoiced(no vibration)	Voiced(vibration)
[f] fat	[v] vat
[k] come	[g] gum
[p] pit	[b] bit
[s] sip	[z] zip
[t] ton	[d] done
[tʃ] chin	[dʒ] gin
[θ] thick	[ð] this
[ʃ] pressure	[ʒ] pleasure

3) 모음과 자음

음성은 크게 모음(Vowel)과 자음(Consonant)으로 구분된다. 모음은 공기의 흐름에 아무런 장애를 받지 않고 이루어지는 음이다. 공기의 통로 모양이 변함에 따라 음색이 달라지는데, 혀의 높이에 따라 폐 · 개 모음으로, 혀의 앞 · 중 · 뒤 위치에 따라 전설 · 중설 · 후설 모음으로, 입술 모양에 따라 원순 · 평순 모음으로 구분된다. 그리고 자음은 공기의 흐름이 조음부에서 차단 · 제한되면서 만들어지는 음이다. 조음부의 위치와 조음 방식에 따라 폐쇄음 · 파찰음 · 마찰음 · 비음 · 유음 등으로 분류된다.

4) 국제 음성 기호(IPA)의 이해

국제 음성 기호(IPA)는 International Phonetic Association이 전 세계 언어의 음성을 표준적인 방법으로 기록하기 위해 고안한 국제 표준 기호이다. 이 체계는 로마자를 기본으로 삼고 그리스 문자와 다양한 부호를 결합하여 언어음의 모든 세부적 특성을 정확히 표기한다.

인간의 모든 음성을 정확하고 일관되게 표기하기 위해 고안된 음성 표기 체계로 자음은 발음 위치와 방법에 따라 분류되며, 대표적으로 [p], [t], [k] 등은 파열음이고, [f], [s] 등은 마찰음에 속한다. 모음은 혀의 위치, 높이, 입술 모양에 따라 구분되며, [i], [e], [ɑ], [u] 등의 기호로 다양한 음질을 표현한다. 장음은 [ː] 기호를 통해 길이를 나타내며, 강세는 [ˈ], [ˌ] 기호로 강조 부분을 표기한다. IPA는 언어 간 발음 비교를 가능하게 하며, 특히 언어학, 음성학, 외국어 교육 등 다양한 분야에서 활용된다. 이처럼 국제 음성 기호는 음성의 세밀한 분석과 표기를 위한 필수적인 도구이다.

또한 국제 음성 기호(IPA)는 인간의 다양한 언어 음성을 정확하고 일관되게 표기하기 위한 체계이다. 모음의 경우, 사각도를 통해 혀의 위치를 시각적으로 표현한다. 이 사각도는 혀의 가장 높은 정점이 입안에서 어디에 위치하는지를 기준으로 하며, 전설모음 [i]는 앞쪽, 후설모음 [u]는 뒤쪽, 중설모음은 이들 사이의 중간 위치에서 발음된다. 혀의 높이에 따라 폐모음([i], [u]), 개모음([a]), 반폐모음([e], [o]), 반개모음([æ], [ɐ]) 등으로 세분화되며, 이는 발음 시 입의 열림 정도와 밀접한 관련이 있다. 또한 한 위치에 두 개의 모음 기호가 병기된 경우, 왼쪽은 입술이 평평한 평순모음, 오른쪽은 입술이 둥글게 오므려지는 원순모음을 의미한다.

자음 차트에서는 허파의 날숨을 기반으로 생성된 자음만을 포함하며, 가로축은 조음 위치(입술에서 후두 방향), 세로축은 조음 방식(공기의 흐름에 가해지는 장애 정도)을 나타낸다. 각 자리에 위치한 기호 중 왼쪽은 무성음, 오른쪽은 유성음을 뜻하며, 음영 처리된 칸은 자연적 발음이 불가능하다고 판단된 경우이다.

더불어 비폐소리(Non-pulmonic Consonants)도 IPA 체계에 포함되어 있다. 이는 허파의 날숨을 사용하지 않는 자음으로, 연구개음으로부터 공기를 밀어내는 성문 파열음(Ejectives), 흉강의 압력을 낮춰 들이마시듯 발음하는 흡입음(Implosives), 혀를 이용해 구강 내 저압 상태를 만든 뒤 발성하는 클릭음(Clicks) 등으로 구성된다. 이러한 자음들은 주로 특수 언어군에서 나타나며, 국제 음성 기호에서는 별도의 기호 결합 방식으로 표기된다.

다음 IPA 표는 모음사각도이다. 인포그래픽은 모음사각도의 개념과 구성 원리를 직관적으로 이해할 수 있도록 설계된다. 혀 최곳점의 앞뒤 전설 · 후설(Front/Back)과 높고 낮음 고음 · 저음(Close/Open)을 사각형으로 연결하며, 각 위치의 기호는 발음 시 혀의 위치를 표시한다. 위치 하나에 두 기호가 배치된 경우 오른쪽 기호는 원순모음(Round), 왼쪽 기호는 평순모음(Unround)을 나타낸다.

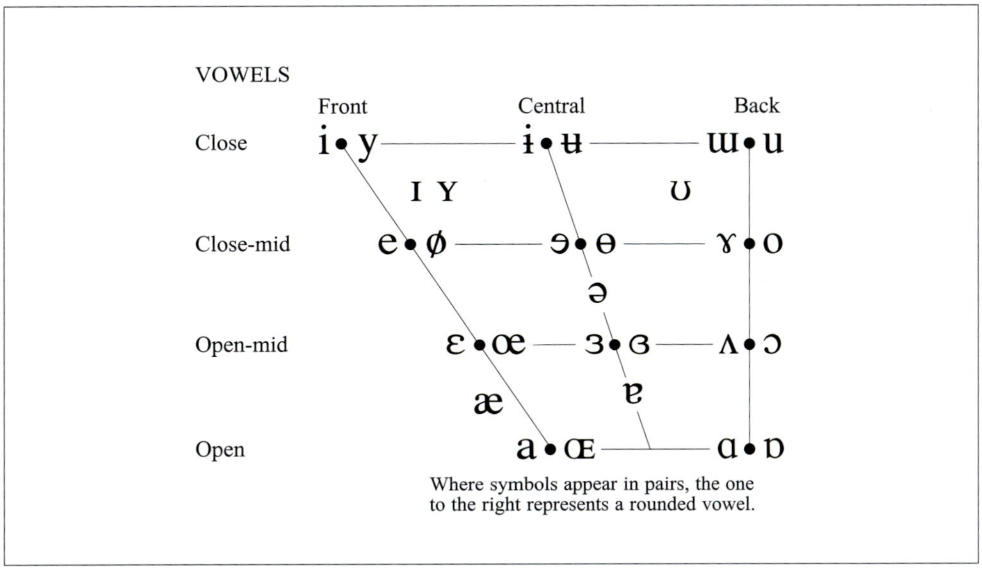

Copyright © 2020 International Phonetic Association

그림 3-8 IPA 모음사각도

(1) 폐모음과 개모음

[i]와 [u]는 혀가 입천장 가까이 올라가며 입술을 좁혀 발음하는 폐모음이고, [a]는 혀가 낮게 내려가며 입을 최대한 벌려서 발음하는 개모음이다. 폐모음과 개모음 사이에는 혀의 위치나 입 모양이 상대적으로 중간 정도인 반폐모음과 반개모음이 있다. 반폐모음은 [e]나 [o]처럼 혀가 다소 올라가면서도 완전한 폐쇄가 이루어지지 않는 소리이고, 반개모음은 [æ]나 [ɐ]처럼 혀가 다소 내려가고 입이 완전히 벌어지지 않는 소리이다.

이와 같은 구분은 모음의 조음 과정에서 혀 높이와 입 모양 변화를 체계적으로 설명할 수 있게 해준다.

(2) 전설모음과 후설모음

[i]는 혀의 가장 높은 정점이 입안의 앞쪽에 위치하는 전설모음이고, [u]는 혀의 정점이 입안의 뒤쪽에 위치하는 후설모음이다. 전설모음과 후설모음 사이에는 혀를 중간 지점에 위치시키는 중설모음이 있다. 중설모음은 혀의 높낮이가 전설 · 후설보다 중간 정도에 있어 전반적인 발음 특성이 양쪽의 중간 형태를 띤다. IPA 모음사각도 차트에서 전설 · 중설 · 후설 배열은 가로축의 혀 앞뒤 위치를 시각적으로 구분하도

록 설계되어 있다.

이러한 전설 · 중설 · 후설 구분을 통해 모음의 조음 위치를 명확히 이해할 수 있다.

(3) 원순모음과 평순모음

[i]는 혀의 가장 높은 정점이 전방에 위치하며 입술이 평평하게 유지되는 평순 전설 폐모음이다. [u]는 혀의 정점이 후방에 위치하며 입술이 둥글게 조여지고 약간 앞으로 돌출되는 원순 후설 폐모음이다. 평순모음은 입술이 이완된 상태로 평평한 형태를 유지하는 모음 분류 기준이고, 원순모음은 입술을 동그랗게 오므려 발음하는 특징을 지닌 모음 분류 기준이다. IPA 모음사각도 차트에서는 같은 칸에 두 기호가 있을 때 왼쪽 기호가 평순모음, 오른쪽 기호가 원순모음을 나타낸다.

이러한 평순 · 원순 구분은 모음의 조음 특징을 시각적으로 파악하는 데 필수적인 요소이다.

(4) 자음(Pulmonic)

이 표는 폐의 날숨으로 생성되는 자음만을 다루는 IPA 차트다. 가로축은 입술에서 연구개에 이르는 조음 위치를 나타내며, 세로축은 공기 흐름의 장애 형태에 따라 폐쇄음, 파찰음, 마찰음, 비음 등 조음 방법을 구분한다. 각 칸의 왼쪽 기호는 무성음을,

CONSONANTS (PULMONIC)

	Bilabial	Labiodental	Dental	Alveolar	Postalveolar	Retroflex	Palatal	Velar	Uvular	Pharyngeal	Glottal
Plosive	p b			t d		ʈ ɖ	c ɟ	k ɡ	q ɢ		ʔ
Nasal	m	ɱ		n		ɳ	ɲ	ŋ	ɴ		
Trill	ʙ			r					ʀ		
Tap or Flap		ⱱ		ɾ		ɽ					
Fricative	ɸ β	f v	θ ð	s z	ʃ ʒ	ʂ ʐ	ç ʝ	x ɣ	χ ʁ	ħ ʕ	h ɦ
Lateral fricative				ɬ ɮ							
Approximant		ʋ		ɹ		ɻ	j	ɰ			
Lateral approximant				l		ɭ	ʎ	ʟ			

Symbols to the right in a cell are voiced, to the left are voiceless. Shaded areas denote articulations judged impossible.

Copyright © 2020 International Phonetic Association

그림 3-9 IPA 자음표식(Pulmonic)

오른쪽 기호는 유성음을 표기한다. 음영 처리된 칸은 인간이 자연스럽게 발음할 수 없는 조합으로 판단된 항목이다. 이 차트는 자음의 조음 위치와 방법을 직관적으로 파악하기 위한 핵심 도구다.

(5) 자음(Non-pulmonic)

Non-pulmonic 자음은 폐호흡 날숨이 아닌 다른 발성 기전을 이용해 생성되는 자음으로, 흡입음, 성문 파열음, 클릭음 세 가지 종류가 있다. 흡입음(Implosives)은 성대를 내리고 흉강 내 압력을 낮춘 뒤 공기를 들이마시듯 발음하며, IPA 기호에 후크(Hook)나 아래쪽 화살표를 결합해 표기한다. 성문 파열음(Ejectives)은 연구개 · 치경 등에서 입안을 잠근 뒤 성문을 빠르게 닫았다 터뜨려 공기를 밖으로 밀어내며, 기호 뒤에 아포스트로피(')를 붙여 표시한다. 마지막으로 클릭음(Clicks)은 혀끝이나 혀옆을 구강 천장에 고정한 후 혀를 내리면서 음저압 상태를 만든 뒤 순간적으로 개방해 소리를 내며, [ʘ], [ǀ], [!], [ǂ], [ǁ] 같은 별도 기호를 사용한다.

CONSONANTS (NON-PULMONIC)

Clicks	Voiced implosives	Ejectives
ʘ Bilabial	ɓ Bilabial	' Examples:
ǀ Dental	ɗ Dental/alveolar	p' Bilabial
! (Post)alveolar	ʄ Palatal	t' Dental/alveolar
ǂ Palatoalveolar	ɠ Velar	k' Velar
ǁ Alveolar lateral	ʛ Uvular	s' Alveolar fricative

Copyright © 2020 International Phonetic Association

그림 3-10 IPA 자음표식(Non-pulmonic)

3. 기내 방송 낭독 기법

언어 생활은 듣기(40%)와 말하기(35%), 읽기(16%), 쓰기(9%)로 구성되며, 음성 언어는 듣기 · 말하기, 문자 언어는 쓰기가 주된 영역이고 읽기는 묵독과 낭독으로 나뉜다.

특히 낭독은 외부 청중을 의식하고 소리 내어 읽는 과정으로, 어조와 억양을 통해 의미를 전달하는 중요한 표현 행위이다. 그러나 우리의 학교 교육은 단순한 읽기 연습에 그쳐 기계적이고 획일적인 낭독 습관이 만연해 있다. 이를 극복하려면 먼저 충분한 예비 읽기(길들이는 읽기)를 통해 글자를 정확히 음성화하는 기초를 다져야 한다. 그다음 문장별 끊어 읽기, 적절한 어조와 감정 표현을 연구하며 단계적으로 연습을 반복해야 비로소 자신감 있는 낭독이 가능해진다. 방송 낭독 기법은 이러한 종합적 훈련을 바탕으로 청자의 이해와 몰입을 극대화하는 전문 기술이다.

1) 정확한 발성을 위한 기초 훈련

건강하고 아름다운 목소리는 선천적 재능보다 꾸준한 연습과 훈련을 통해 길러지며, 훌륭한 방송 낭독 전문가는 몸과 소리의 조화에 대한 이해에서 출발한다. 인간 음성의 근원은 성대이며, 이는 바이올린의 현과 같고, 성대를 진동시키는 활은 폐에서 나오는 공기이다. 이렇게 만들어진 미약한 소리는 인두 · 구강 · 비강 등 공명강의 도움으로 비로소 힘 있는 음색으로 증폭된다.

바르고 안정된 자세는 음색과 억양, 선율에 지대한 영향을 미친다. 자세가 흐트러지면 호흡이 원활하지 못하고 공명 공간이 위축되며, 복근이 경직되어 좋은 소리를 내기 어려워진다. 좋은 발성을 위해서는 전신의 긴장을 완전히 해제하고, 목 · 어깨 · 턱 주변 근육에 힘이 들어가지 않도록 주의해야 한다.

항공기 내 방송 낭독은 승무원 좌석에 앉은 상태에서 이뤄지므로 횡격막이 압박되고 공명이 저해되기 쉽다. 이를 보완하려면 낭독 전 손을 상하 · 전후로 흔들고, 어깨를 돌리는 가벼운 스트레칭과 심호흡으로 온몸의 긴장을 풀며 객실을 순회하는 것이 효과적이다.

2) 성량과 음질 조절법

성량이란 폐에 저장된 공기가 성대와 구강 구조를 거쳐 외부로 배출되는 양을 뜻한다. 음성의 강약은 이 성량에 의해 결정되며, 공기를 많이 내보낼수록 목소리는 높고 강하게, 적게 내보낼수록 부드럽고 가는 소리로 나타난다. 문장은 의미나 전달 효과에 따라 강조점이 다르므로 중요한 단어를 발성할 때는 더 많은 공기를 공급해야 한다. 순간적 감정 변화에 맞춰 공기 발산량을 섬세하게 조절하려면 꾸준한 호흡 제어 훈련이 필수적이다. 이때 목이 아닌 가슴에서 숨을 깊이 들이마시고, 필요에 따라 배출량을 조절하는 연습을 반복해야 한다. 발성기관의 근육은 다른 근력운동처럼 수축과 이완 과정을 통해 발달하므로, 가성이 아닌 진성대를 사용해 진동으로 고저의 억양을 만드는 것이 바람직하다.

호프만(William G. Hoffman)의 발성 근육 발달 방법

- 모든 글을 소리 내어 읽는 습관을 갖는다.
- 독서의 범위를 넓혀 여러 가지 형태의 발음에 접함으로써 근육운동의 장애를 극복한다.
- 혀를 최대한 입 밖으로 내놓는 동작을 빠른 속도를 반복한다.
- '아' 소리로 큰 한숨을 내쉬어 가장 낮은 소리에 이르렀을 때 그 소리를 중심으로 발음하기 어려운 글을 읽는 연습을 한다.

음질은 호흡기관 · 후두 · 공명강 · 성대 네 조직과 이들에 연결된 신경 및 근육의 협응에 의해 형성된다. 음의 높낮이와 성량이 음질에 영향을 주지만, 궁극적으로는 진성대가 어떻게 공명하는지에 따라 목소리의 개성이 결정된다. 성대의 면적 · 형태 · 두께 등 물리적 특성이 사람마다 다르기 때문에 각자는 고유한 음색을 지닌다. 이는 마치 지문이나 얼굴 윤곽이 개인마다 고유한 것과 같은 원리다. 이러한 음질의 차이를 이해하면 낭독이나 스피치에서 자기만의 목소리를 효과적으로 활용할 수 있다.

3) 목소리 관리와 컨디션 유지

인간의 음성은 후두에서 생성된다. 후두는 코 뒤쪽에서 식도 입구까지 이어지는 공명 구조물로, 어떤 악기도 다루는 이가 서투르면 아름다운 소리를 내기 어렵듯이 목소리도 호흡 · 발성 · 조음이라는 세 가지 조건이 조화롭게 작용해야 이상적인 음색을 얻을 수 있다.

훈련의 기초는 호흡 근육의 강화다. 폐와 횡격막, 흉 · 복근을 단련하여 흡기와 호기를 자유롭게 조절하며, 흉식호흡과 복식호흡을 결합한 흉복식 호흡을 익혀야 한다. 자세한 방법은 본 교재 파트 1의 1장 '복식호흡' 관련 내용을 참고하기 바란다.

음성의 원천인 성대는 항상 일정한 긴장을 유지해야 진동을 만들 수 있다. 남성 베이스부터 여성 소프라노에 이르기까지 성대 진동수는 초당 64~1,024회에 달하며, 이 미약한 진동을 풍부하고 힘 있는 소리로 증폭하려면 공명 연습이 필수적이다. 구체적인 공명 기법은 파트 1의 1장 '공명' 관련 내용에서 자세히 다룬다.

적절한 음량 조절은 방송 낭독의 기본이다. 성대 길이 차이로 남성은 저음을, 여성은 고음을 자연스럽게 내게 되는데, 이 차이는 14세 전후까지 거의 없으나 사춘기를 거치며 분명해진다. 남성 성대가 더 길어 낮은 음역을 형성하고, 여성 성대는 짧아 높은 음역을 유지하게 된다.

방송 낭독에서 목소리의 명료도는 음높이(피치)보다는 음량(강도)에 의해 결정된다. 청중에게 내용을 정확히 전달하려면 단순히 소리를 높이는 것이 아니라, 듣기 편안하면서도 충분히 강한 소리를 유지할 수 있도록 연습해야 한다.

연령별 및 성별 성대의 길이(mm)

	유아기	2세	6세	10세	14세	20세	30세
남자	6	8	10	13	13	24	30
여자	6	8	10	12	12	16	20

사람들은 일상 언어생활이나 낭독을 할 때 대개 무리 없이 지속할 수 있는 일정한 음역을 사용한다. 따라서 말할 때 피로를 느끼지 않는 자신의 편안한 음역을 찾아내는 일이 중요하다. 적절한 음역대는 듣는 이에게 안정감과 즐거움을 주며, 목소리

를 직업적으로 사용하는 사람일수록 자신의 고유한 소리를 정확히 인지해야 한다.

자신의 목소리는 공기를 매개로 귀로 들리는 동시에 두개골을 통해서도 전달되기 때문에, 처음 녹음된 소리가 낯설게 느껴지는 경우가 많다. 객관적인 음색을 파악하려면 녹음 후 재생해 청취해 보고, 필요할 때마다 음량과 억양, 톤을 조정해 보는 것이 효과적이다.

더불어 효과적인 음성 관리를 위해 평상시에는 담배와 과도한 음주를 자제하고, 신맛이 강한 음료를 피하는 것이 좋다. 목을 보호하고 음성의 건강을 유지하려면 충분한 수분 섭취와 적절한 휴식, 규칙적인 발성 연습을 병행해야 한다.

방송 낭독 시 유의할 점

- 해당 방송문의 내용에 맞는 느낌과 분위기를 목소리에 담아낸다.
- 등을 펴서 자세를 바로 한다.
- 목, 어깨 등 온몸의 힘을 뺀다.
- 정확한 발음을 위해 가능하면 입을 크게 벌린다.
- 가능하면 평소보다 빨리 혀를 움직인다.
- 입술을 부드럽게 유지한다.
- 호흡은 편안하게 유지한다.
- 적당한 크기의 음량을 유지한다.
- 가성이 아닌 진성을 사용한다.
- 불필요한 콧소리나 숨소리, 혓소리에 조심한다.
- 방송문을 넘기는 소리 등 기타 잡음에 유의한다.

4) 실전 방송을 위한 트레이닝 전략

1단계: 내용을 읽고 방송 구조 이해하기

낭독 훈련에 앞서 방송 원고를 먼저 눈으로 꼼꼼히 읽으며 시점과 주요 내용을 해석한다. 원고를 시작 · 본문 · 마무리 구조로 나누어 각 부분이 담은 의미를 파악한 뒤, 그것을 일상 대화하듯 자연스럽게 전달해 본다. 이어 해당 방송의 시점과 역할을 분명히 인지하여 어떤 어조와 분위기로 낭독할지 결정한다. 전체 원고의 핵심 메시지를 정리한 상태에서 연습하면, 청중에게 더 효과적으로 내용을 전달할 수 있다. 특히 기내 방송에서는 메시지와 전달 시점을 충분히 숙지해야 생기 있는 리듬과 흐름을 만들 수 있다.

이 과정을 마친 뒤 본격적인 낭독 트레이닝에 들어가면 전문적이고 몰입도 높은 방송이 가능해진다.

2단계: 전문가 음성 청취하고 발음 분석하기

모델 보이스의 낭독을 재생하여 한국어 방송 전문가와 원어민의 음성을 청취한다. 각 언어별로 특히 주의해야 할 발음 요소를 집중해서 듣고, 과거 지식이나 선입견을 모두 내려놓은 백지 상태로 몰입한다. 방송 언어는 일반 회화와 달리 발음, 억양, 속도 등 다양한 제약을 갖고 있으므로 각 음소의 정확한 발음법을 파악해야 한다. 단어와 단어가 연결될 때 발생하는 음의 강약, 고저 변화를 세심히 분석하며 학습을 진행한다.

이 같은 분석적 청취 훈련을 통해 방송 낭독의 전문성과 전달력을 한층 더 강화할 수 있다.

3단계: 소리 내어 낭독하며 익히기

본문을 소리 내어 읽으며 2단계에서 들었던 한국어 방송 전문가와 영어 원어민의 발음을 떠올린다. 모델 보이스의 소리는 곧 잊히기 마련이니, 읽는 동안 자주 실수하는 부분과 언어별 특징을 컬러 펜으로 직접 표시해 두면 반복 연습에 큰 도움이 된다. 한국어 방송 연습에서는 장음, ㅎ 발음, 이중모음, 띄어 읽기에 특히 집중하고, 영어 방송 연습에서는 Accent, Intonation, Pause 세 요소에 세심하게 신경 써야 한다.

중요한 포인트마다 자신만의 기호를 넣어 가시적인 표식을 남기면, 나중에 복습할 때 빠르고 정확하게 핵심을 되짚을 수 있다.

4단계: 섀도잉으로 자연스럽게 익히기

그림자 읽기(Shadowing) 기법은 모델 보이스를 틀어놓고 끊어 읽기 · 강세 · 억양을 일치시켜 본문을 소리 내어 따라 읽는 방법이다. 따라 읽기는 음성 학습 초보자에게 매우 효과적이므로, 사전에 언어별 끊어 읽기 표시와 호흡 길이를 충분히 숙지한 뒤 기준에 맞춰 반복 연습해야 한다.

한국어에서는 문장 중간의 끊어 읽기 표시(/)나 쉼표(,)에서 반 템포만큼 쉼을 주어 의미를 명확히 전달한다. 문장을 마치는 마침표(.)에서는 한 호흡 길이로 숨을 쉬고, 클로징 전에서는 일반 호흡의 두 배를 들이마시며 느낌과 감정을 담은 클로징 멘트를 준비한다.

이러한 규칙적 호흡과 쉼은 전체 문장의 자연스러운 리듬을 형성하여 청자의 집중을 유도한다. 내용상 중요한 핵심 단어의 첫음절에 강세를 주어 음높이 변화를 통해 강조함으로써 메시지 전달력을 극대화할 수 있다.

5단계: 자연스럽게 구사하며 실전 연습하기

본문을 보지 않고 음성만 듣고 따라 말하는 단계는 방송 전문가와 원어민의 발음 · 억양을 최대한 모방하는 데 집중하는 단계이다. 처음에는 어색하게 느껴지지만, 동일한 음성을 세 번 반복하여 듣고 따라 하면 세 번째에는 꽤 유사한 소리를 낼 수 있다.

이 과정은 '길들이는 읽기'의 핵심이다. 한 글자부터 한 구절, 나아가 문장 전체까지 정확한 음성화에서 적절한 호흡 · 억양 · 강세 구사에 이르는 전 과정을 자신감이 생길 때까지 반복해야 한다. 자신감이 생겼을 때, 방송을 녹음해서 동료나 교수자의 피드백을 듣고, 반영해 보는 것도 좋은 방법이다. 만약에 매일 일정한 시간에 모델 보이스를 따라 노래하듯 연습하는 루틴을 만들어 본다면, 이것은 유창하고 능숙한 기내 방송 낭독 능력을 기르는 신비의 열쇠가 될 것이다.

CHAPTER

04

마이크를 잡으려면 방송 자격을 따라

기내 방송의 규정, 책임, 시스템 이해

항공 기내 방송은 항공사가 객실 내 승객을 대상으로 음성 또는 영상을 전파를 통해 송출하는 서비스다. 항공사 객실 서비스의 핵심 요소로서, 기내 운항 정보와 서비스 안내를 제공하며 승객들이 안락한 여행을 즐길 수 있도록 기내 시설 이용 방법, 비행 관련 정보 및 출입국 절차 등 다양한 정보를 전달하는 길잡이 역할을 수행한다.

기내 방송은 앞서 학습한 방송 언어의 특징을 살려 간결하고 명료하게 진행되어야 하며, 기내 환경과 상황에 적합한 정확한 정보가 적시에 제공되어야 한다. 일반적으로 방송 자격을 갖춘 담당 승무원이 방송 장비를 이용해 육성으로 진행한다. 다만 항공사 서비스 정책에 따라 자동 안내 방송 시스템(PRAM; Pre-recorded Announcement Module)을 활용하여 사전 녹음된 안내를 송출하기도 한다.

1. 항공 기내 방송의 이해

항공 기내 방송은 기내라는 제한된 공간이 지닌 네 가지 환경적 제약을 안고 있다. 첫째, 운항 중 지속적인 엔진 소음과 주변 소음으로 인해 승객이 방송음을 잘 듣기 어려운 난청성(難聽性)이 있다. 둘째, 방송 내용이 사전에 예고될 수 없는 비예고성(非

豫告性)을 띠며, 셋째, 일회성으로만 전달되는 비영속성(非永續性)을 갖는다. 넷째, 승객 구성과 기내 상황이 수시로 바뀌는 유동성(流動性)이 더해진다.

이처럼 한 번의 방송 기회에 최대한의 효과를 거두려면, 방송 담당 승무원은 짧은 시간 안에 승객의 집중을 끌어낼 수 있는 명확한 어조 · 억양 · 속도 조절 등 특별한 노하우를 구사해야 한다. 특히 비정상 상황에서는 미리 작성된 스크립트 대신 상황 변동에 맞게 즉시 내용을 선택 · 수정하여 전달해야 하는 난관이 따른다.

최근에는 이러한 제약에 대응하기 위해 다국어 자동 안내 방송 시스템(PRAM)을 도입하는 항공사도 늘고 있다. 자격을 갖춘 방송 담당 승무원의 육성과 함께, 사전 녹음된 안내를 적절히 활용함으로써 기내 방송의 정확성과 전문성을 동시에 향상시키는 추세이다.

1) 기내 방송의 특징

(1) 여러 문화권의 언어로 실시한다

항공 기내 방송은 기본적으로 한국어와 영어로 진행되며, 해당 노선의 승객 구성과 탑승 비율에 따라 최대 3개 언어까지 추가로 방송된다. 실시 언어의 수와 구성은 항공사별 정책에 따라 다르게 규정된다.

외국어 방송의 핵심은 정확한 발음 구사이다. 비원어민 방송 담당 승무원은 원어민 수준의 발음을 완벽히 재현하기 어렵기 때문에, 모델 보이스를 활용해 발음의 정확도와 명료도를 꾸준히 연습함으로써 전달력을 강화해야 한다.

한국어 방송에서는 청중의 연령대와 선호도를 고려한 보이스 이미지 연출이 중요하다. 딱딱하고 강한 어조는 세련된 인상을 주지만 불친절하게 들릴 수 있고, 부드럽고 친근한 말투는 따뜻함을 전달하지만 신뢰감을 약화시킬 수 있다. 대부분의 항공사는 방송국 아나운서처럼 일정한 어조를 유지하도록 교육하나, 일부 항공사는 자사 브랜드 이미지와 서비스 정책에 맞춰 색다른 분위기를 구현하기도 한다.

(2) 방송 스튜디오가 아닌 객실 승무원 구역에서 방송 전달 시스템으로 전달한다

기내 방송은 별도의 방음 스튜디오가 아닌, 객실 승무원의 근무 구역, 주로 비상구나 기내 주방 인근에서 이루어진다. 마이크는 객실 승무원 좌석 옆에 비치된 인터폰 핸드셋을 사용하며, 항공기 제작사와 기종에 따라 장비 성능에 차이가 있다.

따라서 방송을 담당하는 승무원은 비행 전 근무 구역 주변 마이크의 작동 상태를 반드시 점검하고, 비행 중에도 수시로 송출 음질을 모니터링해야 한다. 기내 방송은 자신의 육성이 마이크를 통해 전달되는 만큼, 올바른 마이크 사용법을 숙지하고 아나운서 역할과 함께 음향 송출 기술을 지원 · 감독할 수 있는 능력을 갖추어야 한다.

(3) 비정상 상황에서 방송의 기대와 효과는 더 커진다

기내 방송은 계획된 절차에 따라 실시되는 정규 방송과, 정상 규정 · 절차를 벗어난 모든 상황에서 이루어지는 비정상 상황 방송으로 구분된다.

정규 방송은 출발 · 도착 · 기내 서비스 안내 등 일상적인 비행 절차를 승객에게 전달하는 것이 목적이다. 반면 비정상 상황 방송은 기체 결함, 기상 악화, 돌발 승객 응급 등 계획되지 않은 모든 상황에서 즉시 시행되어야 한다.

비정상 상황 발생 시 방송 담당 승무원은 신속한 상황 판단과 적절한 대처 능력을 발휘하여 승객의 불안감을 해소하고, 궁금증을 해소할 수 있는 정확한 정보를 제공해야 한다. 이를 위해 평소 기내 안전과 서비스 관련 불편 사례를 숙지하고, 특히 난류(turbulence)와 같은 빈발 상황에 대한 표준 방송문을 암기하여 신속 · 정확히 전파할 준비가 필요하다.

이와 같은 대비가 제대로 이루어질 때, 비정상 상황에서도 승객은 필요한 정보를 적시에 제공받고 안전한 비행을 유지할 수 있다.

(4) 방송문마다 상이한 기내 환경을 고려하여 적절한 방송을 실시한다

기내 방송은 비행 중 승객에게 여행에 필요한 정보를 전달하는 것을 주목적으로 하며, 출발지 공항 탑승 시점부터 목적지 도착 시점까지 서비스 절차에 따라 순차적으로 진행된다.

이때 항공기는 이륙 · 순항 · 착륙이라는 세 가지 운항 단계를 거치며, 각 단계마다 기내 환경이 크게 달라진다. 특히 엔진 소음의 크기가 단계별로 다르게 나타나므로, 방송 담당 승무원은 음량과 발음 속도를 적절히 조절해 언제나 명료하고 듣기 편안한 방송을 제공해야 한다.

(5) 기내 방송은 시작과 끝을 알리는 차임이나 효과음이 없다

항공 기내 방송은 일반 공공장소의 안내 방송과 달리 차임이나 멜로디 같은 효과음 없이 곧바로 시작된다. 백화점이나 공항에서는 고객의 주의를 환기하고 전달력을 높이기 위해 방송 시작 전 짧은 멜로디를 삽입하는 반면, 기내에서는 승무원이 인터폰 핸드셋을 통해 육성만으로 방송을 진행한다. 이처럼 효과음이 부재한 상황에서는 첫 마디와 마지막 마디가 승객의 집중과 인상 형성에 결정적인 역할을 한다.

방송을 시작할 때는 인터폰 버튼을 누른 직후 자연스러운 호흡 여유를 확보한 뒤 친근하면서도 전문적인 어조로 안내 의도를 분명히 전달해야 한다. 너무 빠르거나 느리지 않은 적절한 속도로 문장을 풀어내야 단번에 메시지를 이해시킬 수 있다. 시작 멘트의 어조와 템포는 승객의 기대감을 형성하는 첫 관문이므로, 정확한 타이밍과 목소리 톤이 필수적이다.

마무리 멘트에서는 안내한 핵심 내용을 간결하게 되짚으며 안정감을 주는 톤으로 전환해야 한다. 앞서 사용한 어조보다 약간 낮추거나 속도를 조절해 여운을 남기고, 다음 안내나 서비스 절차로 자연스럽게 이어지도록 표현하는 것이 중요하다. 이 과정에서 핵심 정보가 명확히 전달되면 승객들은 불필요한 혼란 없이 필요한 조치를 취할 수 있다.

이처럼 별도의 효과음이 없는 기내 방송에서는 시작과 마무리 멘트가 전체 품질을 좌우한다. 언제나 명료한 타이밍과 호흡 조절, 적절한 어조와 속도를 유지할 수 있도록 꾸준히 연습해야 한다. 이러한 전문적인 스킬이 완성될 때 비로소 승객의 집중을 이끌어 내고, 기내 방송의 목적을 충실히 달성할 수 있다.

2) 기내 방송의 유형

(1) 정규 방송

정규 방송은 Regular 또는 Routine 방송이라고도 하며, 일상적인 계획된 비행 절차를 승객에게 안내하기 위해 모든 비행 편에서 반드시 실시해야 하는 방송이다.

항공사의 정규 기내 방송

① 항공기 출발 준비 안내(Preparation for Departure)
② 승객 탑승 환영(Welcome Onboard)
③ 안전 시연 안내(Safety Demonstration)
④ 이륙 직전 안내(Take-off Announcement)
⑤ 좌석벨트 표시등 소등 안내(Seatbelt Sign Off)
⑥ 기내식 서비스 안내(Meal Service)
⑦ 기내 판매 안내(In-flight Sales)
⑧ 도착지 정보 및 검역 안내(Arrival Documents & Health Declaration)
⑨ 목적지 공항 접근 안내(Descent & Approaching)
⑩ 착륙 직전 안내(Landing Announcement)
⑪ 도착 인사 및 환송 방송(Farewell Announcement)

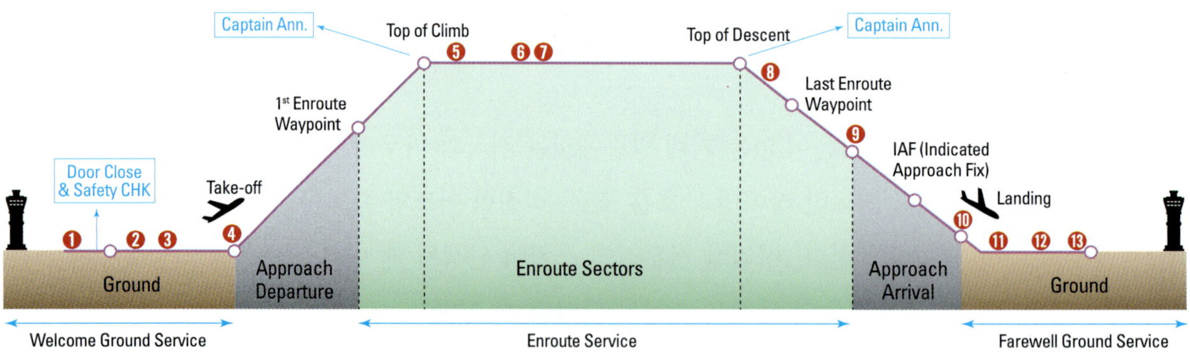

* ①~⑬번 방송명은 108~109쪽 〈항공사의 정규 기내 방송〉의 방송명과 동일하다.

그림 4-1 정규 기내 방송 절차 및 방송 시점

출처: Catherine Letondal 외(2013), ACM의 SIGCHI 콘퍼런스 회보에 수록된 그림을 재구성.

⑫ 지상 이동 중 주의 사항 안내(Taxiing Instructions)
⑬ 하기 절차 안내(Disembarkation Instructions)

항공사별 서비스 내용은 국제선과 국내선 구간에 따라 차이가 있으며, 기내 판매 안내나 목적지 입국 서류 안내 등 세부 구성 요소가 달라진다.

각 방송 시점은 운항 승무원 간 사전에 합의된 스케줄에 따라 엄격히 지정되며, 방송 담당 승무원은 적시에 적합한 내용을 전달할 수 있도록 평소 자사 기내 방송 절차와 규정을 완벽히 숙지해야 한다.

(2) 비정상 상황 방송

항공사는 안전 운항, 경제성, 정시운항, 승객 만족을 핵심 과제로 삼아 출발지에서 목적지까지 여객과 화물을 최적 스케줄로 수송한다. 비정상 상황은 기상 악화나 장비 결함 같은 계획 외 운항 전반을 뜻하며, 가벼운 지연부터 천재지변으로 인한 긴급

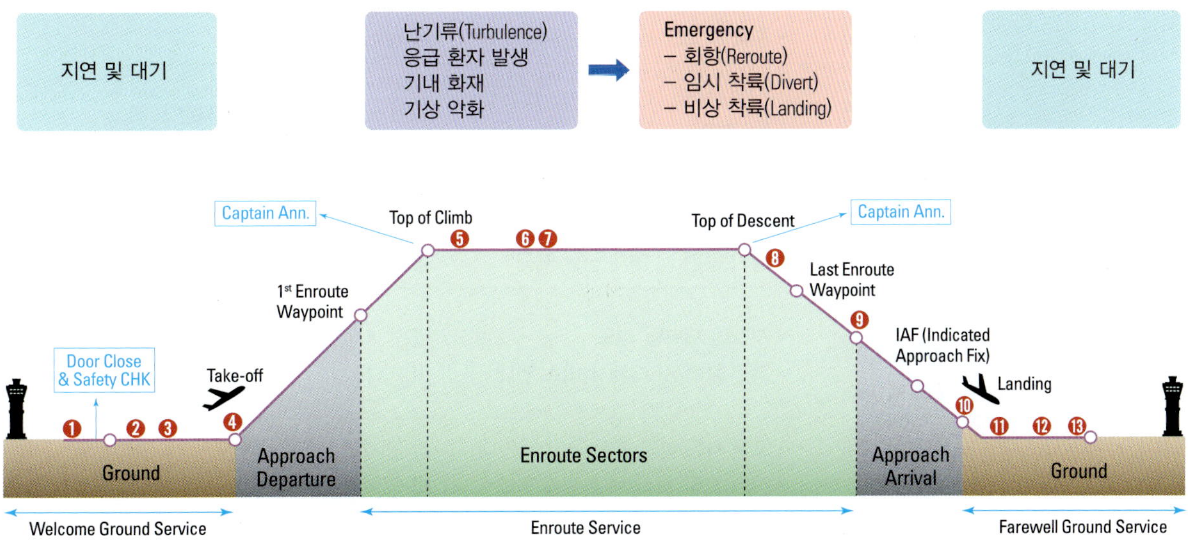

* ①~⑬번 방송명은 108~109쪽 〈항공사의 정규 기내 방송〉의 방송명과 동일하다.

그림 4-2 비정상 상황 기내 방송 절차 및 방송 시점

출처: Catherine Letondal 외(2013), ACM의 SIGCHI 콘퍼런스 회보에 수록된 그림을 재구성.

회항 · 비상 착륙까지 다양하다. 이때 승객 안전과 서비스 불편 사안으로 구분되며, 특히 난류나 응급환자 발생 시 신속한 대처가 필요하다.

지연은 가장 빈번한 비정상 상황으로, 날씨 · 연결편 지연 · 정비 등 원인이 다양하다. 객실 사무장은 기장에게서 정확한 상황 정보를 전달받아 즉시 안내 방송을 실시하고, 호전되지 않을 경우 추가 방송으로 최신 상황을 공유해야 한다. 항공사는 정기 훈련과 명확한 대응 매뉴얼을 통해 승무원들의 예방 활동과 신속 대처 능력을 꾸준히 강화한다.

기내 비정상 상황 유형과 주요 사례

구분	주요 사례	가능한 조치 및 결과	방송 시점 및 특징
승객 안전 사안	응급환자 발생	• 응급 처치 후 상황 호전 시 정상 운항 계속 • 악화 시 회항 · 비상 착륙	• 객실 사무장이 기장으로부터 정확한 용어를 전달받아 즉시 안내 • 추가 안내 필요시 반복 방송
	기내 화재	• 소화 장비 사용 · 화재 진압 • 상황 악화 시 임시 · 비상 착륙	초기 안내 후 상황 경과에 따라 단계별 방송
	기체 결함	• 기장 판단하에 정비 · 점검 실시 • 심각 시 회항 또는 비상 착륙	용어 간결 · 명료, 승객 불안 최소화 어조 유지
	심한 난류 (Turbulence)	• 난기류 통과 후 정상 운항 • 지속 시 고도 변경 또는 경로 우회	'좌석벨트 착용' 등 안전 수칙 반복 강조
서비스 관련 불편 사안	항공기 지연 (Delay)	• 지연 사유(기상 · 정비 · 연결편 등) 설명 • 대체편 안내	지연 사유 · 예상 소요 시간 명확히 전달
	기내 온도 이상	• 온도 조절 후 정상화 • 장기 불편 시 대체 담요 제공	사과 및 조치 내용, 추가 안내 사항 안내
	오락 · 엔터테인먼트 시스템 고장	• 시스템 재부팅 시도 • 복구 불가 시 대체 서비스 안내	불편 사과, 대체 방안 · 지원 절차 안내
	화장실 설비 고장	• 고장 사유 설명 후 인근 객실 안내 • 장기 고장 시 대체 화장실 안내	불편 사과, 이용 가능한 위치 · 방법 명확히 안내

(3) 안전 관련 데모 영상 방송

항공사에서는 방송 담당 승무원이 마이크를 이용하여 육성으로 실시하는 정규 방송과 비정상 상황 방송 외에 안전 관련 모의 실연 방송을 영상으로 제작하여 승객들이 시청하도록 한다. 기내 안전 비디오는 승객에게 항공기 탑승 중 발생할 수 있는 다양한 상황에 대비하도록 필요한 안전 정보를 시각적 · 청각적으로 전달하기 위한 안내 영상물이다. 이 영상은 항공기 출발 전 모든 승객에게 시청하도록 안내하며, 기내 안전 확보를 위한 가장 기본적인 교육 자료로 활용된다.

항공사는 국제민간항공기구(ICAO: International Civil Aviation Organization)와 자국의 항공 관련 정부기관의 규정에 따른 필수 안전 수칙 외에도 자사의 브랜드 이미지 강화, 문화적 다양성과 접근성, 기술 융합과 혁신 전략을 담아 영상을 제작한다. 영상물은 기내의 IFE(In-flight Entertainment) 시스템에 탑재하여 제공되는데, 이 시스템의 작동법은 '항공 기내 방송 시스템의 이해' 부분에서 자세하게 학습하기로 한다.

ICAO에서 요구하는 기내 안전 비디오의 필수적인 구성 요소는 다음과 같다.

좌석벨트의 착용 및 해제 방법

착석 중에는 좌석벨트를 반드시 착용해야 하며, 벨트의 사용 방법과 해제 절차에 대해 설명한다.

비상구의 위치 및 사용 방법

항공기 기종에 따라 비상구 위치가 다르므로 이를 정확히 안내하며, 비상 상황 시 승객이 어떻게 이용해야 하는지 시연한다.

산소마스크 사용법

기압 이상으로 인해 산소마스크가 작동할 경우, 마스크를 얼굴에 밀착시켜 호흡을 유지해야 하며, 유아와 동반 승객을 위한 사용 방법도 함께 설명한다.

구명조끼 착용법

해상 착륙 시 사용되는 구명조끼의 위치 및 착용법, 팽창 방법 등을 시각적으로 보여주며, 객실 내 안내 방송과 함께 강조된다.

기내 안전 수칙

전자기기 사용 제한, 금연 규정, 수하물 보관 방법 등 기내에서 반드시 준수해야 할 안전 수칙에 대해 안내한다.

비상 착륙 자세 안내

승객이 비상 상황 발생 시 취해야 할 자세(예: 머리 숙이기, 무릎 껴안기 등)를 시연하고, 승무원의 지시에 따른 행동의 중요성을 강조한다.

기종별 특화 안내

특정 항공기 기종에 따라 달라지는 장비 및 구조에 대한 추가 설명이 제공되며, 실제 기종에 따라 내용이 조정될 수 있다.

이러한 영상은 일반적으로 다양한 언어 자막과 내레이션, 애니메이션 또는 실제 승무원의 시연 화면으로 구성되며, 모든 승객이 쉽게 이해하고 따라 할 수 있도록 직관적으로 제작된다.

3) 기내 방송의 전달 기법

항공 기내 방송 능력 평가는 발음, 억양, 강세, 속도, 끊어 말하기, 어조, 감정 이입의 7개 요소로 이루어져 있으며, 최상위 등급을 받기 위해서는 이들 요소에 대한 균형 있는 학습이 필수적이다. 발음 · 억양 · 강세는 메시지 전달력을 높이는 언어적 요소이고, 속도 · 끊어 읽기 · 어조 · 감정 이입은 승객에게 친절과 정성을 전하는 비언어적 서비스 애티튜드 요소다.

언어적 요소가 충족된 이후에는 비언어적 요소가 방송 품질을 결정짓는 핵심 요건으로 작용한다. 기내 방송은 항공사 대표자로서 승객을 존중하는 마음을 목소리에 담아야 하며, 적절한 쉼과 밝고 신뢰감 있는 어조를 통해 명확한 목적을 전달해야 한다.

(1) 발음(Pronunciation)

힘 있는 발성과 정확하고 큰 입 모양, 올바른 혀의 위치는 알아듣기 쉽고 명료한 소리를 만들어 내는 데 기본적으로 요구된다. 발음은 말의 소릿값, 즉 음가를 말한다. 10점 만점의 음가에서 적어도 8, 9점 정도는 내 줘야 하는데, 대부분 사람들은 5, 6점 정도의 음가로 말을 해서 수신자의 귀에 잘 들리지 않게 된다. 방송 낭독을 연습할 때는 소리를 내지 않는 묵독이 아니라 음독을 해야 한다. 소리 내지 않고 눈으로만 읽기를 하는 것은 가장 비효율적인 방법이다. 평소 자신감 있는 큰 음가의 목소리로 방송 낭독 연습을 하는 것은 매우 중요하다. 그다음은 큰 입 모양과 올바른 혀의 위치를 조절하며, 언어별 음운 현상에 맞는 표준 발음을 정확하게 구사하여 승객이 알아듣기 쉬운 방송을 하자.

이 책의 파트 1의 2장 '발음 비법' 내용을 참고하여 꾸준한 연습을 한다. 평소 본인이 자주 실수를 하는 한국어 장 · 단음의 구분과 영어의 정확한 발음을 위해서 방송문 해당 부분에 표시를 하는 방법을 이용해 본다.

(2) 억양(Intonation)

우리가 말이나 낭독을 할 때 문장 위에 놓이는 높낮이의 변화를 억양이라 하는데, 이 억양은 보통 비교적 짧은 문장에는 하나의 억양 단위를, 좀 긴 문장에는 두 개 이상의 억양 단위를 구성한다. 대표적인 억양 단위의 경계는 끊어 말하기(Pause)다. 억양 변화는 언어를 통해 정보나 내용을 전달하고자 방송 담당자가 관심을 끌려고 하는 말의 어떤 부분을 상대방에게 돋보이게 하는 가장 효과적인 수단이다. 또한 음의 고저 변화로써 말하는 이의 감정이나 기분의 변화를 전달하게 되므로 문장, 절, 구의 높낮이, 강약을 자연스럽게 유지하도록 주의한다.

기내 방송 낭독은 승객과 대화하듯이 상승과 하강 어조의 구어체 억양을 구사하게 된다. 이때, 두 번 이상 똑같은 어조로 낭독한다면 책을 읽는 것처럼 들리므로 적절히 상승 어조와 하강 어조를 섞어서 구사하는 것이 좋다. 기내 방송의 목소리는 기내 대화법에서 강조하는 고객응대 시 일대일의 나지막한 목소리가 아니라 다수의 승객을 대상으로 하는 비교적 크고 높은 톤의 목소리로, 승객을 응대할 때와는 달리 일방향 커뮤니케이션 방식이기 때문에 문장 끝에서는 항상 하강 어조를 사용하는 것이 일반적이다.

대부분의 항공사는 방송 낭독 교육 시, 첫 도입 부분의 멘트와 문장의 마지막은 하강 어조로 정중하게 표현하도록 지도하고 있다. 이 방식은 방송국의 News 프로그램을 진행하는 앵커들이 상승 어조 대신 하강 어조를 사용하는 것과 같은 맥락이라고 본다. '고품격 방송 서비스'를 추구하는 항공사들이 이런 방식으로 어느 정도 정형화된 틀 안에서 방송을 실시하고 있다.

반면, 일부 항공사는 자사가 추구하는 특별한 이미지와 서비스 정책의 차별화를 기내 방송의 분위기에 담기도 한다.

이 책의 파트 1의 1장 '동그란 음색 찾기' 내용을 참고하여 자연스러운 억양, 세련된 어미 처리를 할 수 있도록 다양한 방식으로 연습해 보자.

(3) 강세(Stress)

문장 중에 전체적인 단조로움을 없애기 위해 또는 문장의 어느 부분을 중요시해 좀 더 확실하게 전달하고자 강조한다. 즉 문장의 어휘나 그 일부분을 음의 강약으로 강조하거나 음의 고저 관계로 부각시키게 하는 방법으로 언어적 메시지의 일부를 강조해서 글자 아래 밑줄을 치는 것과 같은 효과를 가져온다.

방송문의 내용 가운데 항공사명, 지명(도착지, 경유지), 수(편명, 날짜와 시간), 그리고 인명과 고유명사 등의 주요한 정보를 확실하게 전달하고자 할 때 주로 사용한다. 방송 문구 중 여백으로 남겨져 해당 편의 내용을 채워서 방송하는 경우, 대부분 강세를 준다.

영어는 단어 자체에 강세가 있는 언어로서, 특정 음절을 음의 강약과 고저를 이용하여 강조해야 한다. 반면, 한국어는 음절에 강세 대신 장단음의 구분이 있으며, 강조하고자 하는 단어는 그 전체를 음의 높이로 강조한다. 이 차이를 이해하고 언어별 특성을 살린 전문적인 방송을 할 수 있도록 하자.

(4) 속도(Speed)

방송 커뮤니케이션에서 적당한 속도를 유지하는 것은 매우 중요한 기술이다. 너무 빠르면 발음이 부정확해지고 성의 없이 들리며, 너무 느리면 듣는 승객들이 답답하게 느낀다. 개인에 따라 발성 속도는 약간의 차이가 있지만 일반적으로 1분 동안 한국어는 270~280단어, 영어는 90~100단어를 말하는 것이 적당하다. 그러나 단순히 일정 시간 내에 말하는 단어의 많고 적음보다는 오히려 '이해가 용이한' 정보량을 얼마나 많이 전달할 수 있는가에 비중을 두는 것이 좋다.

방송에서 적당한 속도감은 실제 승객과 대면하여 대화한다는 느낌을 가질 때 자연스럽게 얻을 수 있다. 방송문에 맞는 상황을 연상하면서 질문에 답하거나 주요 내용을 친절하게 설명한다고 가정하면서 제스처와 함께 연기하며 연습한다면 많은 도움이 될 것이다.

속도는 개인차와 연습량에 따라 천차만별이라 할 수 있다. 전문적인 방송의 전체 구조를 형성하는 중요한 요소이므로 각별히 유념하여 평소 꾸준한 연습과 훈련을 하여야 한다.

(5) 끊어 말하기(Pause)

글을 쓸 때는 단어 중심으로 띄어 쓰지만, 말에서는 그 의미나 흐름에 맞춰 어구를 한 단위로 묶어서 말하는 게 보통이다. 즉 한 어구 안에서의 낱말을 붙여서 표현하는 것이 물 흐르듯 자연스럽다는 뜻이다. 말하기나 읽기에서 중간에 쉼이 없이 끝까지 단숨에 계속하기는 어렵다. 따라서 문장의 적당한 장소, 문절의 토막이나 호흡의 단절이 있을 때마다 일정한 사이를 두게 된다.

말하는 이가 의식적으로 끊기를 길게, 또는 아주 짧게 자유자재로 구사함에 따라 의미의 전달이나 구조에 다양한 효과를 가져오며, 단어마다 마구잡이로 끊는 것은 전달 효과를 감소시키므로 주의해야 한다. 더불어 잘못된 끊어 말하기는 다른 뜻으로 오해할 수 있을 뿐만 아니라 단조로운 스피치가 될 수도 있으므로 적절한 연습을 하는 것이 필요하다.

(6) 어조(Tone)

인간은 저마다 각자 고유의 음역대를 가지고 있어 말하는 톤이 다른 것은 당연하다. 남녀노소에 따라, 베이스에서 소프라노에 이르기까지 각자 선호하는 톤도 다르다. 방송을 담당하는 승무원은 승객 모두에게 부담이 없는 톤을 구사해야 한다. 기내 방송에서는 일반적으로 귀 기울여 들어야 하는 낮은 톤보다는 듣기에 편한 높은 톤이 더 적합하다고 하겠다. 자신의 음역대에서 무조건 톤을 올려 읽으면 듣기에 부자연스럽고, 목소리가 불안하고 어색해서 오히려 듣는 사람이 불편하게 된다. 일부러 톤을 높이지 않아도 자세와 표정으로 밝고 알맞은 톤을 찾을 수 있다. 바른 자세로 미소를 지으면서 직접 밝게 승객을 응대하며 직접 말하듯이 연습을 하는 방법을 권한다.

(7) 감정 이입(Feeling)

항공 여행 중 승객이 방송을 들었을 때 친절하고 호감 가는 목소리를 만드는 것은 매우 중요하다. 기본적으로 성의 있고, 정중함을 담은 목소리가 요구되지만 방송할 내용에 따라 단호함이나 긴박함을 담아야 할 경우, 감사나 사죄의 마음을 전해야 할 경우도 있다. 상황에 따라 방송의 내용과 일치되는 감정을 목소리와 표정에 담아야 진정으로 살아있는 소통을 할 수 있게 된다. 의례적인 상황(Welcome, Farewell), 정보전달적 상황(각종 Information 방송) 등 각각의 상황에 맞게 정중하게, 따뜻하게, 밝게, 친절하게, 정확하게 등의 충분하고 적절한 감정 표현력을 기른다. 그냥 책을 읽는 듯이 아닌 상대방에게 말하는 것 같은 어조를 사용한다.

이외에 마이크를 사용하여 육성으로 방송을 할 경우, 방송의 명료도는 매우 중요하다. 음량 및 발음이 양질의 상태로 전달될 수 있도록 마이크는 입술 정면으로부터 1inch(2.54cm) 정도의 거리에 두어 한자 한자를 확실하게 발음한다. 단, ㅍ, ㅊ, ㅋ 등의 발음 시에는 거친 숨소리가 들어가지 않도록 숨 조절하는 요령이 필요하다.

2. 항공 기내 방송의 규정과 책임

1) 기내 방송의 목적과 역할

항공사는 해당 비행과 관련하여 승객에게 필요한 모든 항공 여행 정보를 제공하기 위해서 방송 서비스를 제공한다. 기내 방송은 해당 비행편에 대한 정보, 항공기 이착륙과 난기류 발생 시 필요한 안전 수칙, 제공되는 기내 서비스의 내용과 순서, 출입국 관련 서류 작성 등의 해당 비행과 관련된 모든 상황에 대한 제반 정보를 담고 있으며, 이는 승객들에게 항공 여행의 길잡이 역할을 할 뿐 아니라, 서비스 절차에 의거하여 안전성을 최우선으로 하는 표준화된 서비스를 제공하는 항공사의 입장에도 업무의 효율성 제고를 위해 필수적인 서비스 요소라 하겠다.

특히, 비정상적인 상황이 발생했을 때 효과적인 정보 전달 수단과 비행 안전 관련 지침 전달에 있어 그 역할은 빛을 발한다. 객실 사무장의 신속한 상황 판단과 함께 정확한 정보를 담은 적절한 기내 방송을 실시하여 승객들의 여러 상황에 대한 궁금증을 해소시키고 알 권리를 충족시켜야 한다.

izusek/E+/Getty Images

2) 방송 담당자의 자격과 책임

승객들에게 최상의 고품질 서비스를 제공하고자 하는 각 항공사는 이러한 기내 방송의 특성과 중요성을 고려하여 기내 방송에 대한 등급제 및 자격제도를 운영하고 있고, 최근 국내 일부 항공사에서는 신입 직원 채용 면접 심사에서 방송문 테스트를 실시하여, 평가 기준에 반영하고 있다.

방송을 잘하기 위해서는 목소리, 발성, 발음 등의 선천적인 자질도 필요하겠지만 무엇보다도 중요한 것은 방송 능력 향상을 위한 본인의 부단한 노력이다. 먼저 방송문의 내용을 충분히 이해하고, 모델 보이스를 따라 꾸준한 반복 연습을 실시한다면 보다 아름답고 세련된 방송을 할 수 있을 것이다.

해당 편의 서비스 관련 기내 방송 담당 자격은 여승무원 중 최상위 방송 자격을 보유한 승무원에게 있으며, 안전 관련 주지 사항이나 비정상 상황의 경우는 객실 사무장에게 있다. 방송 담당 승무원은 방송을 실시하는 동안에는 신중하고 성의 있게, 승객 개개인과 대화하듯이 하는 마음가짐을 가져야 하며, 각각의 방송의 내용에 부합하는 감정과 느낌을 담아 효과적인 메시지 전달이 될 수 있도록 해야 한다.

객실 승무원 방송 자격 등급(티웨이항공 사례)

등급	언어별 해당 등급			세부 사항
	한국어/영어	일본어	중국어	
상	A	J+	C+	우수함
중	B	J	C	우수한 편이나 세부 사항 교정 요함
하	C	J–	C–	현장 방송 가능하나 꾸준한 교정 요함

3) 방송 언어의 우선순위와 사용 원칙

항공사에서 기내 방송에 사용되는 언어는 기본적으로 한국어와 영어이며, 운항 노선의 목적지와 승객 분포도를 고려하여 필요에 따라 현지 언어나 지정된 외국어를 추가로 사용하기도 한다. 일반적으로 국내선에서는 '한국어–영어' 순서로 방송이 이루어지며, 국제선의 경우 '한국어-영어-현지어(또는 지정 외국어)' 순서로 진행되는 것이 보편적이다. 국내 항공사의 경우, 승객이 내국인으로만 구성된 전세기(Charter Flight)에서는 국내선과 국제선 모두 한국어로만 방송을 실시한다. 또한 특정 국가의 승객이 전체 탑승객의 50% 이상을 차지하는 경우, 해당 언어를 영어보다 우선하여 방송하는 경우도 있다.

노선별 기내 방송 언어 및 순서(대한항공 사례)

노선	방송 언어 순서
한일 노선	한국어 - 영어 – 일어
한중 노선	한국어 - 영어 – 중국어
동남아, 중동, 구주 노선	한국어 - 영어 – (현지어)
미주, 대양주 노선	한국어 – 영어
국내선	한국어 - 영어 – (중국어)

현지어 방송은 현지 승무원이 탑승하여 방송 담당 승무원의 주도하에 정상 상황(Routine)에 해당하는 내용을 자국어로 안내하는 것으로, 예를 들면 중국 노선에서는 중국인 승무원이, 일본 노선에서는 일본인 승무원이 자국어 방송을 수행한다. 비정상 상황 안내 방송의 경우에도 객실 사무장의 판단에 따라 현지 승무원이 해당 방송

baona/iStock/Getty Images Plus

을 실시할 수 있으며, 이때 객실 사무장은 방송 내용을 정확히 전달해야 하고, 현지 승무원은 이를 임의로 변경해서는 안 된다.

현지 승무원이 탑승한 경우, 해당 승무원이 직접 방송을 실시하며, 현지 승무원이 탑승하지 않았을 경우에는 항공기에 장착된 PRAM(Pre-recorded Announcement Module)에 녹음된 해당 언어의 방송을 통해 대체한다. 만일 항공기에 PRAM이 장착되어 있지 않거나, 장착되어 있더라도 해당 언어의 녹음이 준비되어 있지 않은 경우에는 해당 언어 방송 자격을 보유한 승무원(Home Crew)이 방송을 실시한다. 신규 취항 노선에서는 PRAM에 현지어 녹음이 준비되 지 않은 경우, 카세트 플레이어를 이용한 방송이 이루어지기도 한다.

현지어 방송 우선순위

1. 현지 승무원
2. PRAM(Pre-recorded Announcement Module)
3. 해당 언어 방송 자격 보유자
4. 카세트 플레이어

4) 정보 전달의 정확성과 표현 방식

(1) 비행편명 전달하기

방송에서 숫자는 승객에게 전달해야 할 가장 중요한 정보라고 할 수 있다. 비행편명을 읽을 때는 단 한 번에 정확히 전달될 수 있도록, 한국어나 영어 모두 한 자리 단위로 끊어 읽는다. 예를 들어, KE 123편은 '케이 이 일 이 삼' 또는 'K-E One Two Three'로 읽는다. 숫자를 연속적으로 읽을 경우 오해의 소지가 생길 수 있으므로, 반드시 각 숫자를 분리하여 또박또박 발음해야 한다.

특히 영어 방송에서는 알파벳과 숫자가 혼합되어 있는 경우가 많기 때문에, 알파벳은 철자 그대로, 숫자는 한 자리씩 끊어 읽는 것이 원칙이다. 또한 주변 소음이나 기내 상황에 따라 승객이 방송을 정확히 듣지 못할 수 있으므로, 중요한 정보는 말의 속도와 발음에 유의해 명확한 전달이 이루어지도록 안내해야 한다.

● 한국어는 숫자를 한 자리 단위로 끊어 읽으며, '0'은 '공'으로 읽음

예 123편: 일 이 삼 편 (○) 백 이십 삼 편 (×)
905편: 구 공 오 편 (○) 구백 오 편 (×)
002편: 공 공 이 편 (○) 영 영 이 편 (×)

● 영어는 숫자를 한 자리 단위로 끊어 읽으며, '0'은 'zero'로 읽음. 단, '0'이 중간에 있는 경우는 [ou]도 가능함

예 913편: Nine One Three (○) Nine Hundred Thirteen (×)
905편: Nine Zero Five / Nine O Five (○) Nine Hundred Five (×)
002편: Zero Zero Two (○) O O Two (×)

(2) 시간 전달하기

시간은 12시간 단위로 시간과 분을 구분하여 읽는 것이 일반적이다. 현지 시각은 중요한 정보이므로 또박또박 정확하게 전달한다. 또, 숫자 '2, 4, 5'는 한국어에서는 장음으로 발음해야 하며, 영어 방송 시 '13분과 30분', '14분과 40분', '15분과 50분'은 쉽게 구별되도록 악센트의 위치에 주의한다. 특히 1분에서 9분까지는 영어로 읽을 때 반드시 'O'를 앞에 붙여서, 예를 들어 9시 5분은 'Nine O Five'와 같이 발음해야 한다. 정각 시간은 'O'clock'을 사용하되, 12시의 경우에는 'Twelve Noon' 또는 'Twelve Midnight'으로 구분하여 표현한다. 또한 항공 방송에서는 'a quarter', 'Half Past'와 같은 구어체 표현은 사용하지 않고, 숫자를 그대로 읽는 것이 원칙이다. 방송 시에는 시간 정보가 승객의 탑승, 환승, 도착 준비에 직접적인 영향을 미치므로, 혼동이 없도록 천천히, 명확하게 전달해야 한다.

- 시간과 분 단위로 구분하여 읽음

> 예 9시 25분: Nine Twenty-Five
> 7시 40분: Seven Forty
> 11시 15분: Eleven Fifteen

- 12시간 단위로 표현하여 읽음

> 예 오전 6시 45분: Six Forty-Five a.m.
> 오후 3시 10분: Three Ten p.m.
> 오후 9시 25분: Nine Twenty-Five p.m.

- 12시를 제외한 매시 정각은 o'clock을 삽입하여 읽음

> 예 밤 12시: Twelve Midnight
> 낮 12시: Twelve Noon
> 오전 7시 정각 : Seven o'clock a.m.
> 오후 4시 정각: Four o'clock p.m.

- 1분부터 9분까지는 반드시 'O'를 앞에 삽입하여 [ou]로 읽음

> 예 9시 1분: Nine O One
> 10시 5분: Ten O Five
> 7시 8분: Seven O Eight

- 15분, 30분, 45분은 a quarter, a half, past, to와 같은 표현은 사용하지 않고, 숫자를 그대로 읽음

예 9시 15분: Nine Fifteen
10시 30분: Ten Thirty
11시 45분: Eleven Forty-Five

(3) 날짜 전달하기

날짜는 '월 + 일'의 순서로 읽으며, '일'은 반드시 서수(Ordinal Number)로 읽는 것이 원칙이다. 예를 들어, 7월 15일은 'July Fifteenth', 12월 1일은 'December First'와 같이 표현한다. 영어 방송에서는 숫자를 그대로 읽는 것이 아니라 서수로 바꾸어 발음해야 하며, 특히 '1st, 2nd, 3rd, 21st, 22nd' 등은 발음이 유사한 숫자들과 혼동되지 않도록 정확히 전달해야 한다. 또한 월(Month) 이름은 항상 정확한 전체 명칭으로 발음하며, 줄임말(Jan, Feb 등)은 사용하지 않는다. 날짜는 항공권, 탑승권, 연결편 정보 등과 직결되므로, 방송 시에는 천천히, 또박또박 발음하도록 정확한 정보가 전달되도록 주의해야 한다.

- 날짜는 '월 + 일' 순서로 읽으며, 이때 '일'은 서수로 읽음

예 1월 1일: January First
2월 11일: February Eleventh
3월 31일: March Thirty-First

영어 서수 읽기	
1~10	first, second, third, fourth, fifth, sixth, seventh, eighth, ninth, tenth
11~20	eleventh, twelfth, thirteenth, fourteenth, fifteenth, sixteenth, seventeenth, eighteenth, nineteenth, twentieth
21~31	twenty-first, twenty-second, twenty-third, twenty-fourth, twenty-fifth, twenty-sixth, twenty-seventh, twenty-eighth, twenty-ninth, thirtieth, thirty-first

(4) 공항명(Airport Official Name) 전달하기

기내 방송에서는 공항의 공식 명칭 앞에 도시명을 붙여 읽는 것을 원칙으로 한다. 이는 동일한 국가나 지역 내에 유사한 이름의 공항이 존재할 수 있기 때문에, 혼동을 방지하고 승객에게 명확한 정보를 제공하기 위함이다. 항공산업의 발달과 항공 수요의 증가로 인해, 우리나라를 포함한 여러 국가에서는 도심 외곽에 신공항을 건설하거나 기존 공항을 확장하고 있다. 특히 한 도시 내에 복수의 공항이 운영되는 경우가 많아짐에 따라, 목적지 공항뿐 아니라 환승 공항에 대한 정확한 안내가 더욱 중요해지고 있다. 예를 들어, 'New York John F. Kennedy International Airport'처럼 도시명과 공항명을 함께 읽어야 하며, 도시명과 공항명이 동일한 경우에는 'Incheon International Airport'처럼 공항명만으로도 충분하다. 방송 시에는 공항명을 또렷하게 발음하여 승객이 혼동하지 않도록 유의해야 한다.

● 공식 공항명 앞에 도시명을 붙여 읽음

예 Seoul_ Gimpo International Airport
New York_ John F. Kennedy International Airport
Tokyo_ Narita International Airport
Chicago_ O'Hare International Airport
Beijing_ Capital International Airport

● 도시명과 공항명이 같아서 중복될 때는 도시명을 생략함

예 Incheon International Airport
Los Angeles International Airport
Dubai International Airport
Frankfurt International Airport
Munich International Airport

(5) 항공사명, 항공편 목적지 전달하기

기내 방송에서는 항공사명과 항공편의 목적지를 정확하고 명확하게 전달하는 것이 중요하다. 항공사명은 약어가 아닌 정식 명칭으로 읽는 것이 원칙이며, 예를 들어 대한항공은 'Korean Air', 델타항공은 'Delta Airlines'로 발음한다. 영어 방송 시에는 발음이 불분명하거나 혼동될 수 있는 항공사명은 천천히, 또박또박 읽어야 한다.

목적지는 도시명 기준으로 안내하며, 공항명이 필요한 경우에는 앞서 언급한 공식 명칭을 함께 사용한다. 예를 들어 '이 항공편은 도쿄 나리타 국제공항까지 운항합니다'는 영어로 'This flight is bound for Tokyo Narita International Airport'와 같이 표현한다. 특히 환승객이 많은 노선에서는 최종 목적지와 경유지를 구분하여 안내해야 하며, 혼동을 줄이기 위해 반복 안내하거나 시각 자료와 함께 제공하는 것이 바람직하다.

또한 도시명이 유사하거나 발음이 어려운 경우(예: Vienna vs. Vientiane, Sydney vs. Sidney)에는 철자나 국가명을 덧붙여 명확히 구분해 주는 것이 좋다. 방송 담당자는 항상 승객의 입장에서 정보를 듣고 이해하는 데 불편함이 없도록 발음, 속도, 억양에 유의해야 한다.

- 항공사명은 약어가 아닌 정식 명칭으로 읽음

예 KE: Korean Air
OZ: Asiana Airlines
JL: Japan Airlines
UA: United Airlines
AF: Air France
SQ: Singapore Airlines

3. 항공 기내 방송 시스템의 이해

기내 방송 시스템은 항공기에 탑재된 음성 송출 장치 및 그 제어 장치 일체를 일컫는다. 객실 승무원은 좌석 옆 인터폰 핸드셋의 마이크로 메시지를 입력하고, 중앙 제어 패널 또는 PRAM(Pre-recorded Announcement Module)이 이를 스피커로 분배 · 재생한다. 이 과정에서 방송 음량, 음색, 노이즈 리덕션 기능이 자동으로 보정되어 엔진 소음이 큰 이륙 · 착륙 시에도 승객에게 명료한 안내가 이루어지게 설계되어 있다.

시스템 구성은 송출용 마이크, 제어 패널, 각 구역별 스피커, 음향 증폭기, 비상 방송 키 등으로 단순해 보이지만, 실제로는 다국어 안내 파일 저장 · 재생, 긴급 우선 송출, 백업 전원 전환 등 수많은 안전 · 운영 기능이 연동되어 있다. 항공사별로 제작사 · 기종에 따라 장비가 다르고, 국제선에서는 자동 · 수동 이중 시스템을 갖추기도 한다. 승무원은 출발 전 기능 점검 절차를 통해 송출 상태를 확인하고, 비행 중에도 'On Air' 표시등과 헤드셋 모니터링으로 실시간 음질을 체크해야 한다.

이처럼 기내 방송 시스템은 단순 안내 수단을 넘어 안전 통신 장치로서의 기능을 수행한다. 방송 담당 승무원은 시스템 동작 원리를 정확히 이해하고, 비정상 상황에서는 자동 녹음 파일과 수동 육성 방송을 적절히 병용해 승객에게 정확한 정보를 신속히 제공해야 한다. 정교한 장비 운영과 전문적인 낭독 스킬이 결합될 때 기내 방송은 그 목적을 온전히 달성할 수 있다.

1) 기내 방송 시스템의 구성과 작동 원리

항공기 내 방송은 전문 용어로 Public Address(PA)라 부르며, 다수의 승객에게 메시지를 일괄 전달한다는 의미를 갖고 있다. 기내 방송이 시작되면 승객들은 자신의 개인 서비스를 잠시 멈추고 안내에 집중하게 되는데, 이 순간 승무원은 'On Air' 표시등이 켜졌음을 직감하며 한층 엄격한 마음가짐으로 정확하고 명료한 안내를 해야 한다.

이 방송을 위해 사용되는 PA 시스템은 객실 내 Interphone이 고장 나더라도 사용 가능한 독립 장치로, Handset 형식과 Microphone 형식의 두 가지 기기로 구성된다. 조종실이나 객실 승무원 스테이션 어느 곳에서나 즉시 송출할 수 있으며, Cabin 전체는 물론 Zone별로 구분해 방송할 수도 있다. 승객이 헤드폰을 착용해 음악이나 영상을 감상 중일 때에도, 승무원이 육성 방송이나 PRAM(Pre-recorded Announcement Module)을 작동하면 해당 안내가 헤드폰으로 자동 송출되어 정보를 놓치지 않도록 설계되어 있다.

각 항공사는 방송을 실시하는 주체나 매체별로 기내 방송의 우선순위를 엄격히 규정해 놓는다. 우선순위가 부여된 상황에서는 낮은 순위의 안내가 진행 중이라도 높은 순위 방송이 시작되면 자동으로 일시 중단되고, 승객에게는 오직 상위순위의 방송만 전달된다. 이러한 체계를 운영하는 이유는 비상 상황이나 안전 · 서비스상 핵심 메시지가 언제든지 최우선으로 승객에게 닿도록 함으로써, 기내 안전을 확고히 하고 서비스 품질을 유지하기 위함이다. 우선순위가 높다는 것은 곧 그 내용이 승객의 안전과 편의에 더 중요한 의미를 가진다는 것을 의미한다.

기내 방송 우선순위(대한항공 사례)

1. Cockpit Crew Announcement(운항 승무원)
2. Cabin Crew Announcement(객실 승무원)
3. Pre-recorded Announcement Module(PRAM)
4. Video Area Announcement
5. Boarding Music

2) 기내 방송 모니터링과 음질 점검

기내 방송의 품질 유지를 위해서는 방송 장비 점검과 실시간 모니터링이 필수이다. 이에 각 항공사는 승객 탑승 전부터 비행 중 종료 시까지 표준화된 절차에 따라 방송 상태를 점검하고, 필요시 즉각 조치할 수 있도록 체계를 마련해 놓고 있다. 방송 담당 승무원뿐 아니라 전 승무원이 모니터링에 참여하여 수신호나 인터폰으로 결과를 공유하며, 장비 고장이나 음질 저하 여부를 지속적으로 파악한다. 국내 항공사 중 대한항공의 사례를 살펴보자.

첫 단계는 객실 브리핑 시점이다. 객실 사무장은 브리핑 시 모니터링 취합 승무원과 해당 승무원의 근무 위치를 전 승무원에게 공지하고, 모니터링 결과를 취합 승무원에게 즉시 전달하도록 강조한다. 이를 통해 누락 없이 담당자 간 의사소통이 이루어지게 한다.

두 번째는 승객 탑승 전 PA Test 방송이다. 방송 담당 승무원은 PA Test를 실시한 후 전체 승무원의 피드백을 반영하여 마이크와의 거리 조정, 음량 조절, 파열음 주의 등의 조치를 취하며, 필요시 정비사의 도움을 요청한다.

세 번째는 비행 중 모니터링이다. 이륙 전 'Welcome' 방송 시에는 승무원이 Aisle별로 준비 태세를 갖추고, 첫 문장과 함께 수신호로 상태를 보고한다. 이륙 후 'Seatbelt Sign Off' 방송 시에는 방송 담당 승무원이 인터폰으로 방송을 알린 뒤 각 Zone 승무원이 두 번째 문장을 듣고 수신호로 결과를 전달한다. 이후 비행이 종료될 때까지 전 승무원이 매 방송마다 실시간 모니터링을 계속하여 방송 담당자가 즉각적인 조치를 할 수 있도록 지원한다.

티웨이항공의 PA 테스트 방송문

승무원 여러분, 기내 음향 상태를 점검하고 있습니다.
이 비행기는 지역명+공항명까지 가는 티웨이항공 편명편입니다.

This is a PA test announcement.
This is T'way Air flight 편명 bound for 지역명+공항명.

기내 방송 모니터링 단계와 시행 시점

단계	시행 시점	주요 내용	수행 주체	조치 사항
객실 브리핑	비행 전 브리핑	모니터링 취합 승무원 및 위치 공지, 결과 전달 절차 공유	객실 사무장, 전 승무원	담당자 지정 및 모니터링 결과 즉시 전달 강조
PA Test 방송	승객 탑승 전	PA Test 방송 실시, 음량 · 거리 · 파열음 점검	방송 담당 승무원, 전 승무원	마이크 거리 조정, 음량 조절, 파열음 주의, 정비사 지원 요청
Welcome 방송	이륙 전 '손님 여러분, 안녕하십니까?'	방송과 동시에 수신호 상태 보고	방송 담당 승무원, Aisle별 승무원	수신호로 음질 · 장비 상태 보고
Seatbelt Off 방송	이륙 후 'Seatbelt Sign Off'	인터폰 예고 후 방송, 두 번째 문장 청취 및 상태 수신호 보고	방송 담당 승무원, Zone별 승무원	방송 전 준비 확인, 수신호로 모니터링 결과 전달
실시간 모니터링	비행 중 전 단계	매 방송마다 음질 · 장비 상태 점검 및 이상 시 즉각 보고 · 조치	전 승무원	지속적 모니터링, 문제 발생 시 방송 담당 승무원에게 즉시 통보

3) 항공기 제작사별 방송 기기 사용법

기내 방송에 쓰이는 Mike는 항공기 제작사에 따라 그 사양과 작동법이 다르다. 항공사 객실 승무원에게는 방송 전문가가 갖추어야 할 언어적인 기량은 물론 기계적인 기술 또한 요구된다. 비행 전 점검 시에는 테스트 방송을 반드시 실시하여 마이크의 작동 여부 및 성능을 사전에 파악하는 것이 매우 중요하다. 방송 시 마이크와 입술과의 거리는 2~3cm 내외가 적당하며, 마이크에 입술이 정면으로 향하도록 하여 목소리가 명료하게 전달되도록 한다. 방송 담당 자격을 부여받은 승무원을 포함한 모든 객실 승무원들은 기종별 방송 기기 사용법을 숙지하고 그 사용법을 익힌다.

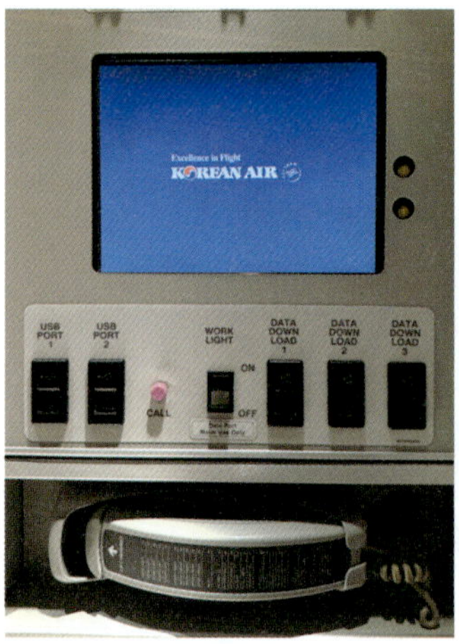

B777: Crew Work Station

A321: Crew Jump Seat

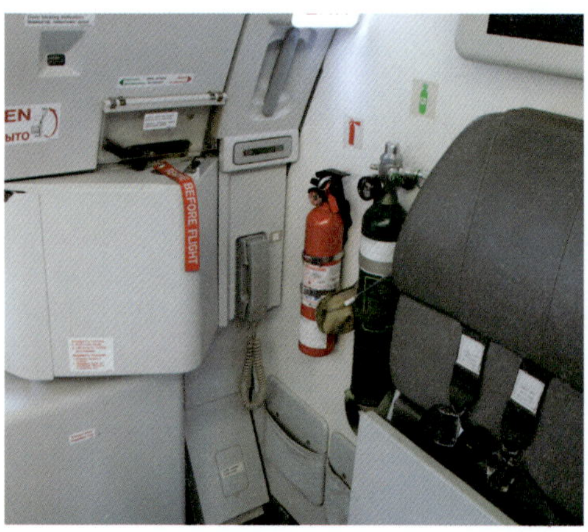

A330-300: Door Side

A350: Crew Bunk

Skycolors/Shutterstock.com

Peter Kneffel/picture alliance/Getty Images

항공 기내 방송 장비인 승무원용 핸드셋은 항공기 전후방의 Crew Work Station이나, 승무원용 좌석(Jump Seat)이 있는 항공기 도어 주변, 기내 주방(Galley) 내에 주로 있으며, 인터폰과 마이크 겸용 시스템으로 제작되어 있다. 평상시에는 승무원 간의 의사소통을 위한 인터폰으로 사용하다가 방송을 할 때만 마이크로 변환시켜 사용하게 된다. 항공기 제작사에 따라 마이크 작동법이 다르므로 비행 전에 숙지해 두어야 한다. 항공기의 PA System과 Mike의 Type별 사용법은 다음과 같다.

(1) Boeing Cabin Attendant Handset

B777 Type의 Handset 사용법

1. 인터폰 모드에서 PA 모드 전환을 위해 Handset의 해당 숫자 버튼을 누른다.
2. PTT(Push To Talk) 버튼을 누른 상태에서 방송한다.
3. 방송을 마친 후 PTT 버튼 아래의 Reset 버튼을 누른다.
4. Handset을 원위치에 제대로 넣는다.

Boeing 사 항공기의 PA 핸드셋은 인터폰 모드에서 PA 모드로 전환하기 위해 숫자 버튼을 눌러야 한다. 해당 번호를 입력함으로써 객실 전체 또는 특정 클래스에만 방송을 송출할 수 있다. 방송을 시작할 때는 반드시 PTT(Push To Talk) 버튼을 누른 상태에서 말해야 객실로 음성이 전달된다. 방송이 끝난 후에는 반드시 Reset 버튼을 누르거나 핸드셋을 원래 위치로 넣어서 인터폰 모드로 복귀시켜야 한다. 만일 제대로 이행되지 않은 경우, 이후 다른 승무원이 인터폰이나 방송을 사용할 수 없게 되어 항공기 운항이나 기내 서비스 운영에 지장을 주게 되므로 주의해야 한다.

핸드셋 표면 부분에는 방송 구역별로 눌러야 할 번호가 표기되어 있으며, 예를 들어 B747, B777 기종의 경우, 객실 전체 방송은 '46'을 입력한 후 PTT 버튼을 누른 상태에서 진행한다. PTT 버튼은 방송이 종료될 때까지 계속 누르고 있어야 하며, 모든 조작은 정확하고 신속하게 이루어져야 한다.

B747-8i, B787 기종의 경우는 핸드셋 창에 Display되는 번호를 직접 누르거나 옆면의 Up/Down 스위치로 번호를 Scroll하여 선택한 후 PTT 버튼을 누른 상태에서 방송을 실시하게 된다.

B-747, B-777 Type의 PA 작동법

- ALL PA: 46+PTT
- FR/CLASS PA: 41+PTT
- PR/CLASS PA: 42+PTT
- EY/CLASS PA: 43+PTT
- U/DECK PA: 44+PPT

B777: 방송 장비 원위치 상태

B777: 인터폰 핸드셋 외부 표면

B777: 인터폰 핸드셋 내부

B777: 인터폰 핸드셋 잡는 법

(2) Airbus Cabin Attendant Handset

Airbus 사 항공기의 PA(기내 방송) 시스템은 핸드셋의 PA 버튼을 눌러 PA 모드로 전환하여 사용한다. 방송을 시작할 때는 반드시 PTT(Push To Talk) 버튼을 누른 상태에서 말해야 객실로 음성이 전달된다. 방송이 종료되면 Reset 버튼을 누르거나 핸드셋을 제자리에 놓아 인터폰 모드로 복귀시켜야 한다. PTT 버튼은 방송 시에만 사용해야 하며, 인터폰 사용 중 실수로 PTT 버튼을 누른 상태에서 말할 경우 통화 내용이 객실로 송출될 수 있으므로 각별한 주의가 필요하다. 일반적으로 핸드셋의 등 부분에는 조종실과 객실 승무원 간의 연락 방법에 대한 안내 스티커(Decal)가 부착되어 있다. 또한 A330-200, A380 등 최신 기종에는 핸드셋 분리 버튼이 장착되어 있어 보다 효율적인 사용이 가능하다.

Airbus 항공기는 동일 제작사라 하더라도 기종 및 시리즈에 따라 PA(기내 방송) 조작 방식에 약간의 차이가 있다. 예를 들어 A330-200 및 A330-300 기종은 객실 전체 방송 시 'ALL'이라고 표시된 버튼을 누른 후, PTT(Push To Talk) 버튼을 누른 상태에서 방송을 진행하며, 클래스별 방송도 가능하다. 이때 PTT 버튼은 방송이 종료될 때까지 계속 누르고 있어야 한다.

A330-200, A330-300 Type의 PA 작동법

- ALL PA: ALL+PTT
- FR/CLASS PA: PA+1+PTT
- PR/CLASS PA: PA+2+PTT
- EY/CLASS PA: PA+3+PTT

A380 Type의 Handset 사용법

1. 인터폰 모드에서 PA 모드 전환을 위해 Handset의 PA 버튼을 누른다.
2. PTT(Push To Talk) 버튼을 누른 상태에서 방송한다.
3. 방송을 마친 후 Handset을 원위치에 제대로 넣는다.

A380 기종은 PA 방송을 마치고, 인터폰 사용 시에는 상태 창을 보며 'PURS'라고 표기된 해당 기능키(Function Key)를 누른 후, 녹색의 송수화기가 그려진 Send Key를 눌러 통화하며, 방송 종료 후에는 핸드셋을 제자리에 놓아 초기화한다. A220-100 및 A220-200 기종은 핸드셋 상태 창에 표시되는 번호를 직접 입력하거나 측면의 Up/Down 스위치를 이용해 번호를 스크롤하여 선택한 후, PTT 버튼을 누른 상태에서 방송을 진행한다. 이처럼 기종별로 사용 방식에 차이가 있으므로, 객실 승무원은 각 기종의 장비 특성을 사전에 숙지하고 있어야 한다.

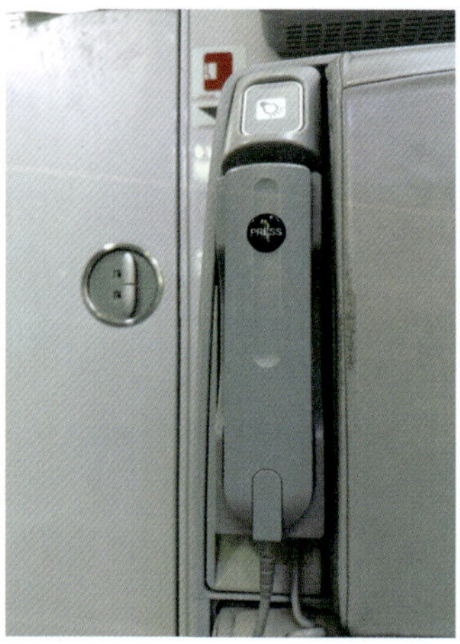

A380: 방송 장비 원위치 상태와
핸드셋 분리 버튼

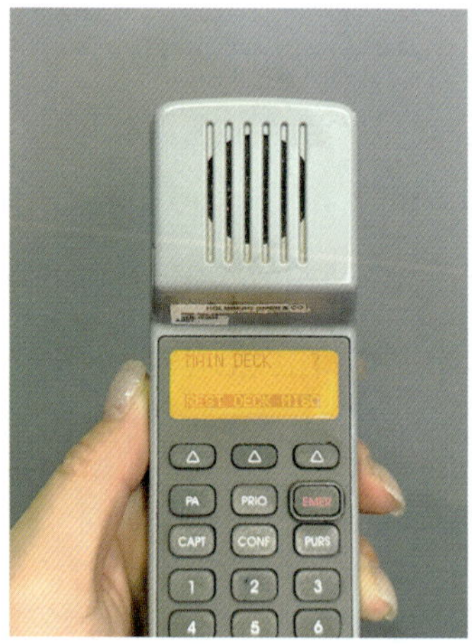

A380: 인터폰 핸드셋 상태 창과
기능키

A380: 인터폰 핸드셋 내부

A380: 인터폰 핸드셋 잡는 법

(3) PRAM(Pre-recorded Announcement Module) 작동법

PRAM 시스템은 IFE(In-flight Entertainment)의 일부로 항공기에서 자동으로 방송되는 안내 메시지와 음악을 포함하는 기능이며, 최신 항공기의 도입으로 더욱 정교하고 고도화된 버전이 탑재되고 있다. 주요 PRAM 시스템 제조사로는 Panasonic Avionics와 Thales Group이 있으며 내부 시스템 명칭으로 관리되는 경우가 많다. 예를 들면 Panasonic Avionics는 PRAM 기능을 포함한 IFE 시스템을 eX3, NEXT, X Series 등으로 제공하며, PRAM은 그 안에 포함된 기능 중 하나이고, Thales Group의 IFE 시스템에서는 PRAM 기능이 AVANT 플랫폼에 통합되어 있다. 이러한 시스템들은 PRAM 기능 외에도 자동 방송, 다국어 지원, 승객 맞춤형 안내 등을 포함하며, 최신 항공기에서는 PRAM이 단순한 오디오 안내를 넘어 AI 기반 자동화, 기내 상황 연동 안내, 비상시 자동 전환 등으로 발전하고 있다.

PRAM(Pre-recorded Announcement Module) 장비는 일반적으로 객실 승무원 구역에 설치되어 있으며, 전원이 공급되면 자동으로 작동한다. 객실 사무장은 디지털 메뉴나 키패드를 통해 상황에 맞는 방송문을 선택하고 재생할 수 있다. 방송문은 이륙 전 안내, 착륙 전 안내, 안전 수칙, 환영 인사 등으로 구성되어 있으며, 언어별로 분류되어 있다. 방송은 Play나 Apply 버튼으로 송출되며, 중지나 반복 재생도 가능하다. 비상 상황에 대비한 방송문도 포함되어 있어 신속한 대응이 가능하다. PRAM은 정규 방송 및 비정상 상황 방송, 그리고 현지 승무원이 탑승하지 않은 경우 현지어 방송을 대체하는 등 항공사 규정에 따라 다양한 방식으로 사용된다. 객실 사무장은 해당 규정 및 내용을 사전에 숙지하여 시스템이 적절하게 활용될 수 있도록 해야 한다.

PRAM은 다양한 언어의 방송문이 수록되어 있어 현지 승무원이 없을 때도 정확한 안내가 가능하며, 일관된 음질과 표현으로 승객에게 명확한 정보를 전달할 수 있다. 반복되는 방송을 자동으로 처리함으로써 승무원의 업무 부담을 줄이고, 비상 상황에서도 신속한 대응이 가능하다는 장점이 있다. 그러나 녹음된 음성은 실시간 상황에 유연하게 대응하기 어렵고, 기기 오작동 시 방송이 지연될 수 있다. 또한 기계 음성은 승객에게 다소 거리감을 줄 수 있으며, 객실 사무장이 장비 사용법과 방송문을 충분히 숙지하고 있어야 한다. 이러한 점에서 PRAM은 효율성과 정확성을 높이는 유용한 도구지만, 상황에 따라 육성 방송과의 적절한 조화가 필요하다 하겠다.

작동 방식은 제조사와 프로그램 버전에 따라 다소 차이가 있다. 이 책에서는 대한항공이 적용하여 운용 중인 Panasonic Avionics 사의 ex2 버전(B737 기종), ex3 버전(B77wi 기종)과 Thales Group의 AVANT 시스템(B77ws 기종)에 대한 기본적인 작동법을 살펴본다.

- **Panasonic Avionics 사의 ex2 버전(B737 기종)**

1. 먼저 하단의 언어별 방송문 리스트에서 원하는 방송문을 찾아서 그 번호를 확인한다.
2. 상단 왼쪽의 키패드에 해당 번호를 입력한다.
3. Ready 버튼에 초록색 불이 들어올 때까지 기다린다.
4. Start 버튼을 누른다.

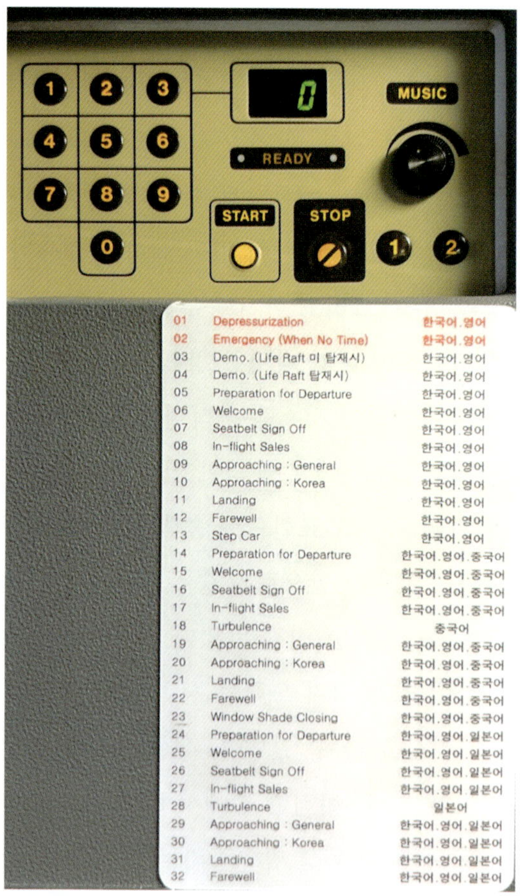

기종에 따라 일부 장비는 방송 내용을 사전에 확인할 수 있는 Preview 기능, 방송 중에 Stop 또는 Pause 버튼을 이용한 재생 제어 기능이 있으며, 필요에 따라 동일한 방송을 반복하거나 다른 언어로 연속 송출하는 것도 가능하다. PRAM의 사용 규정은 항공사별로 상이하지만, 일반적으로 Video System이 장착되어 있지 않아 기내 안전 비디오 상영이 불가능해서 승무원이 안전 시연을 직접 수행해야 하는 경우나, 일부 지선 노선에서 현지 승무원이 탑승하지 않았을 때는 그 활용도가 매우 높다.

● Panasonic Avionics 사의 ex3 버전(B77wi 기종) – PRAM

1. 상단 메뉴에서 PRAM을 선택하고, 왼쪽 Audio Library의 리스트에서 실시할 방송문을 선택하고 + Queue 버튼을 눌러 오른쪽 대기 리스트에 등재한다.

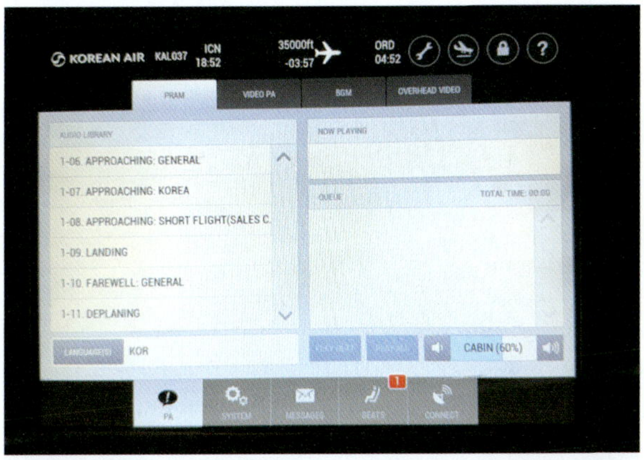

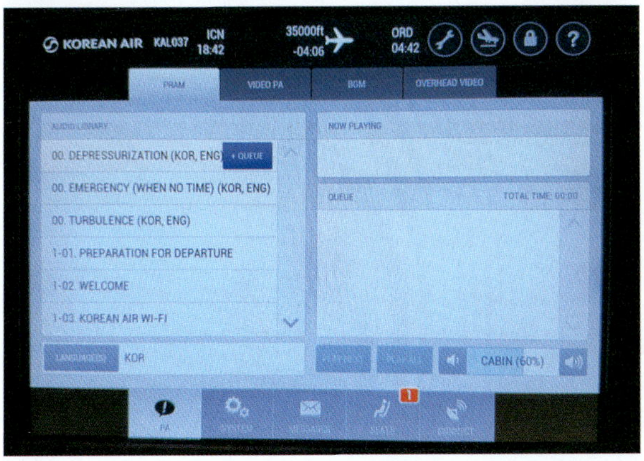

2. 언어 선택을 위해서는 Select Language(s) tab을 열어 재생할 언어를 선택하고 OK 버튼을 누른다. 일반 방송문에 현지 언어를 추가하고자 할 때는 동일한 방식으로 선택한 후, 오른쪽 대기 리스트에 등재한다. 이후 실행하려면 상황에 맞게 하단의 Play Next와 Play All 버튼을 누른다.

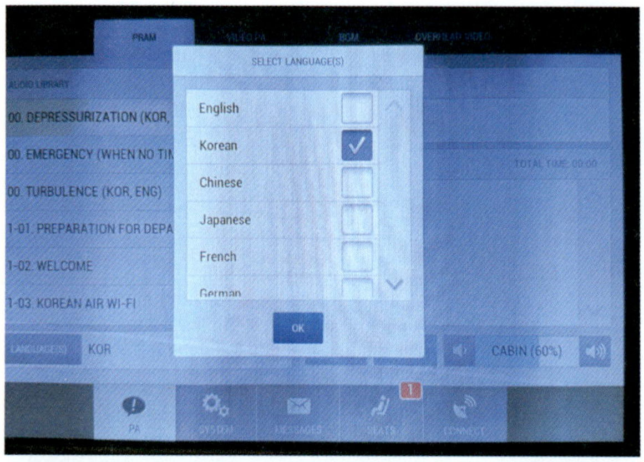

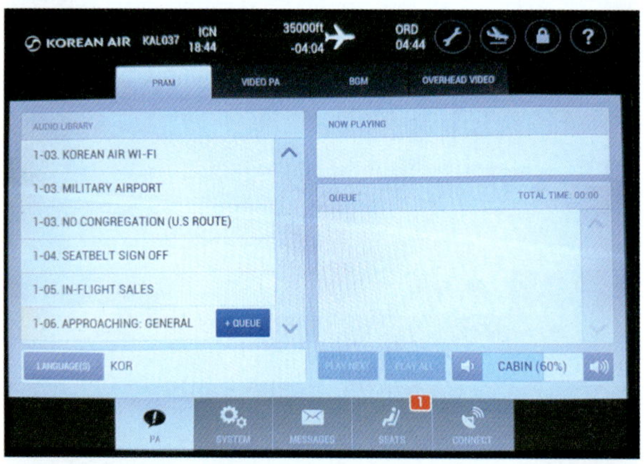

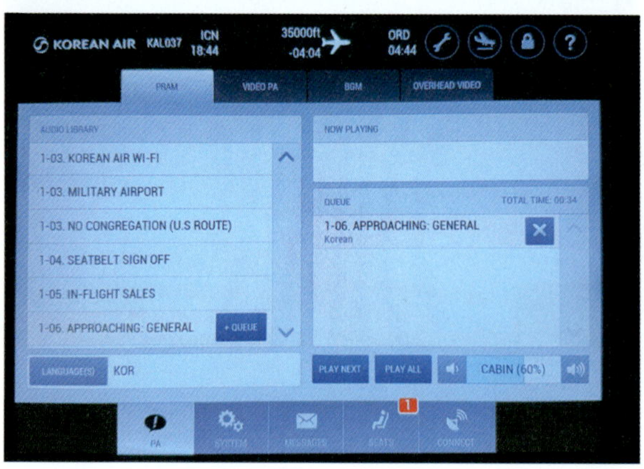

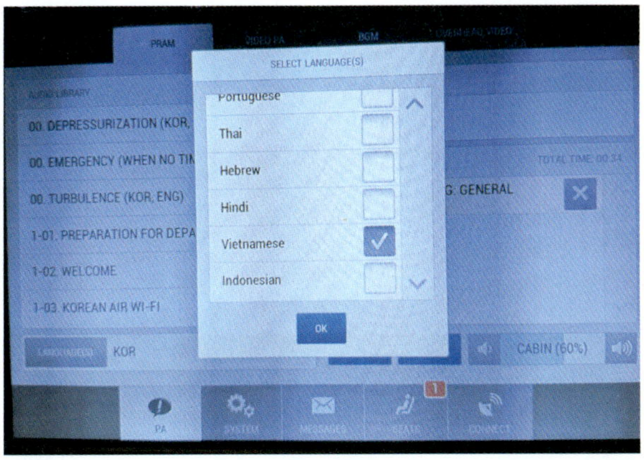

- Panasonic Avionics 사의 ex3 버전(B77wi 기종) – Video PA

1. 상단 메뉴에서 Video PA를 선택하고, 왼쪽 Video Library의 리스트에서 상영할 영상물을 선택한다.
2. Preview 버튼을 눌러서 영상물을 확인한다.
3. Play 버튼을 누른다.

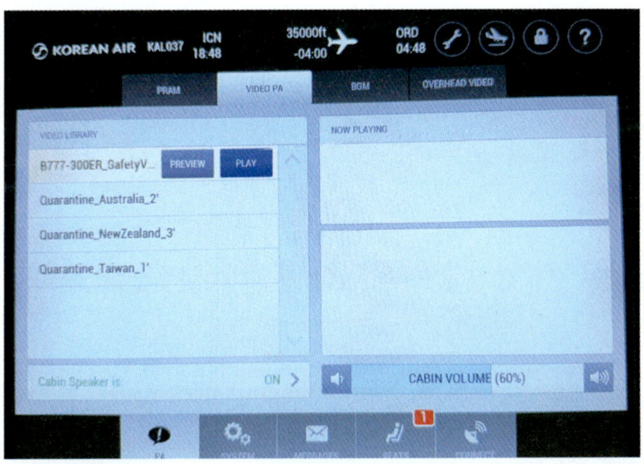

● Panasonic Avionics 사의 ex3 버전(B77wi 기종) – BGM

1. 상단 메뉴에서 BGM을 선택하고, 왼쪽 BGM Library의 리스트에서 해당 공항과 상황(출발, 도착, 기간)에 맞는 음악을 선택한다.
2. Play 버튼을 누른다.

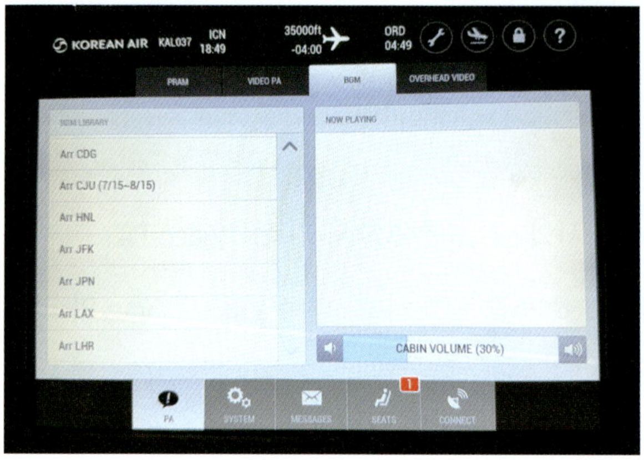

● Panasonic Avionics 사의 ex3 버전(B77wi 기종) – Overhead Video

1. 상단 메뉴에서 Overhead Video를 선택하고, 왼쪽 Video Library의 리스트에서 원하는 조건(Downward: 천장에서 아래로 펼쳐지는 모니터, Forward: 객실 전방 고정 모니터, Voyager: 모든 오버헤드 모니터에 동시 송출 가능한 특수 시스템)을 선택한다.
2. Preview 버튼을 눌러서 영상물을 확인한 후, Play 버튼을 누른다.

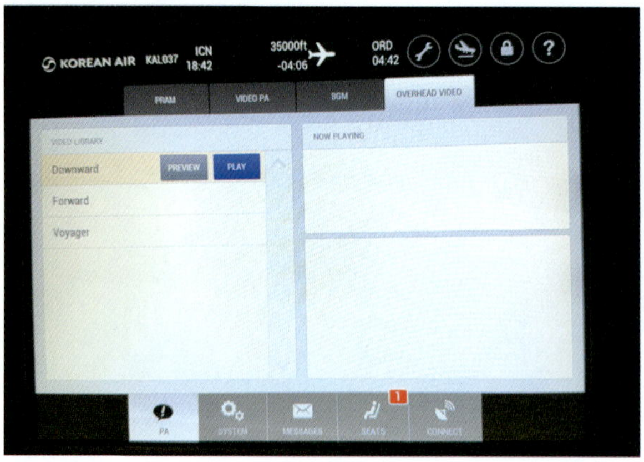

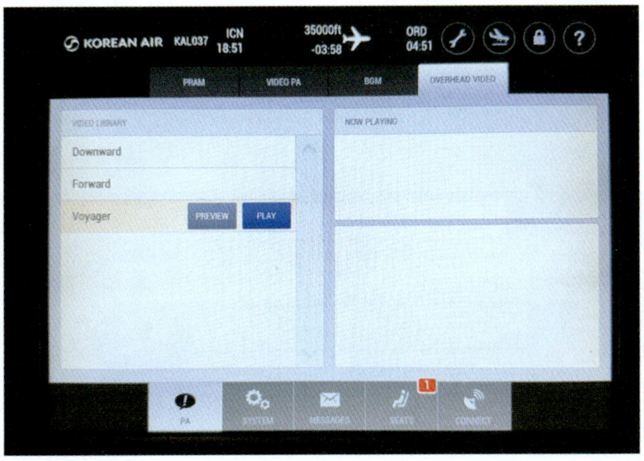

● Thales Group의 AVANT 시스템(B77ws 기종) – PRAM

1. 시스템에 로그인하고, 먼저 왼쪽 메뉴에서 Cabin Services를 선택하고, 생성된 Cabin Services 하단의 오른쪽 메뉴에서 PRAM을 선택하여 누른다.

2. 오른쪽 PRAM On/Off Selection의 메뉴에서 실시할 방송문을 상하 방향키(▲ ▼)를 사용해 검색한다.

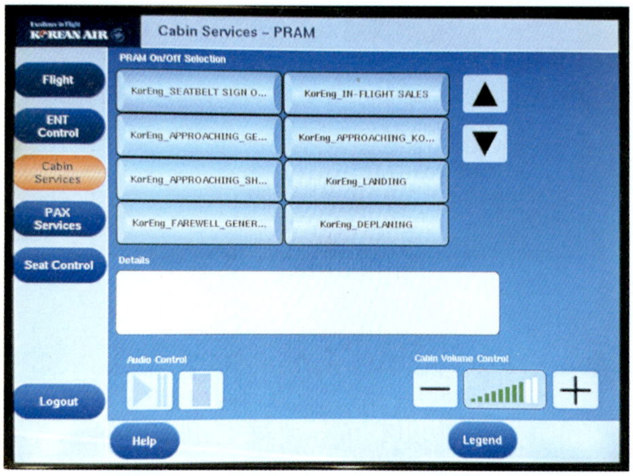

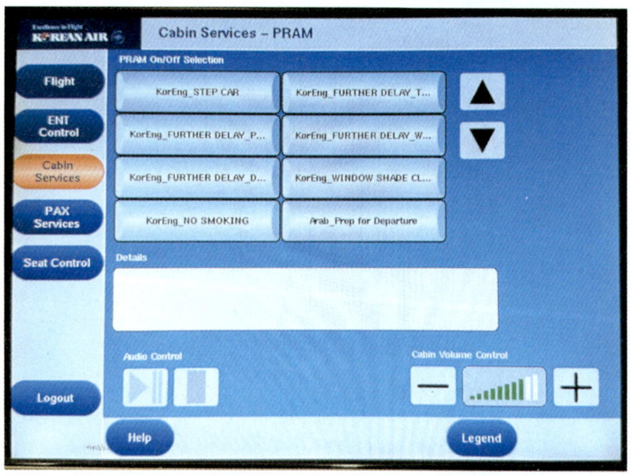

3. 선택한 방송문을 눌러 아래 Details에 등재한다. 현지 언어를 추가로 방송하고자 할 때는 동일한 방식으로 해당 언어의 방송문을 추가한 후, Audio Control의 ▶ 버튼을 누른다.

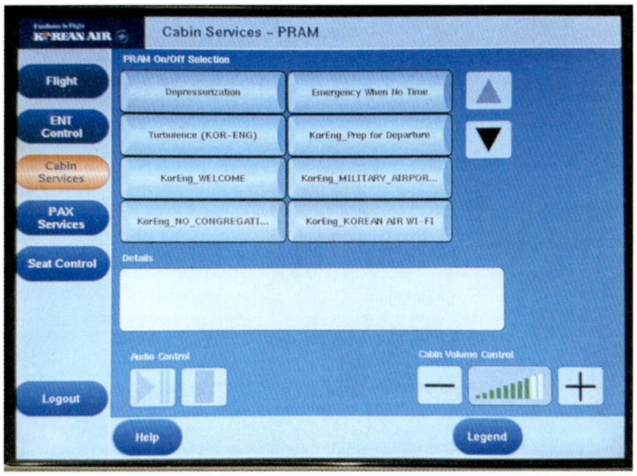

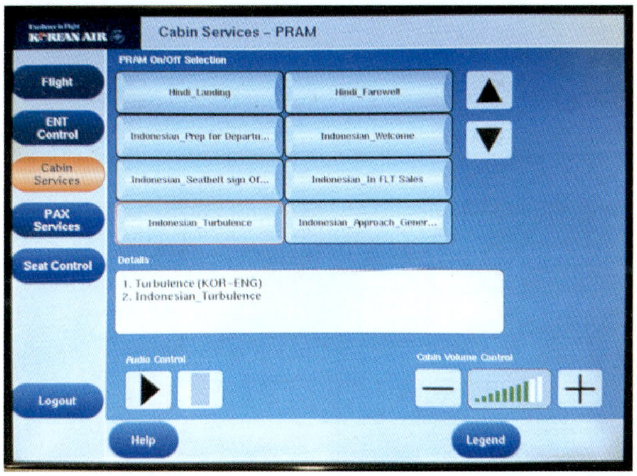

● Thales Group의 AVANT 시스템(B77ws 기종) – BGM

1. 시스템에 로그인하고, 먼저 왼쪽 메뉴에서 Cabin Services를 선택하고, 생성된 Cabin Services 하단의 오른쪽 메뉴에서 Boarding Music을 선택해 누른다.
2. 오른쪽 Boarding Music On/Off Selection의 메뉴에서 해당 공항과 상황(출발, 도착, 기간)에 맞는 음악을 상하 방향키(▲ ▼)를 사용해 검색한다.
3. 선택한 음악을 누른 후, 하단 Audio Control의 ▶ 버튼을 누른다.

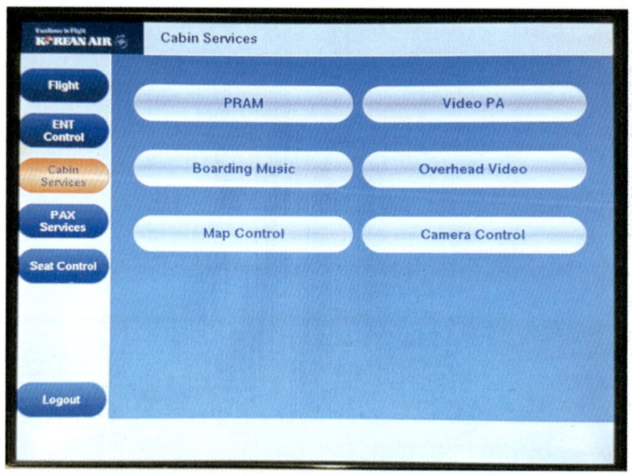

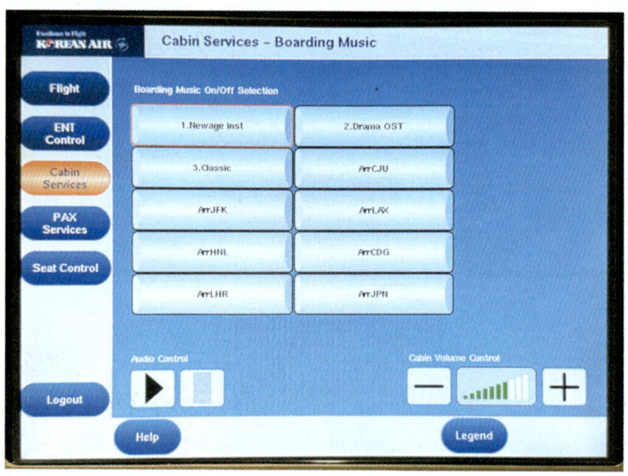

C H A P T E R

05

방송문을 두뇌에 그려라

기내 방송문 숙지와 상황별 전달 전략

기내 방송은 기내 서비스의 핵심 요소 중 하나로서, 항공기 운항 및 기내 서비스 전반에 대한 정보를 승객에게 안내하고, 쾌적하고 안전한 항공 여행을 위한 길잡이 역할을 한다. 이를 통해 승객들은 기내 시설 이용 방법, 각종 서비스 절차, 비행 관련 정보, 그리고 항공 여행에 필요한 유익한 지식을 자연스럽게 전달받게 된다. 따라서 기내 방송은 항상 간결하고 명료해야 하며, 각 상황에 맞는 정확하고 적절한 메시지가 시의적절하게 제공되어야 한다.

성공적인 기내 방송은 단순한 전달을 넘어, 항공기 운항 상황, 공항 및 외부 환경, 승객의 이동 동선, 기내 서비스의 전체 흐름과 유기적으로 연결되어야 매끄럽게 수행될 수 있다. 특히 Ramp–out, Take–off, Fasten Seatbelt Sign Off/On, Touchdown, Ramp–in 등은 항공편 운항 중 주요한 시점으로, 각 단계마다 해당되는 방송이 연계되어야 승객의 이해와 안전을 보장할 수 있다.

항공사가 승객에게 제공하는 전반적인 기내 서비스는 일반적으로 In–flight Service (기내 서비스)로 통칭되며, 본서에서는 다음의 5단계로 구분한다.

1단계: Pre–flight Check

객실 승무원이 비행을 위해 항공기에 탑승한 시점부터 승객 탑승 전까지의 단계로, 개인 소지품 정리, 객실 및 시스템 점검, 기내 서비스 용품의 적재 확인 및 준비를 포함한다.

2단계: Welcome Ground Service

승객이 탑승한 이후부터 항공기가 이륙하기 전까지의 시간으로, 좌석 안내, 수하물 정리 등의 응대를 수행하고, Safety Demonstration(안전 시연 방송)도 이 시점에 실시된다.

3단계: Enroute Service

항공기가 순항 고도에 진입한 뒤 시작되는 단계로, 국내선은 간단한 음료 서비스 위주이고, 국제선의 경우 기내식, 음료, 기내 판매, 영상 및 오디오 엔터테인먼트 등 다양한 서비스를 제공한다. 다만 세부 내용은 항공사마다 상이할 수 있다.

4단계: Farewell Ground Service

항공기가 목적지 공항에 도착한 후 이루어지는 마지막 기내 서비스 단계로, 승객이 안전하고 원활하게 하기할 수 있도록 돕는 절차가 포함된다.

5단계: Post–flight Check

모든 승객이 하기한 이후, 객실 승무원이 해당 항공편의 마무리를 위해 기내를 점검하고, 잔여 물품 및 기내 설비의 상태를 확인하는 단계이다.

항공기 기내 서비스 5단계

1단계: Pre-flight Check

- 승무원 개인 소지품 정리
- 운항 브리핑
- 비상 보안 장비 및 시스템 점검
- PA Test
- 케이터링 물품 탑재 확인
- 지상 서비스 준비
- 승객 탑승 준비

2단계: Welcome Ground Service

- 승객 탑승
- 환영 인사 및 좌석 안내
- 휴대 수하물 보관 안내
- 지상 서비스
- 항공기 출발 준비 안내
- 항공기 서류 인수
- 출입문 닫기*
- 출발 전 안전 점검*
- 승객 탑승 환영 방송
- 안전 시연*
- 이륙 전 안전 업무
- 이륙 직전 안내*

3단계: Enroute Service

- 좌석벨트 표시등 소등 안내
- 갤리 브리핑
- 음료 서비스
- 기내식 서비스
- 기내 판매
- 입국 서류 배포 및 작성 협조
- 영화 상영 및 승객 휴식
- 승무원 휴식 및 비행 관련 서류 작성
- 쾌적한 기내 환경 유지
- 비행 중 안전 점검
- 착륙 준비 업무
- 도착지 입국 및 검역 정보 안내
- 목적지 공항 접근 안내
- 착륙 직전 안내

4단계: Farewell Ground Service

- 도착 인사 및 환송 방송
- Taxiing 중 업무*
- 출입문 열기
- 승객 하기*

5단계: Post-flight Check

- 기내 점검
- Debriefing(비행 후 브리핑)
- 비행 후 업무

* 객실 사무장이 방송 실시

1. 이륙 전 안내 방송

이륙 전 기내 방송은 항공 여정의 Welcome Ground Service 단계, 즉 승객의 탑승이 시작된 시점부터 항공기가 이륙하기 전까지 실시된다. 이 시기에는 객실 승무원들이 승객을 반갑게 맞이하며 좌석을 안내하고, 휴대 수하물의 안전한 보관 방법을 설명하는 등 친절한 응대를 통해 탑승 환영의 메시지를 전한다. 필요시 신문과 잡지를 제공하고, 이륙 전 가장 중요한 절차 중 하나인 안전 시연 방송(Safety Demonstration) 또한 이 시점에 실시된다.

이 단계는 항공편에서 승객과 객실 승무원이 처음으로 직접 대면하는 순간이므로, 각 항공사가 추구하는 서비스 철학과 브랜드 이미지가 자연스럽게 전달될 수 있도록 밝고 정중한 태도와 성심 어린 응대가 중요하다.

환영과 서비스 업무가 함께 이루어지긴 하지만, 이 시점은 전반적인 기내 서비스보다는 항공기 운항 준비와 이륙을 위한 안전 점검에 초점을 두는 것이 핵심이다. 따라서 승무원은 안전 요원으로서의 역할을 인식하고, 항공기 출발에 필요한 서류 수령이나 지상 운송 직원과의 협조, 특별 탑승객에 대한 대응 등 각종 협업 업무에 충실해야 한다.

일반적으로 이륙 전까지의 기내 방송에는 다음과 같은 항목들이 포함된다.

- 항공기 출발 준비 안내(Preparation for Departure)
- 승객 탑승 환영(Welcome Onboard)
- 안전 시연 안내(Safety Demonstration)
- 이륙 직전 안내(Take-off Announcement)

1) 항공기 출발 준비 안내(Preparation for Departure)

항공기의 'Preparation for Departure(출발 준비)' 방송은 승객의 탑승이 대부분 완료되고, 항공기 출입문을 닫기 직전에 실시된다. 이 방송의 실시 시점은 항공사마다 약간의 차이를 보이는데, 예를 들어 대한항공은 정시 출발 기준 5분 전, 티웨이항공은 전체 승객의 약 80~90%가 탑승한 시점을 기준으로 삼고 있다.

해당 방송의 주요 목적은, 탑승한 승객의 목적지와 실제 항공편의 목적지를 최종적으로 확인하고, 안전하고 원활한 출발을 위해 필요한 주요 안내 사항들을 전달하는 것이다. 방송에는 항공사 명, 항공편 명, 목적지, 예상 소요 시간 등 기본 정보를 포함하며, 기내에서 준수해야 할 항공보안법 안내, 전자기기 사용 기준, 여행 중 승무원의 안내에 협조를 요청하는 내용이 포함된다.

또한 기내 수하물은 규정된 방식으로 안전하게 보관해야 한다는 안내, 승객의 지정 좌석 착석, 좌석벨트 착용 요청 등도 제공된다. 이 방송은 탑승 절차와 안전 지침의 마무리 단계로, 기내 분위기를 정돈하고 항공기 출발 준비가 원활하도록 돕는다.

항공기 출발 준비 안내 방송 구성표(Preparation for Departure)

항목	내용
방송 시점	• 대부분의 승객 탑승 완료 후, 출입문 닫기 직전 • 대한항공: 정시 출발 기준 5분 전 • 티웨이항공: 승객 80~90% 탑승 시점
방송 목적	• 항공편 정보 및 목적지 최종 확인 • 기내 보안 및 안전 수칙 안내 • 승객의 협조 요청 및 기내 질서 정돈
방송 주요 내용	• 항공사명, 항공편 번호, 목적지, 비행 시간 안내 • 항공보안법 및 전자기기 사용 기준 안내 • 기내 수하물 보관 방식 안내 • 좌석 착석 및 안전벨트 착용 요청 • 승무원 안내에 대한 협조 요청
방송 시 주의 사항	• 방송 속도는 천천히, 명확하게 전달 • 외국인 승객 고려 시 영어 병행 • 항공편 정보 정확히 확인 후 방송 • 방송 전 기내 상황(좌석, 수하물 등) 점검
방송 담당자	• 일반적으로 최상위 자격을 소지한 방송 담당 객실 승무원 • PRAM(자동 방송 시스템) 활용 가능

항공기 출발 준비 안내 방송문 대한항공

손님 여러분,
(도시명을 거쳐) 도시명까지 가는 대한항공 편명편, 곧 출발하겠습니다.
가져오신 짐은 앞좌석 아래나 선반 속에 넣어 주시기 바랍니다.
기내에서 승무원의 업무를 방해하는 행위, 전자담배를 포함한 흡연, 전자기기 사용기준 위반은 항공보안법에 따라 금지돼 있습니다.
감사합니다.

Ladies and gentlemen,
this is Korean Air flight ____ bound for ____(via)____.
We will be departing shortly.
Please place your carry-on items in the overhead bins or under the seat in front of you.
Aviation Security Laws prohibit smoking, disturbing crewmembers, and using non-approved electronic devices during the flight.
Thank you for your cooperation.

항공기 출발 준비 안내 방송문 티웨이항공

티-웨이 가족 여러분,
이 비행기는 (지역명+공항명(을)를 경유하여) 지역명+공항명까지 가는 티웨이항공 편명편입니다.

> 탑승이 10분 이상 지연된 경우
>
> ______(으)로 인해 탑승이 예정 시간보다 늦어진 점을 양해해 주시기 바랍니다.
>
> ◈ 탑승 지연 사유: 1. 항공기 연결편 지연 2. 기내 준비 3. 기타(상황에 맞게 사무장이 작성)

휴대하신 짐은 앞 좌석 밑이나 선반 속에 보관해 주시고, 선반을 여실 때는 물건이 떨어지지 않도록 주의해 주십시오. 또한 액체류는 내용물이 흐를 수 있으니, 좌석 밑에 보관해 주시기 바랍니다.

승객 좌석 이동이 많을 것으로 예상되는 경우(만석이 아닌 경우 등)

아울러, 여러분의 좌석은 항공기의 무게중심을 고려하여 배정된 것이오니, 안전한 이륙을 위해 좌석 간 이동은 삼가 주시기 바랍니다.

기내 수하물 과다 반입 시(사무장 판단하에 수시로 실시)

현재 기내로 반입되는 수하물의 양이 많습니다. 안전한 짐 보관과 신속한 출발을 위해 깨지기 쉬운 물건을 포함한 작은 짐은 앞 좌석 밑에 보관해 주시기 바랍니다.

Dear t'wayers,
this is T'way Air flight 편명 bound for 지역명+공항명 (and the final destination is 지역명+공항명).

탑승이 10분 이상 지연된 경우

We are sorry for the boarding delay due to _____.

◈ 탑승 지연 사유: 1. aircraft connection 2. in–flight preparation 3. 기타

Please stow your carry-on items in the overhead bins or under the seat in front of you. When you open the overhead bins, be careful as the contents may fall out.

승객 좌석 이동이 많을 것으로 예상되는 경우(만석이 아닌 경우 등)

All seats are assigned for the weight and balance of this aircraft.

기내 수하물 과다 반입 시(사무장 판단하에 수시로 실시)

For your safety, please stow your fragile items under the seat in front of you.

2) 승객 탑승 환영(Welcome Onboard)

항공사의 'Welcome Onboard(승객 탑승 환영)' 방송은 승객의 탑승이 모두 완료되고, 항공기 출입문이 닫힌 뒤 비상 탈출 슬라이드가 장착 모드로 전환된 이후에 실시된다. 이 시점에서 객실 내 분위기는 비교적 안정되고 차분해지며, 승객들에게 본격적인 여정을 알리는 첫 공식 안내 방송으로서 중요한 의미를 가진다.

환영 방송은 정중하면서도 활기찬 어조로 진행되어야 하며, 이를 통해 승객들이 항공사의 고품질 서비스에 대한 기대감을 가질 수 있도록 유도한다. 방송 도입부에서는 모든 객실 승무원이 자신이 담당하는 서비스 구역의 전방에 위치하여 정중한 인사를 드리는 것이 일반적이며, 각 항공사의 브랜드 성격에 따라 인사말의 분위기나 연출 방식에는 차이가 있을 수 있다.

방송 내용에는 일반적으로 항공사의 소속 항공 동맹체, 목적지 및 편명, 예상 비행시간, 좌석 착석 및 벨트 착용 안내, 기내 금연 및 전자기기 사용 제한 등 비행 시작 전 반드시 전달해야 하는 주요 안내 사항이 포함된다. 환영 방송은 객실의 방송 담당자가 실시하는 것이 일반적이나 최근에는 기장이 운항 전반에 대한 소개와 함께 실시하기도 한다. 이러한 경우에는, PRAM(자동 방송 시스템)을 통해 환영 인사, 기종별 기내 Wi-Fi 사용법, 기내 안전 규정, 항공보안법 안내 등을 간단하게 전달한다.

해당 방송을 직접 실시하는 승무원은 승객에게 항공사의 첫인상을 전달하는 대표자라는 책임감을 갖고, 환영과 감사의 마음을 담아 밝고 친절한 목소리로 방송해야 한다. 또한 항공기 출발이 지연된 경우에는 지연 사유를 간결하고 명확하게 전달하되, 상황에 맞는 어조로 승객들의 불편함을 최소화하고 이해를 구하는 자세로 표현하는 것이 바람직하다.

승객 탑승 환영 방송 구성표(Welcome Onboard)

항목	내용
방송 시점	• 모든 승객 탑승 완료 후 • 출입문 닫힘 및 비상 탈출 슬라이드 장착 모드 전환 이후
방송 목적	• 본격적인 여정 시작을 알리는 첫 공식 방송 • 승객에게 환영과 감사의 인사 전달 • 항공사 서비스에 대한 기대감 유도
방송 주요 내용	• 항공사명, 항공편 번호, 목적지, 예상 비행 시간 • 항공 동맹체 소속 안내(예: SkyTeam, Star Alliance 등) • 좌석 착석 및 안전벨트 착용 요청 • 기내 금연 및 전자기기 사용 제한 안내 • 기내 Wi-Fi 사용법 및 안전 규정(PRAM 사용 시) • 출발 지연 시: 지연 사유 및 양해 요청
방송 시 주의 사항	• 정중하면서도 활기찬 어조 유지 • 객실 승무원은 각 서비스 구역 전방에서 인사 • 항공사 브랜드 성격에 맞는 인사말 구성 • 지연 안내 시에는 간결하고 공감 있는 표현 사용
방송 담당자	• 일반적으로 최상위 자격을 소지한 방송 담당 객실 승무원 • 경우에 따라 기장이 직접 방송 • PRAM(자동 방송 시스템) 활용 가능

(c) by Cristóbal Alvarado Minic/Moment/Getty Images

승객 탑승 환영 방송문 티웨이항공

티웨이 가족 여러분, (탑승을 진심으로 환영합니다.)

이 비행기는 지역명+공항명까지 가는 티웨이항공 편명편이며, 예정된 비행 시간은 이륙 후 ____시간 ____분입니다.

STD+15mins 이상 Delay 시 당사 귀책 사유인 경우

출발이 예정 시간보다 늦어진 점 양해해 주시기 바랍니다.

STD+15mins 이상 Delay 시 당사 귀책 사유가 아닌 경우

____(으)로 인해 출발이 예정 시간보다 늦어진 점을 양해해 주시기 바랍니다.

◈ 출발 지연 사유: 1. 항공기 연결편 지연 2. 미탑승 승객 3. 탑승 지연 4. 항공기 정비 5. 안 좋은 기상 6. 짙은 안개 7. [활주로/비행기]의 제설 작업

좌석벨트를 매 주시고, 등받이와 팔걸이, (창문 덮개) 그리고 테이블을 제자리로 해 주십시오.

사진 촬영 금지 공항 TAE, KWJ, PUS, CJJ

이곳은 군사 공항으로 공항과 기내에서의 사진, 동영상의 촬영 및 유포가 금지되어 있습니다. 이 점 협조해 주시기 바랍니다.

오늘 _____ 기장을 비롯한 저희 승무원들이 여러분을 지역명까지 (정성껏) 모시겠습니다.

기장의 승객 탑승 환영 방송문 대한항공

손님 여러분, 안녕하십니까?

저는 여러분을 모시고 가는 사무장입니다.

외국인 운항 승무원을 대신해 손님들께 도시명까지의 비행계획을 말씀 드리겠습니다.

현재 이 비행기는 고도 ____미터, 시속 ____킬로미터로 순항하고 있으며, ____ 공항까지의 비행 시간은 이륙으로부터 ___시간 ___분으로 현지 시각 ___월 ___일 ___요일, 오전(오후) ___시 ___분경에 착륙할 예정입니다.

___와 ___ 간에는 ___시간의 시차가 있습니다.

감사합니다.

southerlycourse/E+/Getty Images

객실 승무원의 승객 탑승 환영 방송문 대한항공

손님 여러분, 안녕하십니까.[인사]
저희 대한항공은 오늘 탑승하신 여러분을 진심으로 환영합니다.

A220

여러분께서 탑승하신 이 비행기에서는 기내 네트워크에 접속하여 영화, 단편물, 음악 등 다양한 기내 무선 엔터테인먼트를 무료로 이용하실 수 있습니다. 더 자세한 내용은 좌석 앞에 있는 기내지 모닝캄을 참고해 주시기 바랍니다.

대한항공 와이파이 적용기재

여러분께서 탑승하신 이 비행기에서는 이륙 후 코리안 에어 와이파이를 구매하여 사용하실 수 있습니다. 또한 기내 네트워크에 접속하여 영화, 단편물, 음악 등 다양한 기내 무선 엔터테인먼트를 무료로 이용하실 수 있습니다. 더 자세한 내용은 좌석 앞에 있는 기내지 모닝캄을 참고해 주시기 바랍니다.

휴대전화 등 전자기기는 비행기 모드로 바꿔 사용하실 수 있습니다.

대한항공 와이파이 적용기재

그러나 비행 중에 코리안 에어 와이파이를 사용한 전화 통화나 영상 통화는 이용하실 수 없음을 알려드립니다.

기내 안전 요원인 승무원의 지시에 협조해 주시고, 승무원의 업무를 방해하거나 임의로 비상구를 조작하는 행위는 항공보안법에 따라 금지돼 있으며 처벌받을 수 있음을 알려드립니다. 저희 승무원들은 여러분께서 편안하게 여행하실 수 있도록 정성을 다하겠습니다.
고맙습니다.

3) 안전 시연 안내(Safety Demonstration)

항공사의 'Safety Demonstration(안전 시연 안내)' 방송은 항공기가 공항 청사 또는 주기장에서 Push-back(후진견인)된 이후, 활주로로 이동하는 동안 실시된다. 이 절차는 탑승객에게 비행 중의 안전 수칙을 명확히 안내하기 위한 필수적인 단계로, 항공사가 보유한 항공기의 기종에 따른 설비 및 서비스 방식에 따라 두 가지 방식 중 하나로 운영된다.

첫 번째는 안전 시연 영상을 시청하는 방식이며, 두 번째는 객실 사무장의 방송과 함께 객실 승무원이 비상장비를 활용해 직접 시연을 진행하는 방식이다. 직접 시연 방식에서는 데모용 구명조끼, 산소마스크 등 비상장비를 활용하여, 표준화된 동작과 설명을 통해 승객들에게 명확하게 안전 절차를 전달한다. 이때 승무원은 핵심 키워드를 또렷하게 강조하고, 침착하고 안정적인 어조로 내용을 전달해야 하며, 이는 방송의 신뢰성과 집중도를 높이는 데 중요한 역할을 한다.

안전 방송의 연출 방식은 항공사의 서비스 철학과 브랜드 정체성에 따라 다양하게 구성될 수 있다. 일부 항공사는 엄정하고 권위 있는 어조를 통해 안전의 중요성을 강조하는 반면, 일부 항공사는 위트와 유머를 가미한 시연을 통해 자사의 독창적인 이미지와 고객 친화적 분위기를 전달하기도 한다. 이러한 창의적 접근은 단순한 정보 전달을 넘어, 승객의 관심을 효과적으로 끌어내고, 항공사의 개성과 감성을 표현하는 수단이 되기도 한다.

Peter Charlesworth/LightRocket/Getty Images

안전 시연 안내 방송 구성표(Safety Demonstration)

항목	내용
방송 시점	• 항공기가 Push–back(후진견인)된 이후 • 활주로로 이동하는 동안 실시
방송 목적	• 비행 중 안전 수칙 및 비상 절차 안내 • 승객의 안전 확보 및 비상 상황 대비 교육
방송 주요 내용	• 좌석벨트 착용 방법 • 산소마스크 사용법 • 구명조끼 착용 및 사용법 • 비상구 위치 및 탈출 경로 안내 • 전자기기 사용 제한 및 기내 금연 안내
방송 시 주의 사항	• 침착하고 안정적인 어조 유지 • 핵심 키워드 명확히 강조 • 시연 방식에 따라 역할 분담 명확히 수행 • 승객의 시선 유도 및 집중 유지를 위한 시각적 연출 고려 • 항공사 브랜드에 맞는 연출 방식 선택(엄정/유머 등)
방송 담당자	• 영상 시청 방식: IFE(In–flight Entertainment) 시스템 내 영상 재생 • 직접 시연 방식: 객실 사무장 방송 + 객실 승무원 시연

안전 시연 안내 방송문 티웨이항공

티–웨이 가족 여러분,
지금부터 안전에 관한 안내 말씀 드리겠습니다. 잠시 주목해 주시기 바랍니다.

B737–800

비상구는 모두 8개로, 양쪽에 각각 4개씩 있습니다.

A330–300

비상구는 모두 8개로, 양쪽에 각각 4개씩 있으며, 각 비상구에는 구명보트가 설치되어 있습니다.

여러분의 좌석에서 가장 가까운 비상구 위치를 확인하시기 바랍니다.
비행기의 전원이 꺼질 경우 통로의 비상등이 자동으로 켜지며, 이 비상 탈출 유도등을 따라 탈출해 주십시오.
좌석벨트 표시등이 켜지면 반드시 좌석벨트를 매 주십시오. 벨트는 버클을 끼워 몸에 맞게 조여 주시고, 풀 때는 덮개를 들어 올리시면 됩니다.
유아를 동반하신 손님께서는 이/착륙 시 유아를 마주 보고 안아 주십시오.
산소마스크는 선반 속에 있으며, 산소 공급이 필요한 비상시에 자동으로 내려옵니다.
개인용 마스크는 산소마스크 착용 시 제거해 주십시오.
마스크가 내려오면 앞으로 잡아당겨 코와 입에 대시고 끈을 머리에 고정하여 주십시오. 본인의 마스크를 먼저 착용하신 후, 동반자를 도와주시기 바랍니다.
비행기가 물 위에 내렸을 경우, 좌석 밑에 있는 구명복을 착용해야 합니다.
구명복은 머리 위에서부터 입으시고 끈을 허리에 감으신 다음, 버클에 끼워 몸에 맞게 조여 주십시오.
구명복은 기내에서 부풀지 않도록 주의해 주시고, 부풀릴 때는 탈출 직전 붉은색 손잡이를 당기시면 됩니다. 충분히 부풀지 않을 때는 상단에 있는 고무관을 힘껏 불어 주십시오.
유아용 구명복은 비상시 승무원이 준비해 드리겠습니다.
자세한 사항은 앞 좌석 주머니 속에 있는 안내문을 참고하시기 바랍니다. 아울러 비상구 좌석에 앉으신 분께서는 비상시 다른 승객의 탈출을 도와주셔야 합니다.
승무원 기내업무 방해행위 및 전자기기 사용 규정을 준수하지 않을 경우 항공보안법에 의해 처벌받을 수 있습니다. 또한 전자담배를 포함한 모든 종류의 기내 흡연과 성적 수치심을 유발하는 행위는 불법행위입니다. 반드시 규정을 준수하여 주십시오.
승무원은 승객 여러분의 안전을 담당하는 안전 요원이므로, 승무원의 지시에 협조해 주시기 바랍니다.

안전 시연 안내 방송문 사우스웨스트항공

참고 영상

신사 숙녀 여러분,

톰 레비입니다. 오늘 저녁 아일립 행 항공편에 함께해 주셔서 감사드립니다.

오늘 비행 시간은 약 2시간입니다.

오늘 항공기를 운항하는 분은 저스틴 기장님이며, 마이클 부기장이 함께합니다.

객실 승무원으로는 뒤쪽에 조지, 가운데에 크리스, 앞쪽에는 로버트가 근무하고 있습니다.

이제 승무원들에게 주목해 주세요. 지금부터 우리 비행기, 보잉 737-700 시리즈의 안전 기능을 안내해 드릴게요.

혹시 1942년 이후 자동차를 타 보지 않으신 분이 계신다면, 어떻게 좌석벨트를 착용하는지 보여 드리겠습니다. 잘 보세요, 이렇게 착용하고, 이렇게 풀어요. 벨트는 엉덩이 위에 핫핑크 스피도처럼 단단하게 착용하셔야 해요. (오늘 호텔 수영장에서 제가 입을 거랍니다!)

여러분이 오늘 서비스나 농담이 마음에 안 드신다면, 이 비행기엔 총 6개의 탈출구가 있습니다. 자유롭게 이용하세요! 앞쪽 출입문 두 개, 날개 위 창문 두 개, 그리고 뒤쪽 출입문 두 개예요. 천장엔 출구 안내 표지, 바닥엔 디스코 조명이 있으니 출구까지 안내받으실 수 있어요. 좌석 앞주머니에 있는 안전 카드도 꼭 읽어 주세요. 사용법을 알게 되는 게 늦기 전에 말이죠.

혹시 오늘 저희 기장이 사우스웨스트항공을 '사랑의 크루즈'로 바꾸겠다고 마음먹는다면, 좌석 아래 구명조끼를 꺼내는 법도 알려 드릴게요. 조끼입니다, 변기 시트커버 아니에요! 머리에 쓰고, 검은 스트랩을 작고 소중한 허리에 감아 양쪽을 연결하고 당겨서 고정하세요. 비행기에서 나간 후에는 빨간 탭을 당겨 조끼를 부풀릴 수 있어요. 더 어렵게 하고 싶으시거나 굳이 입으로 불고 싶으신 분은 어깨에 튜브도 있습니다. 그럼 행운을 빌어요! 열심히 찰싹찰싹 헤엄쳐서 캐빈 해변까지 오세요. 저희도 곧 뒤따를게요. 우릴 알아보시려면, 술 가방 들고 있는 사람이에요.

(중략)

Ladies and gentlemen,
Tom Levy to you. Thank you for coming out and joining this evening over to Islip. Our flight time is going to be two hours.
In command of our aircraft tonight is Captain Justin. He's assisted this evening by First Officer Michael, your cabin staff. George is in the back of the aircraft, Chris at mid-cabin, and Robert up front.
We're going to ask you at this time to direct your attention to the flight attendants. I'm going to point out the safety features of the 737-700 series aircraft.
Now, ladies and gentlemen, in the event that you have not been in an automobile since 1942, we're going to show you how to fasten this seatbelt. Watch closely. Do this. To unfasten it, you do that. That seatbelt needs to be low and tight across your hips, just like the hot pink Speedo I'm wearing tonight when we get to the hotel undubbed.
Folks, you don't like the jokes of service tonight. Six ways out of this airplane. Feel free to use them. There's going to be two forward exit doors, two overwing window exits, and two rear exit doors. There's signs on the ceiling. There's disco lights on the floor. They're going to lead you to these exits. Now, in the seatback pocket in front of you, it's a safety information card. You'll want to read it before you need it. It outlines the safety features of this particular aircraft.
Now, in the unlikely event that our captain decides to turn the Love Airlines Southwest Airlines into a cruise this evening, we'll instruct you how to remove the life vest from beneath the seat. Ladies and gentlemen, it's a life vest. It's not a toilet seat cover. It goes over your head. You bring the black strap around your tiny little waist. You snap the two ends together and pull to tighten. To inflate the life vest after you exit the aircraft, you pull down on the red tab. Those of you that have to do absolutely everything the most difficult way, and those overachievers, will you blow into that red tubing located at the shoulder? The very best of luck to you with that, but then keep kicking and paddling over to the cabin shore. We'll be behind you shortly. You're going to be able to recognize the cabin staff. We're the ones toting that liquor kit.
(중략)

4) 이륙 직전 안내(Take-off Announcement)

이륙 직전(Take-off) 안내 방송은 항공기가 활주로까지 이동을 완료하고, 이륙을 위한 모든 준비가 끝난 후 기장으로부터 방송 실시 지시가 내려졌을 때 수행된다. 항공기는 이륙 직후 순항 고도에 도달하기까지 일정 시간 동안 기체가 상승 각도를 유지하므로, 이 시점에서 승객은 물론 객실 승무원 모두가 본인의 좌석에 착석한 채 좌석벨트를 바르게 착용한 상태여야 한다.

해당 방송은 이륙이라는 항공 운항의 핵심 순간을 알리는 중요한 절차로, 객실 전체에 긴장감과 집중력을 효과적으로 전달할 필요가 있다. 따라서 방송은 객실 내 안전 업무를 총괄하는 객실 사무장이 직접 실시하며, 승객들에게 이륙에 앞서 안전에 대한 주의와 좌석 유지 필요성을 명확히 안내한다.

이륙 직전 안내 방송 구성표(Take-off Announcement)

항목	내용
방송 시점	• 항공기가 활주로까지 이동 완료 후 • 기장으로부터 이륙 준비 완료 및 방송 지시 수신 시점(좌석벨트 표시등 점멸, 알림음)
방송 목적	• 이륙 직전 승객의 주의 집중 유도 • 좌석 착석 및 안전벨트 착용 재확인 • 기내 안전 유지 및 질서 확보
방송 주요 내용	• 이륙 직전임을 알리는 안내 • 좌석에 착석한 채 벨트 착용 유지 요청 • 전자기기 사용 금지 재강조 • 객실 승무원도 착석 중임을 안내하여 승객의 이동 자제 유도
방송 시 주의 사항	• 무게감 있고 침착한 어조 유지 • 짧고 명확한 문장으로 구성 • 기내 전체의 집중 유도 • 방송 직후 객실 내 이동 금지 강조
방송 담당자	• 객실 사무장이 직접 실시

이륙 직전 안내 방송문 대한항공

손님 여러분,

우리 비행기는 이제 이륙하겠습니다.

좌석벨트를 매셨는지 다시 한번 확인해 주시기 바랍니다.

Ladies and gentlemen,

we are now ready for take-off.

Please make sure that your seatbelt is securely fastened.

이륙 직전 안내 방송문 티웨이항공

티-웨이 가족 여러분,

곧 이륙하겠습니다.

좌석벨트를 매셨는지 확인해 주시기 바랍니다.

> 조명 조절 시
>
> 아울러, 이륙 준비를 위해 기내등을 어둡게 조절하겠습니다. 독서를 하시는 분께서는 상단의 독서등 버튼을 이용해 주시기 바랍니다.

Dear t'wayers,

we are taking off soon.

Please recheck your seatbelt is fastened.

> 조명 조절 시
>
> Also, the cabin lights will be dimmed for take-off. The reading light switch can be found above your seat.

2. 이륙 후 안내 방송

항공기의 '이륙 후 안내 방송'은 기내 서비스 중 Enroute Service 단계에서 이루어지는 방송으로, 항공기가 이륙하여 적정한 순항 고도에 도달한 이후부터 목적지 도착 전 안내 방송까지의 기간에 해당한다. 이 시기에 승객들에게는 본격적인 기내 서비스를 안내하게 되며, 방송 내용에는 기내식 제공, 엔터테인먼트 시스템 이용 방법, 면세품 판매 안내 등 서비스 전반에 관한 정보가 포함된다.

방송이 이루어진 이후 객실 승무원들은 안내된 내용에 따라 다양한 기내 서비스를 순차적으로 제공하게 되며, 이는 승객들이 항공 여행을 보다 편안하고 즐겁게 느낄 수 있도록 하는 중요한 절차이다.

이와 더불어, 좌석벨트 상시 착용에 대한 권고 방송도 수시로 이루어지며, 특히 난기류가 예고되거나 발생하는 경우에는 화장실 이용을 자제하도록 요청하거나, 승객들에게 즉시 좌석에 착석한 뒤 좌석벨트를 다시 착용해줄 것을 안내하는 방송이 진행된다. 이러한 내용은 승객의 안전과 기내 질서 유지를 위한 것으로, 침착하고 명확한 어조로 전달하는 것이 중요하다.

일반적으로 이륙 후 기내 방송에는 다음과 같은 항목들이 포함된다.

- 좌석벨트 표시등 소등 안내(Seatbelt Sign Off)
- 기내식 서비스 안내(Meal Service)
- 기내 판매 안내(In–flight Sales)
- 기류 불안정 안내(Turbulence Caution)

1) 좌석벨트 표시등 소등 안내(Seatbelt Sign Off)

항공기가 이륙을 완료하고 적정 고도에 도달하여 순항할 수 있는 상태가 되면, 기장은 객실 내 'Fasten Seatbelt(좌석벨트 착용)' 표시등 소등과 함께 Chime(알림음)을 작동시켜 승객과 승무원의 객실 내 이동이 가능하다는 신호를 준다. 이때, 담당 승무원은 즉시 'Seatbelt Sign Off(좌석벨트 표시등 소등)' 방송을 실시한다.

이 방송은 이륙 이후의 첫 방송 중 하나로, 대부분의 승객은 이 시점을 항공 여행의 본격적인 시작으로 인식한다. 따라서 방송 내용에는 기내 안전과 쾌적한 환경 유지를 위한 좌석벨트 상시 착용 권고, 기내 금연 안내, 그리고 전자기기 보관 관련 주의 사항 등이 포함된다.

방송은 기내 분위기와 승객의 집중도를 고려해, 문안의 의미에 맞게 자연스럽게 끊어서 전달되도록 구성되며, 억양과 속도 조절에도 주의를 기울여야 한다. 다만, 순항 고도에 도달했더라도 기상 상태가 좋지 않아 'Fasten Seatbelt' 표시등이 계속 켜진 경우에는 승객의 혼선을 방지하기 위해 추가적인 설명을 한다.

좌석벨트 표시등 소등 안내 방송 구성표(Seatbelt Sign Off)

항목	내용
방송 시점	• 항공기가 순항 고도에 도달한 직후 • 기장이 'Fasten Seatbelt' 표시등 소등 및 Chime(알림음) 작동 후
방송 목적	• 객실 내 이동 가능 시점 안내 • 기내 안전 유지 및 쾌적한 환경 조성 • 전자기기 및 금연 관련 주의 사항 전달
방송 주요 내용	• 좌석벨트 표시등이 꺼졌음을 안내 • 기내 이동 가능하나, 좌석벨트는 착석 중 계속 착용 권장 • 기내 금연 안내 및 화장실 내 흡연 경고 • 전자기기 사용 및 보관 관련 주의 사항 • 기상 악화 등으로 표시등이 유지될 경우 그 사유 설명
방송 시 주의 사항	• 억양과 속도 조절로 자연스럽고 안정감 있게 전달 • 문장을 의미 단위로 끊어 명확하게 전달 • 기상 상황에 따라 표시등이 꺼지지 않을 경우 혼선 방지 설명 포함
방송 담당자	• 일반적으로 최상위 자격을 소지한 방송 담당 객실 승무원 • PRAM(자동 방송 시스템) 활용 가능

좌석벨트 표시등 소등 안내 방송문 대한항공

손님 여러분,
방금 좌석벨트 표시등이 꺼졌습니다.
그러나 비행기가 갑자기 흔들리는 경우에 대비하여 자리에서는 항상 좌석벨트를 매시기 바랍니다.
또한 전자담배를 포함한 기내에서의 흡연은 항공보안법에 따라 엄격히 금지돼 있음을 알려드립니다.
감사합니다.

Ladies and gentlemen,
the captain has turned off the seatbelt sign.
But we recommend that you keep your seatbelt fastened at all times.
You are also reminded that smoking and the use of electronic cigarettes are against the law.
Thank you.

Wirestock/iStock/Getty Images Plus

좌석벨트 표시등 소등 안내 방송문 티웨이항공

티-웨이 가족 여러분,

Seatbelt Sign Off

좌석벨트 표시등이 꺼졌습니다.
기류변화에 대비해 자리에서는 항상 좌석벨트를 매 주시기 바랍니다.
선반을 여실 때는 물건이 떨어지지 않도록 주의해 주십시오.

Seatbelt Sign On

오늘은 기상 상태가 좋지 않아, 기체가 흔들릴 것으로 예상됩니다.
기류변화에 대비해 자리에서는 항상 좌석벨트를 매 주시기 바랍니다.

또한 소지하신 보조배터리를 포함한 전자기기에서 열이 나거나 부풀어 오를 경우, 혹은 좌석 사이에 끼었을 때는 안전 조치를 위해 승무원에게 즉시 말씀해 주십시오.

B738 MAX A330

지금부터 USB 포트 사용이 가능합니다.

창문 차폐 군사 공항

(또한 지금부터) 창문 덮개 사용이 가능합니다.

Dear t'wayers,

Seatbelt Sign Off

The seatbelt sign is off. We recommend you keep your seatbelt fastened while seated. When opening the overhead bins, be careful as the contents may fall out.

Seatbelt Sign On

Due to weather conditions, we expect some turbulence. We recommend you keep your seatbelt fastened while seated.

Also, if your electronic device swells, overheats or falls into your seat, do not move your seat and please call our cabin crew immediately.

B738 MAX A330

From now on, you may use the in-seat power system for charging your electronic devices.

창문 차폐 군사 공항

You may use window shade now. Thank you for your cooperation.

2) 기내식 서비스 안내(Meal Service)

항공편에서의 기내식 서비스 안내 방송은 보통 'Fasten Seatbelt(좌석벨트 착용)' 표시등이 꺼진 이후, 첫 번째 식사 서비스 준비가 끝난 시점에서 실시된다. 이 방송의 목적은 일반석 승객들이 식사를 선택하는 데 도움이 되도록 구체적인 메뉴 정보를 제공하고, 식사 시간 중 지켜야 할 기본적인 항공 여행 에티켓을 함께 안내하는 데 있다.

방송을 맡은 승무원은 사전에 해당 항공편에서 제공되는 기내식의 종류와 구체적인 메뉴 구성을 정확히 숙지해야 한다. 더불어 승객에게 기내식과 함께 하는 여행이 맛있고 즐겁게 느껴질 수 있도록, 방송 시 억양과 표현에 유의하여 친절하고 생동감 있게 전달하는 것이 중요하다.

기내식 서비스 안내 방송 구성표(Meal Service)

항목	내용
방송 시점	• '좌석벨트 착용' 표시등 소등 이후 해당 안내 방송 완료 후 • 첫 번째 식사 서비스 준비가 완료된 시점
방송 목적	• 승객에게 기내식 제공 시작을 알림 • 메뉴 구성 및 선택 사항 안내 • 식사 중 지켜야 할 기본 에티켓 전달
방송 주요 내용	• 식사 제공 시작 안내 및 서비스 방향(앞 → 뒤 등) • 메뉴 구성 소개(예: 한식/서양식, 채식 옵션 등) • 알레르기 유발 성분 또는 특별식 관련 안내 • 식사 중 좌석 등받이 조절, 테이블 사용 등 에티켓 안내
방송 시 주의 사항	• 메뉴 구성과 항공편별 차이를 정확히 숙지 • 친절하고 생동감 있는 어조 사용 • 억양과 표현에 유의하여 식사 분위기 유도 • 승객의 기대감을 높일 수 있는 긍정적 표현 활용
방송 담당자	• 방송 담당 객실 승무원이 일반석 전체 방송 후 구역별 서비스 진행

기내식 서비스 안내 방송문 대한항공

손님 여러분,

잠시 후 식사 서비스를 시작하겠습니다.

식사 시간 동안 뒷좌석 손님을 위해 좌석 등받이를 원위치해 주십시오.

오늘의 (첫 번째/두 번째) 식사로는

1st Meal(브리핑시트상 해당 노선 메뉴 확인 필요)

1. (한식) 낙지볶음과 밥
2. (양식) 감자를 곁들인 소고기 올리브 스튜
3. (중식) 매운맛 가지볶음과 밥

2nd Meal(브리핑시트상 해당 노선 메뉴 확인 필요)

1. (한식) 돼지김치찜
2. (아시안) 두부 팟타이

이(가) 있습니다.

일부 식사의 경우 미리 소진될 수 있습니다.

이 점 양해해 주시기 바랍니다.

GelatoPlus/iStock/Getty Images Plus

3) 기내 판매 안내(In-flight Sales)

항공편의 기내 서비스 순서는 탑승 노선과 항공기 출발 시간대에 따라 일정한 차이가 있다. 그중 '기내 판매(In-flight Sales)'는 크게 국제선의 면세품 판매와 저비용 항공사의 유료 판매로 나뉜다.

국제선의 경우, 면세품 판매는 보통 식사 서비스가 끝난 뒤 이루어지지만, 항공편 출발 시간이 늦은 오후일 경우 승객의 수면 시간을 고려해 아침 식사 이전에 먼저 실시되기도 한다. 반면, 저비용 항공사는 음료, 스낵, 기념품 등 다양한 상품을 비행 중 유료로 판매하며, 승객의 선택에 따라 자유롭게 구매할 수 있는 구조를 가진다.

기내 판매는 항상 안내 방송을 통해 시작된다. 이 방송에는 구매 방법, 좌석 앞 안내지 소개, 항공사별 서비스 정책(예: 귀국편 상품 예약 주문 제도, 면세품 전시공간 위치 안내 등)이 포함된다. 판매는 반드시 구매를 원하는 승객에 한해 진행되며, 타 승객의 휴식을 방해하지 않도록 배려하는 운영이 중요하다.

특히 늦은 오후 출발 항공편이나 출국편(Out-bound)의 경우, 면세품 구입을 원하는 승객 수가 상대적으로 적고 대부분의 승객이 휴식을 우선시하는 경향이 있다. 이러한 상황에서는 '주문 판매 안내(Order-based Sales Guide)'를 활용하여 판매를 조용히 유도함으로써 승객의 편안함을 유지하면서도 항공사의 수익 기회를 확보할 수 있도록 한다.

Yaroslav Astakhov/iStock/Getty Images Plus

기내 판매 안내 방송 구성표(In-flight Sales)

항목	내용
방송 시점	• 국제선: 일반적으로 식사 서비스 이후 • 출발 시간이 늦은 오후인 경우: 아침 식사 전 실시 가능 • 저비용 항공사: 비행 중 유동적으로 실시
방송 목적	• 면세품 또는 유료 기내 상품 판매 시작 안내 • 구매 방법 및 항공사별 판매 정책 소개 • 승객의 자율적 구매 유도 및 편안한 기내 환경 유지
방송 주요 내용	• 판매 시작 안내 및 구매 방법 설명 • 좌석 앞 안내지 또는 카탈로그 소개 • 항공사별 정책 안내(예: 귀국편 예약 주문, 전시공간 위치 등) • 유료 판매 품목 소개(음료, 스낵, 기념품 등) • 주문 판매 방식 안내(필요시 조용한 판매 유도)
방송 시 주의 사항	• 승객의 수면 및 휴식 시간 고려 • 필요시 조용한 어조로 주문 판매 방식 활용 • 구매 희망 승객에 한해 응대 • 방송 길이와 빈도 조절로 불필요한 소음 방지
방송 담당자	• 일반적으로 방송 담당 객실 승무원 전체 방송 실시 후 구역별 서비스 진행

기내 판매 안내 방송문 대한항공

손님 여러분,
잠시 후 기내 앞쪽부터 면세품 판매를 시작하겠습니다.
구매를 원하시는 분은 판매 카트가 지나갈 때 말씀하시기 바랍니다. 좌석에 비치된 기내 면세품 주문서를 이용하시면 귀국 시 편리하게 면세품을 구매하실 수 있습니다.
또한 환승 시 액체류 물품은 보안상 기내 반입에 제한을 받을 수 있으니 구매를 원하시는 분은 승무원의 안내를 받으시기 바랍니다. 자세한 사항은 기내지 Skyshop을 참고하시기 바랍니다.

A380 기종으로 운항 시

아울러 탑승하신 A380 항공기에서는 '보테가 리파소' 와인과 '앱솔루트 앨릭스 보드카', '조야 매실주'를 판매하고 있으며 이 비행기의 1층 뒤쪽에 마련된 면세품 전시공간에서는 다양한 상품들을 언제든지 직접 보고 안내받으실 수 있습니다. 하늘 위에서 즐겁고 편리한 쇼핑하시기 바랍니다.

기내 판매 안내 방송문 티웨이항공

티-웨이 가족 여러분,

t'shop SVC

음료와 스낵 그리고 기념품 판매를 시작하겠습니다. 자세한 사항은 판매 책자를 확인해 주시기 바랍니다.

Duty-free Sales

면세품 판매를 시작하겠습니다. 자세한 사항은 판매 책자를 확인해 주시기 바랍니다.

(잠시 후 판매 카트가 지나갈 예정이니 부딪히지 않도록 주의해 주십시오.)

t'shop 판매와 면세품 판매 동시 진행

면세품과 스낵 판매를 시작하겠습니다. 다양한 면세품을 보다 할인된 가격으로 판매하고 있으며 스낵과 음료, 티웨이 기념품이 준비되어 있으니 판매 책자를 확인해 주시기 바랍니다.

4) 기류 불안정 안내(Turbulence Caution)

항공기 운항 중 'Turbulence'는 기상 상태의 급변으로 인해 기체가 갑자기 요동치는 현상을 말한다. 이러한 상황이 발생하면 승객의 안전을 위해 기내 방송이 즉각 이루어져야 하며, 이는 통상적인 방송처럼 정해진 순서에 따라 진행되지 않고 기장의 지시에 따라 신속하게 대응해야 한다.

기장은 Chime(알림음)을 울리고 객실 곳곳의 'Fasten Seatbelt(좌석벨트 착용)' 표시등을 점등시켜 난기류 발생 사실을 알린다. 필요시 Chime과 표시등 점등은 최대 2회까지 반복되며, 난기류가 장시간 지속되는 경우에는 일정 간격으로 반복 방송을 실시하여 승객들에게 지속적인 주의를 환기시킨다.

이 방송은 승객의 안전과 직접적으로 관련된 매우 중요한 절차로, 가능한 한 신속하고 정확하게 전달되어야 한다. 일반적으로 기내 방송은 문안을 눈으로 확인하며 낭독하는 것이 원칙이나, 난기류 발생 시에는 예외적으로 한국어와 영어 방송 문안을 완벽히 암기하고 있어야 한다.

이 방송은 객실 사무장으로부터 해당 자격을 인정받은 최상위 방송 자격의 승무원이 담당하며, 차상위 자격의 승무원 또한 상황에 대비해 항시 방송 준비를 갖추고 있어야 한다. 방송 시에는 안전 정보를 다루는 만큼 또렷하고 낮은 톤으로 침착하게 내용을 전달해야 한다.

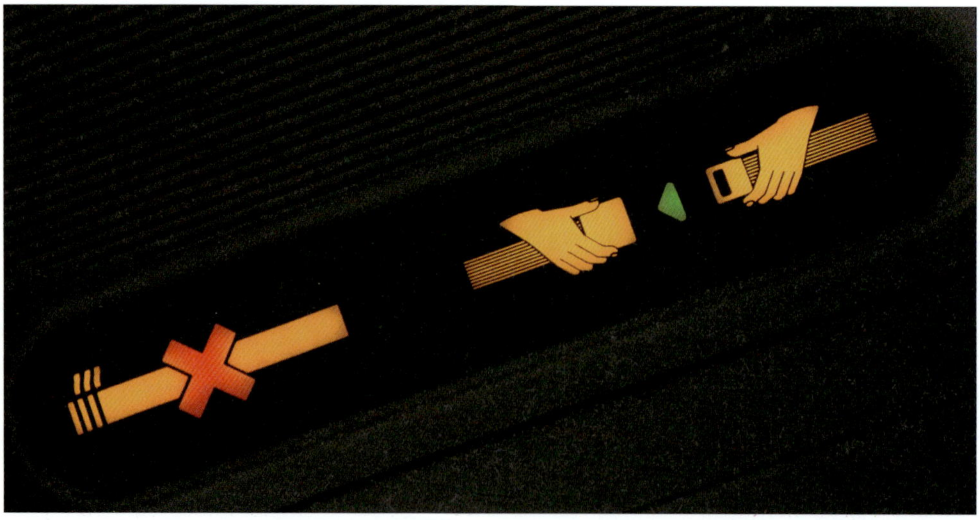

Siegfried Layda/The Image Bank/Getty Images

기류 불안정 안내 방송 구성표(Turbulence Caution)

항목	내용
방송 시점	• 기장이 난기류 발생을 인지하고 Chime(알림음) 작동 및 '좌석벨트 착용' 표시등 점등 후 • 기장의 지시에 따라 즉시 방송 실시 • 장시간 지속 시 일정 간격으로 반복 방송
방송 목적	• 난기류 발생 사실을 신속히 알림 • 승객의 좌석 착석 및 안전벨트 착용 유도 • 기내 이동 자제 요청을 통한 안전 확보
방송 주요 내용	• 현재 기상 상태 및 난기류 발생 안내 • 좌석에 착석하고 안전벨트 착용 요청 • 기내 이동 및 화장실 사용 자제 요청 • 기내 서비스 일시 중단 안내(필요시) • 반복 발생 시 추가 안내
방송 시 주의 사항	• 방송 문안은 한국어/영어로 완벽히 암기 • 또렷하고 침착한 어조, 낮은 톤 유지 • 방송은 신속하고 간결하게 전달 • 반복 방송 시 내용 중복 최소화, 주의 환기 중심 • 기장의 지시에 따라 유연하게 대응
방송 담당자	• 일반적으로 최상위 자격을 소지한 방송 담당 객실 승무원 • 차상위 자격 승무원도 항시 방송 준비 유지 • PRAM(자동 방송 시스템) 활용 가능

기류 불안정 안내 방송문 대한항공

Case 1: 좌석벨트 표시등이 켜졌을 경우

손님 여러분,

좌석벨트를 매 주시기 바랍니다.

Case 2: 좌석벨트 표시등이 켜진 채, 장시간 흔들릴 경우

손님 여러분,

비행기가 계속해서 흔들리고 있습니다.

좌석벨트를 매셨는지 다시 한번 확인해 주시고 화장실 사용은 삼가시기 바랍니다.

그리고 유아를 동반하신 손님께서는 안전하게 유아를 안아 주시기 바랍니다.

Case 3: 좌석벨트 표시등이 켜져 있으나 흔들리지 않는 경우

안내 말씀 드리겠습니다.

지속적인 주의가 필요할 때

우리 비행기는 기류가 불안정한 지역을 지나고 있습니다.

난기류 재진입이 예상될 때

우리 비행기는 잠시 후에 다시 기류변화가 심한 지역을 지나갈 예정입니다.

좌석벨트를 계속 매 주시고 화장실 사용은 삼가시기 바랍니다.

기류 불안정 안내 방송문 티웨이항공

Case 1: Light

손님 여러분,
좌석벨트를 매 주시기 바랍니다.

Dear t'wayers,
please fasten your seatbelt.

Case 2: Moderate & Severe/Continuous

손님 여러분,
비행기가 (계속해서/심하게) 흔들리고 있습니다.
좌석벨트를 매셨는지 확인해 주시기 바랍니다.
기장의 지시에 따라 기내 서비스를 잠시 중단하겠습니다.

Dear t'wayers,
we are experiencing (continuous/severe) turbulence.
Please remain seated with your seatbelt fastened until the seatbelt sign is off.
At our captain's request, we will suspend in-flight service.
Thank you for your understanding.

3. 착륙 전 안내 방송

'착륙 전 안내 방송'은 Enroute Service 단계 후반, 즉 목적지 도착을 준비하기 시작하는 시점에서 실시된다. 일반적으로는 운항 승무원이 먼저 도착지에 대한 정보를 제공하는 방송을 실시하고, 이를 기점으로 객실 승무원의 착륙 전 안내 방송이 이어진다.

이 시점에서 기내에서는 비행 시간 동안 제공되었던 기내식, 음료 서비스, 기내 판매, 엔터테인먼트 등 대부분의 서비스가 마무리되며, 승객들도 각자의 여행을 정리하고 도착 및 하기 준비를 시작하게 된다. 객실 승무원은 도착 공항 관련 정보, 목적지 공항 접근 안내, 안전한 착륙 절차 등에 대해 안내하며, 경우에 따라 환승 연결편에 대한 정보도 함께 제공된다.

착륙 전 방송은 여정을 마무리하는 중요한 절차로, 승객들에게 필요한 정보를 간결하고 명확하게 전달해야 하며, 동시에 부드러운 어조와 친절한 태도로 마무리 인사를 전하는 것이 바람직하다.

일반적으로 착륙 전까지의 기내 방송에는 다음과 같은 항목들이 포함된다.

- 도착지 정보 및 검역 안내(Arrival Documents & Health Declaration)
- 목적지 공항 접근 안내(Descent & Approaching)
- 착륙 직전 안내(Landing Announcement)

1) 도착지 정보 및 검역 안내 (Arrival Documents & Health Declaration)

'Arrival Documents & Health Declaration' 방송은 도착지에서의 입국 심사 절차를 원활하게 안내하기 위해 실시한다. 이 방송은 승객에게 필요한 서류 작성 방법, 세관 규정, 검역 관련 사항 등을 설명하여 입국 절차에 도움이 되도록 구성된다. 도착 국가마다 기재 항목이나 면세 기준이 다르기 때문에, 방송 담당 승무원은 해당 국가의 현지 규정(Station Regulations)과 방송 문안을 사전에 꼼꼼히 확인하고, 그 내용이 정확하게 전달될 수 있도록 주의해야 한다. 방송 내용에는 C.I.Q(Customs, Immigration, Quarantine)와 관련된 주요 정보들이 포함되며, 최근에는 국가별로 항공 여행객에 대한 서류 작성 절차가 간소화되는 추세를 보이고 있다. 다만, 감염병 발생 지역이나 병충해 유입에 민감한 국가의 경우, 관련 방송이 반드시 적절히 실시되어야 한다.

도착지 정보 및 검역 안내 방송 구성표(Arrival Documents & Health Declaration)

항목	내용
방송 시점	• 항공기가 도착지에 접근 중일 때 • 착륙 전, 입국 관련 서류 작성 시간이 충분할 때 실시
방송 목적	• 승객의 입국 심사, 세관, 검역 절차 안내 • 서류 작성 방법 및 제출 요령 설명 • 국가별 입국 규정에 대한 정확한 정보 제공
방송 주요 내용	• 입국신고서, 세관신고서, 검역서류 등 작성 안내 • C.I.Q(Customs, Immigration, Quarantine) 관련 정보 • 면세 기준, 반입 금지 품목 등 세관 규정 • 감염병 발생 지역 또는 검역 민감 국가의 특별 안내 • 최근 간소화된 절차(전자 신고, QR 코드 등) 안내 포함 가능
방송 시 주의 사항	• 도착 국가의 최신 Station Regulations 사전 숙지 • 문안 정확성 및 현지 규정 반영 여부 확인 • 승객의 이해를 돕기 위한 명확하고 간결한 표현 사용 • 감염병 관련 정보는 신중하고 객관적으로 전달
방송 담당자	• 일반적으로 최상위 자격을 소지한 방송 담당 객실 승무원 • PRAM(자동 방송 시스템) 활용 가능

도착지 정보 및 검역 안내 방송문 대한항공

손님 여러분,
이곳에서는 모든 비행기 내에 방역 소독을 하도록 법으로 정하고 있습니다.
지금부터 승무원이 소독을 하겠습니다. 세계보건기구에서 승인한 안전한 약품이니 안심하시기 바랍니다.
감사합니다.

Ladies and gentlemen,
to meet local quarantine regulations, the cabin will be sprayed with a non-toxic mist approved by the World Health Organization to protect against any harmful insects.
Please remain seated while the cabin is sprayed.
Thank you.

megaflopp/iStock/Getty Images Plus

도착지 정보 및 검역 안내 방송문 티웨이항공

티-웨이 가족 여러분,

괌/사이판 입국에 필요한 서류에 관해 안내 말씀 드리겠습니다.

모든 승객께서는 세관신고서를 작성하셔야 하며, 미국 비자나 전자 여행 허가를 받지 않으신 분은, 추가로 비자 면제 신청서를 작성하셔야 합니다.

비자 면제 신청서는 개인당 한 장, 세관신고서는 가족당 한 장씩 작성하시면 됩니다.

모든 서류는 반드시 영어 대문자로 작성하시고, 괌/사이판 주소란에는 체류 호텔명을 적으시기 바랍니다.

참고로 이 비행기의 괌/사이판 도착 날짜는 ____년 ___월 ___일, 편명은 TW____편입니다.

괌/사이판 현지 공항에서는 밤, 육류 등의 식품류를 포함한 농/수/축산물의 반입이 엄격히 금지되어 있으니, 해당 물품을 가지고 계신 분께서는 반드시 신고해 주시기 바랍니다.

아울러, 신원 확인을 위해 모든 손님께서는 여권 내 서명란에 반드시 서명해 주십시오. 서명이 누락되었을 경우, 신원 확인에 문제가 발생할 수 있음을 알려 드립니다.

자세한 사항은 좌석 앞주머니 속의 기내지를 참고해 주시기 바랍니다.

2) 목적지 공항 접근 안내(Descent & Approaching)

객실 승무원과 승객들이 착륙을 위한 준비를 마무리할 즈음, 항공기는 운항 계획에 따라 목적지 공항에 접근하며 하강을 시작하게 된다. 이때 기장은 신호음을 작동시키고, 객실 전반에 설치된 'Fasten Seatbelt(좌석벨트 착용)' 표시등을 점등하여 항공기가 착륙을 위한 'Approaching' 단계에 진입했음을 알린다. 이는 승객에게 목적지 도착이 임박했음을 알리고, 안전한 착륙을 위해 좌석에 착석하여 벨트를 착용할 것을 유도하기 위한 절차이다.

이 시점의 기내 방송은 좌석벨트 착용 안내를 비롯하여, 수하물 보관 요령, 목적지 공항의 주요 출입국 관련 정보의 재공지, 그리고 단거리 구간의 경우 서비스가 종료됨을 알리는 등의 안내 사항을 포함하게 된다.

목적지 공항 접근 안내 방송 구성표(Descent & Approaching)

항목	내용
방송 시점	• 항공기가 목적지 공항에 접근하여 하강을 시작할 때 • 기장이 Chime(알림음) 작동 및 '좌석벨트 착용' 표시등 점등 후
방송 목적	• 착륙 준비 시작을 알림 • 승객의 좌석 착석 및 안전벨트 착용 유도 • 기내 정리 및 서비스 종료 안내
방송 주요 내용	• 좌석에 착석하고 안전벨트 착용 요청 • 기내 수하물은 좌석 아래 또는 선반에 안전하게 보관 • 창문 덮개 열기, 테이블 및 좌석 등받이 원위치 안내 • 목적지 공항의 입국/환승 관련 정보 재공지 • 단거리 노선의 경우 기내 서비스 종료 안내
방송 시 주의 사항	• 침착하고 명확한 어조로 전달 • 반복 안내 없이도 이해될 수 있도록 간결하게 구성 • 승객의 이동 자제 유도 • 목적지 공항 정보는 최신 정보로 사전 확인 필요
방송 담당자	• 일반적으로 최상위 자격을 소지한 방송 담당 객실 승무원

목적지 공항 접근 안내 방송문 대한항공

안내 말씀 드리겠습니다.
곧 공항명에 도착하겠습니다.
좌석 등받이와 (발 받침대,) 테이블을 제자리로 해 주시고, 꺼내 놓은 짐 또는 노트북 등 큰 전자기기는 앞 좌석 아래나 선반 속에 다시 보관해 주시기 바랍니다.

> 단거리
>
> 또한 착륙 준비를 위해 기내 판매를 마치겠습니다. 구매하지 못하신 분께서는 양해해 주시기 바랍니다.

감사합니다.

Dmitry Potashkin/iStock/Getty Images Plus

목적지 공항 접근 안내 방송문 티웨이항공

티-웨이 가족 여러분,

착륙 준비를 시작하겠습니다.

꺼내 놓으신 짐들은 떨어지지 않도록 선반 속과 앞좌석 밑에 보관해 주십시오.

좌석벨트를 매 주시고, 등받이와 팔걸이, (창문 덮개) 그리고 테이블을 제자리로 해 주시기 바랍니다.

모든 휴대용 전자기기를 비행기 모드로 변경해 주십시오.

B738 MAX A330

또한 지금부터 USB 포트 사용이 중단됨을 알려 드립니다.

창문 차폐 군사 공항

공항 당국의 요청에 따라 창문 덮개를 닫아 주시기 바랍니다. 협조해 주셔서 감사합니다.

Dear t'wayers,

we are preparing for landing. In-flight sales are closing now.

(Open the window blinds and) move your seat in the upright position.

Your tray table and armrest should be stowed.

Please make sure your seatbelt is securely fastened.

All your mobile devices should be in flight mode or off.

B738 MAX A330

From now on, you cannot use the in-seat power system for charging your electronic devices.

창문 차폐 군사 공항

Since this airport is also used by the military, please close the window shade.

3) 착륙 직전 안내(Landing Announcement)

기내 착륙 안내 방송 중 가장 마지막에 실시되는 방송은, 기장의 신호와 함께 항공기 동체에서 랜딩기어(Landing Gear)가 전개되는 시점에 이루어진다. 이 방송은 승객들이 안전하게 착륙할 수 있도록 핵심적인 내용을 강조하여 전달하는 것이 특징이다. 주요 안내 사항으로는 승객 좌석의 올바른 위치 정돈, 좌석벨트 착용, 창문 덮개의 개방 여부, 전자기기 사용 금지 등의 착륙 전 객실 안전에 관한 내용이 포함된다. 방송 담당 승무원은 승객의 주의를 효과적으로 끌 수 있도록 적절한 음량과 템포를 유지하며 방송을 진행한다.

착륙 직전 안내 방송 구성표(Landing Announcement)

항목	내용
방송 시점	• 기장이 착륙 준비 신호(Chime) 작동 후 • 항공기 랜딩기어(Landing Gear) 전개 시점 • 착륙 직전, 객실 내 최종 안전 점검 직후
방송 목적	• 승객의 주의를 집중시켜 안전한 착륙 유도 • 좌석 및 객실 정돈 상태 최종 확인 요청 • 전자기기 사용 금지 등 안전 수칙 재강조
방송 주요 내용	• 좌석 등받이, 테이블, 창문 덮개 원위치 안내 • 좌석벨트 착용 상태 유지 요청 • 모든 전자기기 전원 차단 및 보관 안내 • 기내 이동 금지 및 화장실 사용 자제 요청
방송 시 주의 사항	• 명확하고 단호한 어조로 핵심 사항 강조 • 음량과 템포 조절로 승객의 주의 집중 유도 • 반복 표현 없이 간결하고 집중도 높은 문장 구성 • 객실 내 상황에 따라 유연하게 문장 조정 가능
방송 담당자	• 일반적으로 최상위 자격을 소지한 방송 담당 객실 승무원 • PRAM(자동 방송 시스템) 활용 가능

착륙 직전 안내 방송문 대한항공

손님 여러분,
우리 비행기는 곧 착륙하겠습니다.
좌석벨트를 매 주십시오.
고맙습니다.

Ladies and gentlemen,
we will be landing shortly.
Please fasten your seatbelt.
Thank you.

착륙 직전 안내 방송문 티웨이항공

티-웨이 가족 여러분,
곧 착륙하겠습니다.
좌석벨트를 매셨는지 다시 한번 확인해 주시기 바랍니다.
화장실은 비행기가 완전히 멈춘 후 좌석벨트 표시등이 꺼진 뒤 이용하실 수 있습니다.

Dear t'waycrs,
we are landing soon.
Please make sure that you sit upright and fasten your seatbelt securely.
Also, please refrain from using the lavatories.

4. 착륙 후 안내 방송

'착륙 후 안내 방송'은 항공기가 목적지 공항에 안전하게 착륙한 이후부터, 승객이 하기를 위해 공항 터미널까지 이동하는 동안 진행되는 Farewell Ground Service 단계에 해당한다. 이 시기의 방송은 여정의 마무리를 안내하고, 승객의 하기 준비를 원활하게 도와주는 것을 목적으로 한다.

방송의 주요 내용으로는 좌석벨트를 풀지 말고 착석해 있기, 기내 수하물은 도착 후 신호가 있을 때까지 꺼내지 말기, 전자기기 사용 제한 등 승객의 안전을 위한 안내가 포함된다. 경우에 따라 경유지 정보 또는 기내에 놓고 내리지 말아야 할 소지품에 대한 주의 사항도 함께 전달된다.

승객의 항공 여정이 성공적으로 마무리되는 순간인 만큼, 방송은 감사의 인사와 함께 항공사를 이용해 준 승객들에게 진심 어린 환송 인사가 담긴 따뜻한 어조로 실시된다. 객실 승무원은 여정의 마지막 순간까지 친절함과 배려의 자세를 유지하며, 승객의 편안한 하기와 기분 좋은 귀환을 유도하는 태도가 요구된다.

일반적으로 착륙 후 기내 방송에는 다음과 같은 항목들이 포함된다.

- 도착 인사 및 환송 방송(Farewell Announcement)
- 지상 이동 중 주의 사항 안내(Taxiing Instructions)
- 하기 절차 안내(Disembarkation Instructions)

1) 도착 인사 및 환송 방송(Farewell Announcement)

항공기의 착륙이 완료된 후에는 'Farewell 방송'을 실시하게 된다. 이 방송은 탑승객에게 감사의 마음과 환송의 인사를 전하는 마지막 안내로, 밝고 정성스러운 어조로 이루어진다. 방송 내용에는 도착한 공항의 명칭, 안전에 대한 유의 사항, 항공사 이용에 대한 감사 메시지 등이 포함된다. 특히 이 방송은 장시간의 비행 여정을 마무리하는 중요한 순간이므로, 탑승객에게 깊은 감사의 마음이 진심으로 전달될 수 있도록 세심하게 진행되어야 한다. 방송은 항공기가 착륙한 후, 엔진 역추진(Engine Reverse)으로 인한 소음이 잦아든 시점부터 시작하는 것이 적절하다.

도착 인사 및 환송 방송 구성표(Farewell Announcement)

항목	내용
방송 시점	• 항공기 착륙 완료 후 • 엔진 역추진(Engine Reverse) 소음이 잦아든 직후 • 항공기가 게이트에 도착하기 전 또는 도착 직후
방송 목적	• 승객에게 감사 인사 및 환송 메시지 전달 • 도착 공항 정보 및 안전 유의 사항 안내 • 항공사 브랜드 이미지 강화 및 긍정적 마무리
방송 주요 내용	• 도착 공항 명칭 및 현지 시간 안내 • 좌석에서 대기 요청 및 수하물 정리 주의 • 기내 안전벨트 착용 유지 안내 • 항공사 이용에 대한 감사 인사 • 환승 승객 또는 도착지 정보 간단 안내(필요시)
방송 시 주의 사항	• 밝고 정중한 어조 유지 • 진심 어린 감사의 표현 사용 • 방송 시점은 소음이 줄어든 후 실시 • 승객의 여정을 배려하는 따뜻한 마무리 문장 구성
방송 담당자	• 일반적으로 최상위 자격의 방송 담당 객실 승무원 • PRAM(자동 방송 시스템) 활용 가능

도착 인사 및 환송 방송문 대한항공

함께 해 주신 손님 여러분, 고맙습니다.

우리 비행기는 ____(국제)공항에 도착했습니다.

비행기가 완전히 멈추고 좌석벨트 표시등이 꺼질 때까지 자리에 앉아서 기다려 주십시오.

선반을 여실 때는 안에 있는 물건이 떨어질 수 있으니 주의하시기 바랍니다.

오늘도 스카이팀 회원사인 대한항공을 이용해 주셔서 대단히 고맙습니다.

저희 승무원들은 앞으로도 여러분께서 안전하고 편안하게 여행하시도록 정성을 다하겠습니다.

고맙습니다.

rebius/iStock/Getty Images Plus

도착 인사 및 환송 방송문 티웨이항공

티-웨이 가족 여러분,
우리 비행기는 지역명+공항명에 도착했습니다.
안전을 위해 좌석벨트 착용 표시등이 꺼질 때까지 좌석에서 잠시만 기다려 주시기 바랍니다.

STA+15mins 이상 Delay 시 당사 귀책 사유인 경우

도착이 예정 시간보다 늦어 (대단히) 죄송합니다.

STA+15mins 이상 Delay 시 당사 귀책 사유가 아닌 경우

____(으)로 인해 도착이 예정 시간보다 늦어진 점을 양해해 주시기 바랍니다.

◈ 도착 지연 사유: 1. 항공기 연결편 지연 2. 미탑승 승객 3. 탑승 지연 4. 항공기 정비 5. 안 좋은 기상 6. 짙은 안개 7. [활주로/비행기]의 제설 작업

(지금 이곳 시간은 [오전/오후] ____시 ____분입니다.)
비행기가 완전히 멈춘 후, 좌석벨트 표시등이 꺼질 때까지 자리에 앉아 계시기 바랍니다.
선반을 여실 때는 물건이 떨어지지 않도록 주의해 주시고, 잊으신 짐들이 없는지 다시 한번 살펴주십시오.
더 멋진 변화의 시작, 티웨이항공과 함께 해 주셔서 감사합니다.
앞으로도 더욱 정성껏 모시겠습니다.

2) 지상 이동 중 주의 사항 안내(Taxiing Instructions)

항공기가 착륙한 후, 승객이 하기하게 될 공항 청사 또는 주기장으로 항공기가 이동하게 된다. 대부분의 경우 항공기는 공항의 에이프런을 따라 천천히 주행하지만, 공항 상황이나 관제 지시에 따라 일시적으로 정차하여 대기하는 경우도 있다. 이러한 Taxiing(지상 이동) 중에는 사무장의 판단에 따라 안내 방송이 진행되며, 승객에게 좌석에 착석해 있을 것을 요청하거나, 대기로 인한 도착 및 이륙 지연 사항을 알리는 내용이 포함된다.

지상 이동 중 주의 사항 안내 방송 구성표(Taxiing Instructions)

항목	내용
방송 시점	• 항공기 착륙 직후, 활주로를 벗어나 공항 청사 또는 주기장으로 이동 중 • 관제 지시로 인한 일시 정차 또는 지연 발생 시
방송 목적	• 승객의 좌석 착석 및 안전벨트 착용 유지 요청 • 지상 이동 중 안전 확보 및 질서 유지 • 도착 지연 또는 대기 상황 안내
방송 주요 내용	• 항공기가 아직 완전히 정지하지 않았음을 안내 • 좌석에서 일어나지 말고 안전벨트를 착용한 채 대기 요청 • 수하물 보관 상태 유지 안내 • 관제 지시로 인한 일시 정차 또는 도착 지연 안내 • 승객의 양해 요청 및 안전 확보 강조
방송 시 주의 사항	• 침착하고 안정적인 어조 유지 • 상황에 따라 방송 여부 및 내용은 사무장이 판단 • 지연 상황 시 승객의 불안감 완화에 초점 • 반복 방송은 최소화하되, 필요시 간결하게 재안내
방송 담당자	• 객실 사무장

지상 이동 중 주의 사항 안내 방송문 대한항공

손님 여러분,

이곳 ____ 국제공항의 활주로와 주기장 사이의 거리가 멀어

도착 시

터미널까지 도착하는 시간이 조금 늦어지고 있습니다.
좌석벨트 표시등이 꺼질 때까지 자리에 앉아 기다려 주시기 바랍니다.

출발 시

지상 이동 시간이 조금 길어지고 있습니다.
약 ____분 후에 이륙할 예정이니 양해해 주시기 바랍니다.

aapsky/iStock/Getty Images Plus

지상 이동 중 주의 사항 안내 방송문 티웨이항공

티-웨이 가족 여러분,

지상 이동 중

비행기가 갑자기 멈출 경우 위험할 수 있으니,

지상 대기 중

이 비행기는 현 위치에서 잠시 대기 중입니다.

상단의 좌석벨트 표시등이 꺼질 때까지 자리에 앉아 계시기 바랍니다.

어린이 승객이 많은 경우

특히, 보호자께서는 어린이가 자리에서 일어나지 않도록 안전하게 보호해 주시기 바랍니다.

환승 노선

아울러, 이곳에서 환승하시는 분께서는 반드시 탑승권을 소지하셔야 합니다.

지금부터 휴대용 전자기기의 사용이 가능합니다.

3) 하기 절차 안내(Disembarkation Instructions)

항공기가 승객이 하차하게 될 공항 청사 또는 주기장에 도착하여 완전히 정지하면, 객실 승무원은 기장의 지시에 따라 출입문을 개방하게 된다. 출입문 개방에 앞서 안전 점검(Safety Check)을 완료하고, 승객이 안전하게 하기할 수 있도록 지원한다. 승객 하기는 공항 청사와 연결된 브리지를 이용하는 경우와, 스텝카(Step Car)를 이용한 후 도보로 청사로 이동하는 경우로 나뉜다. 하기 안내 방송은 사무장의 판단에 따라 진행되며, 필요시 승객에게 좌석에 계속 착석할 것을 요청하거나, 현장의 대기 상황 및 도착 · 이륙 지연에 대한 정보가 포함되기도 한다.

하기 절차 안내 방송 구성표(Disembarkation Instructions)

항목	내용
방송 시점	• 항공기가 공항 청사 또는 주기장에 완전히 정지한 후 • 기장의 지시에 따라 출입문 개방 직전 또는 직후
방송 목적	• 승객의 안전한 하기 유도 • 하기 방식(브리지/스텝카) 안내 • 대기 상황 및 지연 정보 전달
방송 주요 내용	• 항공기가 완전히 정지했음을 안내 • 하기 방식 안내(브리지 연결 또는 스텝카 이용) • 대기 또는 지연 상황 발생 시 양해 요청 및 안내
방송 시 주의 사항	• 현장 상황에 따라 방송 시점과 내용을 유동적으로 조정 • 승객의 조급함을 고려해 침착하고 명확한 어조 유지 • 하기 방식에 따라 안전 유도 문구 조정 • 기내 혼잡 방지를 위한 질서 유도 표현 포함
방송 담당자	• 객실 사무장

하기 절차 안내 방송문 대한항공

손님 여러분,
잠시 후부터 내려 주시기 바랍니다.
내리실 때는 잊으신 물건이 없는지 다시 한번 확인해 주십시오.

Step Car 이용 – 평상시

또한 계단을 내려가실 때는 손잡이를 잡고 천천히 이동하시기 바랍니다.

Step Car 이용 – 눈, 비로 인한 주의 필요시

또한 (눈이 많이 내려/비가 많이 내려/갑작스러운 추위로) 계단과 바닥 상태가 좋지 않을 수도 있으니, 계단을 내려가실 때는 손잡이를 잡고 천천히 이동하시기 바랍니다.

Bridge 연결 시 – 평상시

또한 내리실 때는 비행기와 연결 통로의 높이가 다소 차이가 있을 수 있으니 조심해 주시기 바랍니다.

Bridge 연결 시 – 눈, 비로 인한 주의 필요시

또한 내리실 때는 비행기와 연결 통로의 높이가 다소 차이가 있을 수 있으니 조심해 주시기 바라며, (눈이 많이 내려/비가 많이 내려) 바닥 상태가 좋지 않을 수도 있으니, 내리실 때는 천천히 이동하시기 바랍니다.

감사합니다. 안녕히 가십시오.

하기 절차 안내 방송문 티웨이항공

티-웨이 가족 여러분,
지금부터 하기하겠습니다.
잊으신 짐들이 없는지 다시 한번 확인해 주십시오.
(터미널까지 버스로 모시겠습니다.)

Step Car가 연결된 경우
계단을 이용하실 때 주의하시기 바랍니다.

Dear t'wayers,
you may now deplane.
Please remember to take all your belongings before you deplane.

Step Car가 연결된 경우
Watch your steps when walking down the stairs.

Thank you and goodbye.

PART

03

진심을 전달하는 기내 방송 스킬 코칭

한국어와 영어,
상황별 방송문 실전 트레이닝

CHAPTER

06

한국어 방송

아나운서처럼 정확하고 따뜻하게

1. 한국어 방송 기법

1) 또렷한 발음을 위한 정확한 딕션

(1) 받침 · 이중모음 · 'ㅎ' 발음의 정확성

한국어 방송에서 주의해야 할 발음 요소로는 받침, 이중모음, 'ㅎ' 발음을 들 수 있다. 먼저 받침은 단어의 의미를 결정짓는 중요한 요소로, 예를 들어 '값'과 '감'처럼 받침 하나로 의미가 완전히 달라지기 때문에 끝소리를 또렷하게 발음해 혼동을 줄여야 한다.

이중모음은 단모음과 달리 두 개의 조음 동작으로 이루어져 있어, [ㅘ], [ㅝ]와 같은 소리는 첫 모음인 [ㅗ], [ㅜ]의 입 모양부터 정확하게 시작해서 발음해야 한다.

또한 성문음 'ㅎ'을 'ㅇ'으로 잘못 발음하는 경우가 많으므로, 'ㅎ'의 고유한 음가를 분명히 내는 습관을 들이는 것이 중요하다.

정확한 발음은 발성 훈련과 입 모양 교정을 통해 향상될 수 있으며, 방송 담당자는 말끝을 흐리지 않고 또렷하게 끊어 발음하는 습관을 가져야 한다. 이러한 발음 습관은 방송의 명료도를 높이는 데 기여할 뿐 아니라, 청자에게 신뢰감을 주는 데도 큰 역할을 한다.

정확한 발음은 단순한 기술을 넘어 방송 담당자의 친절함과 전문성을 동시에 드러내는 핵심 역량이다. 따라서 일상적인 연습과 꾸준한 자기 점검을 통해 발음의 정확도를 높이는 노력이 필요하다.

(2) 장단음의 구분

한국어에서 장단음은 모음의 길이 차이를 통해 단어의 의미를 구별하는 기능을 하며, 주로 단어의 첫음절에서 실현된다. 예를 들어, '눈:(snow)'과 '눈(eye)', '말:(horse)'과 '말(speech)'처럼 장단음의 차이로 전혀 다른 의미가 전달될 수 있다.

정확한 장단음 구사는 발화의 명료도를 높여 정보 전달을 효과적으로 하며, 특히 방송 언어에서는 청자의 이해를 돕고 신뢰감을 주는 중요한 요소로 작용한다. 이를 위해 반복 낭독과 듣기 훈련을 통해 장단음을 익히고, 표준어 규정에 맞춰 발화 속도를 조절하며 자연스럽게 표현하는 연습이 필요하다.

(3) 유성음 · 무성음 구별

한국어에서는 'ㄱ', 'ㄷ', 'ㅂ'과 같은 자음이 유성음과 무성음으로 발음되며, 예를 들어 '발(foot)'과 '발(bal, to announce)'처럼 소리의 강도와 조음 방식에 따라 의미가 달라지므로 정확한 구별이 필요하다.

무성음은 소리가 또렷하게 들려 공식적인 방송에서 자주 사용되며, '달(moon)'과 '탈(mask)'처럼 단어의 첫소리에서 명확한 발음이 정보 전달에 큰 영향을 준다.

유성음은 부드러운 인상을 주고 무성음은 명확함을 주기 때문에, 방송 담당자는 상황에 따라 이를 조절하고 표준 발음에 따라 발화하는 훈련이 요구된다.

(4) 외래어 및 숫자 발음

외래어나 숫자는 방송에서 자주 사용되며 발음 오류가 발생하기 쉬운 요소로, '게이트 B7'이나 '도쿄'처럼 원어의 특징을 살리되 한국어 표현에 맞게 조율하는 발화가 필요하다.

숫자는 좌석 번호나 출발 · 도착 시간 등 핵심 정보를 담고 있어 '십'과 '식', '오'와 '호'처럼 혼동하기 쉬운 음절은 천천히 또박또박 발음해야 한다.

외래어는 억양과 강세가 관용 표현과 다를 수 있으므로 자연스러운 발화를 위해 반복 연습이 중요하며, 녹음 실습과 모니터링을 통해 안정된 발음을 숙달할 수 있다.

2) 자연스럽고 안정된 억양 운용

(1) 평조 억양(중립적 억양)

평조 억양은 감정을 과도하게 싣지 않고 정보를 안정적으로 전달할 수 있는 방식으로, 기내 방송과 같은 공적인 상황에 적합하다. 예를 들어 "이 비행기는 곧 김포국제공항에 도착합니다."와 같은 문장은 억양의 기복 없이 고르게 말함으로써 객관적이고 신뢰감 있는 분위기를 형성한다.

방송 담당자의 과도한 감정 표현은 공적인 방송에 부적절할 수 있으므로 절제된 억양을 유지해야 하며, 평소 일정한 음높이를 유지하는 훈련이 필요하다.

ChayTee/iStock/Getty Images Plus

평조 억양은 듣는 승객에게 안정감을 주고, 긴장이나 불안감을 줄여 정보에 집중하도록 돕는 중요한 발화 기술이다.

(2) 하향 억양(진술형 마무리)

하향 억양은 문장의 끝을 낮추어 확정된 내용을 전달할 때 사용되며, 기내 방송에서 신뢰성과 명료성을 높이는 데 효과적이다. 예를 들어 "기내식을 곧 제공해 드리겠습니다."와 같은 문장은 하향 억양을 통해 안내의 종결을 분명히 하고, 듣는 이로 하여금 내용을 혼동 없이 받아들이게 한다.

이 억양은 안전 지시나 환영 인사 등 공식적인 메시지에 자주 사용되며, 말의 끝을 내리는 것만으로도 발화자의 침착함과 전문성을 드러낼 수 있다. 자연스러운 하향 억양을 위해서는 호흡 조절과 발화 속도 제어가 중요하며, 이를 통해 차분하고 신뢰감 있는 방송을 구현할 수 있다.

(3) 상향 억양(질문 및 공손 표현)

상향 억양은 질문하거나 친절하게 제안할 때 사용되며, 부드럽고 공손한 인상을 주어 승객과의 긍정적인 상호작용을 유도한다. 예를 들어 "음료를 드시겠습니까?"와 같은 표현은 문장의 끝을 올려 말함으로써 선택을 유도하고, 친절한 서비스 태도를 전달한다.

기내 서비스 안내나 요청 표현에서 상향 억양은 말을 부드럽게 마무리하고 응답을 기대하는 분위기를 조성하는 데 효과적이다. 지나치게 평평한 억양은 무성의하게 들릴 수 있으므로, 연습을 통해 문장의 끝에서 자연스럽게 음을 높이는 습관을 기르는 것이 중요하다.

(4) 친절하고 따뜻한 억양 형성

기계적인 억양은 방송을 무미건조하게 만들어 승객에게 거리감을 줄 수 있으므로, 부드럽고 생동감 있는 억양을 통해 친절한 말투를 형성하는 것이 중요하다. 예를 들어 "오늘 저희와 함께해 주셔서 감사합니다."라는 문장은 따뜻한 억양으로 마무리함으로써 승객에게 감사의 진심을 전달할 수 있다.

말의 톤과 호흡이 조화를 이루면 안정감과 친밀감을 주는 효과가 있으며, 방송 담당자는 표정 없는 목소리 대신 음성으로 미소를 표현하는 자세를 갖춰야 한다. 억양은 전문성과 인간적인 감성 사이의 균형을 형성하며, 친절한 억양은 항공사의 품격과 승객 만족도를 높이는 데 중요한 역할을 한다.

3) 전달력 있는 목소리 표현과 호흡 조절

(1) 강세 표현의 중요성

한국어 방송에서 특정 단어에 힘을 실어 말하는 강세는 의미 전달의 핵심 요소로 작용한다. 강세는 음의 높낮이보다는 말의 '힘'과 '길이'를 조절하여 중요한 정보를 부각시키는 방식이다. 예를 들어 "승객 여러분의 안전을 위해 안내 말씀 드립니다."에서 '여러분'에 강세를 주면 청자의 집중도를 높일 수 있다.

강세는 문맥과 단어의 위치에 따라 자연스럽게 조절되어야 하며, 메시지의 중심을 명확히 인식하도록 돕는 역할을 한다. 과도한 강세는 오히려 부담을 줄 수 있으므로 억양과 호흡을 함께 고려한 적절한 강약 조절이 필요하며, 의미 있는 낱말을 선별해 자연스럽게 표현하는 연습이 중요하다.

(2) 끊어 읽기(Phrasing)의 기술

끊어 읽기는 문장 내 정보 단위를 나누어 말함으로써 전달력을 높이는 중요한 기법이다. 예를 들어 "이 항공편은/ 오전 10시에/ 출발할 예정입니다."처럼 의미 단위마다 잠시 멈춰 주는 방식은 청자의 이해를 돕고, 과도한 연음으로 인한 의미 왜곡을 방지한다.

방송 담당자는 일정한 속도를 유지하면서도 쉼표나 논리 구조에 따라 문장을 나누어 읽어야 하며, 단어 사이를 촘촘히 연결하면 오히려 집중도가 떨어질 수 있다. 적절한 끊어 읽기는 메시지의 구조를 명확히 드러내고, 특히 내용이 많은 안내일수록 효과적인 정보 전달을 위해 반복적인 연습이 필요하다.

(3) 속도 조절의 중요성

속도 조절은 듣는 사람의 이해도를 좌우하는 음성 전달의 기본 요소로, 방송 담당자가 반드시 고려해야 할 핵심 기술이다. 너무 빠른 말투는 정보를 놓치게 만들고, 지나치게 느린 속도는 지루함을 유발할 수 있으므로, 예를 들어 승객 안내문은 평소보다 약간 느린 속도로, 안전 안내는 또렷한 리듬으로 말하는 것이 효과적이다.

속도 조절은 강세, 끊어 읽기와 함께 발화의 리듬을 형성하며, 메시지의 성격과 상황에 따라 유연하게 조절되어야 한다. 청중의 반응을 고려한 속도 조절은 서비스 만족도를 높이는 요소가 되며, 정해진 문장을 다양한 속도로 반복해 보며 최적의 속도를 찾는 훈련이 필요하다.

2. 한국어 정규 방송(Routine Announcement)

2-1 이륙 전 안내 방송(Pre-departure Announcements)

이륙 전 안내 방송
Pre-departure Announcements

- 항공기 출발 준비 안내(Preparation for Departure)
- 승객 탑승 환영(Welcome Onboard)
- 안전 시연 안내(Safety Demonstration)
- 이륙 직전 안내(Take-off Announcement)

이륙 후 안내 방송
In-flight Announcements

- 좌석벨트 표시등 소등 안내(Seatbelt Sign Off)
- 기내 판매 안내(In-flight Sales)

착륙 전 안내 방송
Pre-landing Announcements

- 도착지 정보 및 검역 안내
  (Arrival Documents & Health Declaration)
- 목적지 공항 접근 안내(Descent & Approaching)
- 착륙 직전 안내(Landing Announcement)

착륙 후 안내 방송
Post-landing Announcements

- 도착 인사 및 환송 방송(Farewell Announcement)
- 하기 절차 안내(Disembarkation Instructions)

1) 항공기 출발 준비 안내(Preparation for Departure)

1단계 방송의 설계도를 그려라! (내용을 읽고, 방송 구조 이해하기)

- 아래 방송문 내용을 눈으로 읽은 다음, 해석해 보세요.
- 방송 시점 · 내용 · 특징을 파악하고, 어떤 느낌으로 전달하면 좋을지 상상해 봅니다.

한국항공 가족 여러분,
이 비행기는 시애틀 터코마 국제 공항을 경유하여 로스앤젤레스 국제 공항까지 가는 한국항공 041편입니다.

탑승이 10분 이상 지연된 경우

항공기 연결편 지연으로 인해 탑승이 예정 시간보다 늦어진 점을 양해해 주시기 바랍니다.

◈ 탑승 지연 사유: 1. 항공기 연결편 지연 2. 기내 준비 3. 기타(상황에 맞게 사무장이 작성)

휴대하신 짐은 앞 좌석 밑이나 선반 속에 보관해 주시고, 선반을 여실 때는 물건이 떨어지지 않도록 주의해 주십시오. 또한 액체류는 내용물이 흐를 수 있으니, 좌석 밑에 보관해 주시기 바랍니다.

승객 좌석 이동이 많을 것으로 예상되는 경우(만석이 아닌 경우 등)

아울러, 여러분의 좌석은 항공기의 무게중심을 고려하여 배정된 것이오니, 안전한 이륙을 위해 좌석 간 이동은 삼가 주시기 바랍니다.

기내 수하물 과다 반입 시(사무장 판단하에 수시로 실시)

현재 기내로 반입되는 수하물의 양이 많습니다. 안전한 짐 보관과 신속한 출발을 위해 깨지기 쉬운 물건을 포함한 작은 짐은 앞 좌석 밑에 보관해 주시기 바랍니다.

감사합니다.

방송문

2단계 소리의 흐름에 집중하라! (전문가 음성 청취 & 발음 분석)

- 모델 보이스를 들으며 방송 전문가의 낭독을 들어 보세요.
- 아래는 발음에 유의해야 하는 부분입니다. 여기에 집중해서 들어 봅니다.

비행기 / 시애틀 터코마 / 한국항공 041편 / 양해해 주시기

발음

3단계 나의 목소리를 찾자! (소리 내어 낭독하며 익히기)

- 이제, 소리 내어 읽어 보세요.
- 2단계에서 들었던 방송 전문가의 발음을 떠올리며 최대한 비슷하게 소리 내어 읽어 봅니다.

방송문

장음

항:공기 / 예:정 / 준:비 / 좌:석 / 속:에 / 보:관 / 주:의 / 내:용물 / 배:정 / 이:륙 / 현:재 / 많:습니다 / 신:속 / 쉬:운 / 작:은 / 감:사

ㅎ 발음

비행기 / 공항 / 인해 / 양해 / –해 주시기 / 항공기 / 휴대 / 흐를 수 있으니 / 안전한 / 위해 / 현재 / 수하물 / 포함한 / 감사합니다

이중모음

여러분 / 편 / 연결편 / 지연 / 예정 / 양해 / 휴대 / 좌석 / 보관 / 여실 / 주의 / 액체류 / 내용물 / 고려 / 배정된 / 이륙 / 위해 / 되는 / 수하물의 양 / 쉬운

4단계 에코처럼 따라 말하라! (섀도잉으로 자연스럽게 익히기)

방송문

- 모델 보이스를 그림자처럼 바로 따라 해 보세요.
- 끊어 읽기와 강세, 억양에 집중해서 방송을 따라 해 봅니다.

한국항공 가족 여러분,

이 비행기는 시애틀 터코마 국제 공항을 경유하여/ 로스앤젤레스 국제 공항까지 가는/ 한국항공 041편입니다.

탑승이 10분 이상 지연된 경우

항공기 연결편 지연으로 인해/ 탑승이 예정 시간보다 늦어진 점을/ 양해해 주시기 바랍니다.

◈ 탑승 지연 사유: 1. 항공기 연결편 지연 2. 기내 준비 3. 기타(상황에 맞게 사무장이 작성)

휴대하신 짐은 앞 좌석 밑이나 선반 속에 보관해 주시고, 선반을 여실 때는 물건이 떨어지지 않도록/ 주의해 주십시오. 또한 액체류는 내용물이 흐를 수 있으니, 좌석 밑에 보관해 주시기 바랍니다.

승객 좌석 이동이 많을 것으로 예상되는 경우(만석이 아닌 경우 등)

아울러, 여러분의 좌석은/ 항공기의 무게중심을 고려하여 배정된 것이오니, 안전한 이륙을 위해/ 좌석 간 이동은 삼가 주시기 바랍니다.

기내 수하물 과다 반입 시(사무장 판단하에 수시로 실시)

현재 기내로 반입되는 수하물의 양이 많습니다. 안전한 짐 보관과 신속한 출발을 위해/ 깨지기 쉬운 물건을 포함한 작은 짐은/ 앞 좌석 밑에 보관해 주시기 바랍니다.

감사합니다.

⦿ 쉼표(,)와 슬래시(/) : 반템포 쉼 주기　　마침표(.) : 한 호흡 길이로 숨 쉬기( )
: 두 배 길이로 호흡하며 클로징 준비하기　　글자 위의 붉은 점(˙) : 강세

방송문

5단계 전문적인 올바른 방송을 만들어 보자! (자연스럽게 구사하며 실전 연습하기)

- 먼저, 방송 전문가의 발음과 억양을 따라 방송해 보세요.
- 세 번 반복해 봅니다. ☑☐☐
- 그다음, 자신의 방송을 녹음해 봅시다.

한국항공 가족 여러분,
이 비행기는 시애틀 터코마 국제 공항을 경유하여/ 로스앤젤레스 국제 공항까지 가는/ 한국항공 041편입니다.

탑승이 10분 이상 지연된 경우

항공기 연결편 지연으로 인해/ 탑승이 예정 시간보다 늦어진 점을/ 양해해 주시기 바랍니다.

◈ 탑승 지연 사유: 1. 항공기 연결편 지연 2. 기내 준비 3. 기타(상황에 맞게 사무장이 작성)

휴대하신 짐은 앞 좌석 밑이나 선반 속에 보관해 주시고, 선반을 여실 때는 물건이 떨어지지 않도록/ 주의해 주십시오. 또한 액체류는 내용물이 흐를 수 있으니, 좌석 밑에 보관해 주시기 바랍니다.

승객 좌석 이동이 많을 것으로 예상되는 경우(만석이 아닌 경우 등)

아울러, 여러분의 좌석은/ 항공기의 무게중심을 고려하여 배정된 것이오니, 안전한 이륙을 위해/ 좌석 간 이동은 삼가 주시기 바랍니다.

기내 수하물 과다 반입 시(사무장 판단하에 수시로 실시)

현재 기내로 반입되는 수하물의 양이 많습니다. 안전한 짐 보관과 신속한 출발을 위해/ 깨지기 쉬운 물건을 포함한 작은 짐은/ 앞 좌석 밑에 보관해 주시기 바랍니다.

감사합니다.

⊙ 쉼표(,)와 슬래시(/) : 반템포 쉼 주기　마침표(.) : 한 호흡 길이로 숨 쉬기
: 두 배 길이로 호흡하며 클로징 준비하기　글자 위의 붉은 점(˙) : 강세　붉은 글자 : 장음

2) 승객 탑승 환영(Welcome Onboard)

1단계 방송의 설계도를 그려라! (내용을 읽고, 방송 구조 이해하기)

- 아래 방송문 내용을 눈으로 읽은 다음, 해석해 보세요.
- 방송 시점 · 내용 · 특징을 파악하고, 어떤 느낌으로 전달하면 좋을지 상상해 봅니다.

손님 여러분, 안녕하십니까.
스카이팀 회원사인 저희 한국항공은 여러분의 탑승을 진심으로 환영합니다.
이 비행기는 시애틀을 거쳐 로스앤젤레스까지 가는 한국항공 041편입니다.

공동 운항의 경우

041편이며, 델타항공과 공동 운항하고 있습니다.

30분 이상 지연 시/항공기 점검, 교체, 지상 조업 등 당사 귀책 사유인 경우

항공기 교체 관계로 출발이 예정보다 늦어진 점을 널리 양해해 주시기 바랍니다.

저희 승무원들은 여러분께서 안전하고 편안하게 여행하실 수 있도록 정성을 다하겠습니다.

승객 군집 방지 안내 – 괌, 미국행 항공편

비행기 운항 중에는 보안상 여러 승객들이 한 곳에 모여 있을 수 없으니 협조해 주시기 바랍니다.

노트북 등 큰 전자기기는 좌석 하단 또는 기내 선반에 보관해 주시기 바랍니다. 비행 중 여러분의 안전을 담당하는 안전 요원인 승무원의 지시에 협조해 주시기 바라며, 계속해서 잠시 화면(/승무원)을 주목해 주시기 바랍니다.

감사합니다.

2단계 소리의 흐름에 집중하라! (전문가 음성 청취 & 발음 분석)

방송문

- 모델 보이스를 들으며 방송 전문가의 낭독을 들어 보세요.
- 아래는 발음에 유의해야 하는 부분입니다. 여기에 집중해서 들어 봅니다.

손님 여러분 / 안녕하십니까 / 다하겠습니다 / 감사합니다

3단계 나의 목소리를 찾자! (소리 내어 낭독하며 익히기)

발음

- 이제, 소리 내어 읽어 보세요.
- 2단계에서 들었던 방송 전문가의 발음을 떠올리며 최대한 비슷하게 소리 내어 읽어 봅니다.

방송문

장음

회:원사 / 진:심 / 공:동 / 운:항 / 예:정 / 다:하겠습니다 / 보:안 / 전:자 / 좌:석 / 하:단 / 보:관 / 계:속 / 잠:시 / 화:면 / 주:목 / 감:사

ㅎ 발음

안녕하십니까 / 회원사 / 저희 / 환영합니다 / 비행기 / 운항 / 양해해 / 안전하고 / 편안하게 / 여행하실 / 다하겠습니다 / 한 곳 / 협조해 / 하단 / 보관해 / 비행 / 계속해서 / 화면 / 주목해 주시기 / 감사합니다

이중모음

여러분 / 안녕 / 회원사 / 저희 / 환영 / 편 / 관계 / 예정 / 양해 / 승무원 / 편안 / 여행 / 여러 승객 / 모여 / 협조 / 좌석 / 보관 / 요원 / 계속 / 화면

방송문

4단계 에코처럼 따라 말하라! (섀도잉으로 자연스럽게 익히기)

- 모델 보이스를 그림자처럼 바로 따라 해 보세요.
- 끊어 읽기와 강세, 억양에 집중해서 방송을 따라 해 봅니다.

손님 여러분, 안녕하십니까.
스카이팀 회원사인 저희 한국항공은/ 여러분의 탑승을 진심으로 환영합니다. 이 비행기는 시애틀을 거쳐/ 로스앤젤레스까지 가는/ 한국항공 041편입니다.

공동 운항의 경우

041편이며, 델타항공과 공동 운항하고 있습니다.

30분 이상 지연 시/항공기 점검, 교체, 지상 조업 등 당사 귀책 사유인 경우

항공기 교체 관계로/ 출발이 예정보다 늦어진 점을/ 널리 양해해 주시기 바랍니다.

저희 승무원들은/ 여러분께서 안전하고 편안하게 여행하실 수 있도록/ 정성을 다하겠습니다.

승객 군집 방지 안내 – 괌, 미국행 항공편

비행기 운항 중에는/ 보안상 여러 승객들이 한 곳에 모여 있을 수 없으니/ 협조해 주시기 바랍니다.

노트북 등 큰 전자기기는/ 좌석 하단 또는 기내 선반에 보관해 주시기 바랍니다. 비행 중/ 여러분의 안전을 담당하는 안전 요원인 승무원의 지시에/ 협조해 주시기 바라며, 계속해서/ 잠시 화면(/승무원)을 주목해 주시기 바랍니다.

감사합니다.

⊙ 쉼표(,)와 슬래시(/) : 반템포 쉼 주기　　마침표(.) : 한 호흡 길이로 숨 쉬기

: 두 배 길이로 호흡하며 클로징 준비하기　　글자 위의 붉은 점(˙) : 강세

5단계 전문적인 올바른 방송을 만들어 보자! (자연스럽게 구사하며 실전 연습하기)

방송문

- 먼저, 방송 전문가의 발음과 억양을 따라 방송해 보세요.
- 세 번 반복해 봅니다. ☑☐☐
- 그다음, 자신의 방송을 녹음해 봅시다.

손님 여러분, 안녕하십니까.

스카이팀 회원사인 저희 한국항공은/ 여러분의 탑승을 진심으로 환영합니다. 이 비행기는 시애틀을 거쳐/ 로스앤젤레스까지 가는/ 한국항공 041편입니다.

공동 운항의 경우

041편이며, 델타항공과 공동 운항하고 있습니다.

30분 이상 지연 시/항공기 점검, 교체, 지상 조업 등 당사 귀책 사유인 경우

항공기 교체 관계로/ 출발이 예정보다 늦어진 점을/ 널리 양해해 주시기 바랍니다.

저희 승무원들은/ 여러분께서 안전하고 편안하게 여행하실 수 있도록/ 정성을 다하겠습니다.

승객 군집 방지 안내 – 괌, 미국행 항공편

비행기 운항 중에는/ 보안상 여러 승객들이 한 곳에 모여 있을 수 없으니/ 협조해 주시기 바랍니다.

노트북 등 큰 전자기기는/ 좌석 하단 또는 기내 선반에 보관해 주시기 바랍니다. 비행 중/ 여러분의 안전을 담당하는 안전 요원인 승무원의 지시에/ 협조해 주시기 바라며, 계속해서/ 잠시 화면(/승무원)을 주목해 주시기 바랍니다.

감사합니다.

⊙ 쉼표(,)와 슬래시(/) : 반템포 쉼 주기　　마침표(.) : 한 호흡 길이로 숨 쉬기

: 두 배 길이로 호흡하며 클로징 준비하기　　글자 위의 붉은 점( ) : 강세　　붉은 글자 : 장음

3) 안전 시연 안내(Safety Demonstration)

1단계 방송의 설계도를 그려라! (내용을 읽고, 방송 구조 이해하기)

- 아래 방송문 내용을 눈으로 읽은 다음, 해석해 보세요.
- 방송 시점 · 내용 · 특징을 파악하고, 어떤 느낌으로 전달하면 좋을지 상상해 봅니다.

계속해서(/지금부터) 비상구 위치와 비상장비 사용법에 대해 안내해
드리겠습니다.
잠시 주목해 주시기 바랍니다.
이 비행기의 비상구는 모두 4개로 좌우에 각각 있습니다.
만일의 경우에 대비해 여러분의 좌석에서 가장 가까운 비상구 위치를
확인하시기 바랍니다.
비상시 비행기의 전원이 꺼질 경우 비상구까지 유도등이 통로에 켜지게
됩니다.
좌석벨트 표시등이 켜지면 반드시 좌석벨트를 매 주십시오.
벨트는 버클을 끼워 허리 아래로 내려서 조여 주시고 풀 때는 덮개를 들어
올리시면 됩니다.
산소마스크는 선반 속에 있으며 산소 공급이 필요한 비상시에 저절로
내려옵니다.
마스크가 내려오면 앞으로 잡아당겨 코와 입에 대시고 끈으로 머리에
고정해 주십시오.
도움이 필요한 동반자가 있을 때는 먼저 착용하신 후 도와주시기 바랍니다.
여러분의 좌석 또는 팔걸이 아래에 있는 구명복은 비행기가 바다에 내렸을
경우 사용하시게 됩니다.
착용하실 때는 머리 위에서부터 입으시고, 양팔을 끼운 다음 끈을 아래로
당기십시오.

노란색 손잡이를 양옆으로 잡아당겨 몸에 맞도록 조절해 주십시오.

구명복은 기내에서 부풀지 않도록 유의해 주시고, 부풀릴 때는 탈출 직전

비상구 앞에서 붉은색 손잡이를 당기시면 됩니다.

충분히 부풀지 않을 때는 고무관을 힘껏 불어 주십시오.

또한 비상구마다 장착된 탈출 미끄럼대를 구명보트로 사용하실 수

있습니다.

보다 자세한 사항은 앞 좌석 주머니에 있는 안내문을 참고하시기 바랍니다.

아울러 안내문에 설명된 바와 같이 비상구 좌석에 앉으신 분께서는 비상시

저희 승무원과 함께 다른 승객의 탈출을 돕도록 돼 있습니다.

여러분의 적극적인 협조를 부탁드립니다.

아울러 비행기 내에서의 흡연은 엄격히 금지돼 있음을 알려드립니다.

감사합니다.

방송문

2단계 소리의 흐름에 집중하라! (전문가 음성 청취 & 발음 분석)

- 모델 보이스를 들으며 방송 전문가의 낭독을 들어 보세요.
- 아래는 발음에 유의해야 하는 부분입니다. 여기에 집중해서 들어 봅니다.

계속해서 / 안내해 드리겠습니다 / 흡연 / 엄격히

발음

3단계 나의 목소리를 찾자! (소리 내어 낭독하며 익히기)

- 이제, 소리 내어 읽어 보세요.
- 2단계에서 들었던 방송 전문가의 발음을 떠올리며 최대한 비슷하게 소리 내어 읽어 봅니다.

장음

계:속해서 / 비:상 / 사:용 / 안:내 / 잠:시 / 주:목 / 좌:우 / 만:일 / 대:비 / 좌:석 / 전:원 / 매: 주십시오 / 속:에 / 공:급 / 구:명 / 양:옆 / 사:항 / 금:지 / 감:사

ㅎ 발음

계속해서 / 안내해 / 주목해 / 비행기 / 대비해 / 확인하시기 / 허리 / 필요한 / 고정해 / 착용하신 후 / 사용하시게 / 착용하실 / 조절해 / 유의해 / 충분히 / 힘껏 / 사용하실 / 자세한 사항 / 참고하시기 / 저희 / 함께 / 협조 / 흡연 / 엄격히 / 감사합니다

이중모음

계속해서 / 위치 / 사용 / 좌우 / 경우 / 여러분의 / 좌석 / 확인 / 전원 / 유도등 / 켜지게 / 끼워 / 내려 / 조여 / 있으며 / 잡아당겨 / 코와 / 착용 / 도와 / 구명 / 위에서부터 / 양팔 / 유의 / 됩니다 / 고무관 / 장착된 / 설명 / 저희 / 돼 / 협조 / 흡연 / 엄격히 / 알려드립니다

4단계 에코처럼 따라 말하라! (섀도잉으로 자연스럽게 익히기)

- 모델 보이스를 그림자처럼 바로 따라 해 보세요.
- 끊어 읽기와 강세, 억양에 집중해서 방송을 따라 해 봅니다.

계속해서(/지금부터)/ 비상구 위치와 비상장비 사용법에 대해 안내해 드리겠습니다.
잠시 주목해 주시기 바랍니다.
이 비행기의 비상구는 모두 4개로/ 좌우에 각각 있습니다.

만일의 경우에 대비해/ 여러분의 좌석에서 가장 가까운 비상구 위치를/ 확인하시기 바랍니다.

비상시/ 비행기의 전원이 꺼질 경우/ 비상구까지 유도등이 통로에 켜지게 됩니다.

좌석벨트 표시등이 켜지면/ 반드시 좌석벨트를 매 주십시오.

벨트는 버클을 끼워/ 허리 아래로 내려서 조여 주시고/ 풀 때는/ 덮개를 들어 올리시면 됩니다.

산소마스크는 선반 속에 있으며/ 산소 공급이 필요한 비상시에/ 저절로 내려옵니다.

마스크가 내려오면/ 앞으로 잡아당겨/ 코와 입에 대시고/ 끈으로 머리에 고정해 주십시오.

도움이 필요한 동반자가 있을 때는/ 먼저 착용하신 후/ 도와주시기 바랍니다.

여러분의 좌석 또는 팔걸이 아래에 있는 구명복은/ 비행기가 바다에 내렸을 경우/ 사용하시게 됩니다.

착용하실 때는/ 머리 위에서부터 입으시고, 양팔을 끼운 다음/ 끈을 아래로 당기십시오.

노란색 손잡이를 양옆으로 잡아당겨/ 몸에 맞도록 조절해 주십시오.

구명복은 기내에서 부풀지 않도록 유의해 주시고, 부풀릴 때는 탈출 직전/ 비상구 앞에서 붉은색 손잡이를 당기시면 됩니다.

충분히 부풀지 않을 때는/ 고무관을 힘껏 불어 주십시오.

또한 비상구마다 장착된 탈출 미끄럼대를/ 구명보트로 사용하실 수 있습니다.

보다 자세한 사항은/ 앞 좌석 주머니에 있는 안내문을 참고하시기 바랍니다.

아울러 안내문에 설명된 바와 같이/ 비상구 좌석에 앉으신 분께서는/

비상시 저희 승무원과 함께/ 다른 승객의 탈출을 돕도록 돼 있습니다.

여러분의 적극적인 협조를 부탁드립니다.

아울러 비행기 내에서의 흡연은/ 엄격히 금지돼 있음을 알려드립니다.

감사합니다.

⊙ 쉼표(,)와 슬래시(/) : 반템포 쉼 주기　　마침표(.) : 한 호흡 길이로 숨 쉬기

: 두 배 길이로 호흡하며 클로징 준비하기　　글자 위의 붉은 점(•) : 강세

5단계 전문적인 올바른 방송을 만들어 보자! (자연스럽게 구사하며 실전 연습하기)

방송문

- 먼저, 방송 전문가의 발음과 억양을 따라 방송해 보세요.
- 세 번 반복해 봅니다. ☑☐☐
- 그다음, 자신의 방송을 녹음해 봅시다.

계속해서(/지금부터)/ 비상구 위치와 비상장비 사용법에 대해 안내해 드리겠습니다.

잠시 주목해 주시기 바랍니다.

이 비행기의 비상구는 모두 4개로/ 좌우에 각각 있습니다.

만일의 경우에 대비해/ 여러분의 좌석에서 가장 가까운 비상구 위치를/ 확인하시기 바랍니다.

비상시/ 비행기의 전원이 꺼질 경우/ 비상구까지 유도등이 통로에 켜지게 됩니다.

좌석벨트 표시등이 켜지면/ 반드시 좌석벨트를 매 주십시오.

벨트는 버클을 끼워/ 허리 아래로 내려서 조여 주시고/ 풀 때는/ 덮개를 들어 올리시면 됩니다.

산소마스크는 선반 속에 있으며/ 산소 공급이 필요한 비상시에/ 저절로 내려옵니다.

마스크가 내려오면/ 앞으로 잡아당겨/ 코와 입에 대시고/ 끈으로 머리에 고정해 주십시오.

도움이 필요한 동반자가 있을 때는/ 먼저 착용하신 후/ 도와주시기 바랍니다.

여러분의 좌석 또는 팔걸이 아래에 있는 구명복은/ 비행기가 바다에 내렸을 경우/ 사용하시게 됩니다.

착용하실 때는/ 머리 위에서부터 입으시고, 양팔을 끼운 다음/ 끈을 아래로 당기십시오.

노란색 손잡이를 양옆으로 잡아당겨/ 몸에 맞도록 조절해 주십시오.

구명복은 기내에서 부풀지 않도록 유의해 주시고, 부풀릴 때는 탈출 직전/ 비상구 앞에서 붉은색 손잡이를 당기시면 됩니다.

충분히 부풀지 않을 때는/ 고무관을 힘껏 불어 주십시오.

또한 비상구마다 장착된 탈출 미끄럼대를/ 구명보트로 사용하실 수 있습니다.

보다 자세한 사항은/ 앞 좌석 주머니에 있는 안내문을 참고하시기 바랍니다.

아울러 안내문에 설명된 바와 같이/ 비상구 좌석에 앉으신 분께서는/ 비상시 저희 승무원과 함께/ 다른 승객의 탈출을 돕도록 돼 있습니다.

여러분의 적극적인 협조를 부탁드립니다.

아울러 비행기 내에서의 흡연은/ 엄격히 금지돼 있음을 알려드립니다.

감사합니다.

⊙ 쉼표(,)와 슬래시(/) : 반템포 쉼 주기　　마침표(.) : 한 호흡 길이로 숨 쉬기
: 두 배 길이로 호흡하며 클로징 준비하기　　글자 위의 붉은 점(˙) : 강세　　붉은 글자 : 장음

4) 이륙 직전 안내(Take-off Announcement)

1단계 방송의 설계도를 그려라! (내용을 읽고, 방송 구조 이해하기)

- 아래 방송문 내용을 눈으로 읽은 다음, 해석해 보세요.
- 방송 시점 · 내용 · 특징을 파악하고, 어떤 느낌으로 전달하면 좋을지 상상해 봅니다.

손님 여러분,
우리 비행기는 이제 이륙하겠습니다.
여러분의 안전을 위해, 좌석벨트를 매셨는지 다시 한번 확인해 주시기 바랍니다.
감사합니다.

2단계 소리의 흐름에 집중하라! (전문가 음성 청취 & 발음 분석)

방송문

- 모델 보이스를 들으며 방송 전문가의 낭독을 들어 보세요.
- 아래는 발음에 유의해야 하는 부분입니다. 여기에 집중해서 들어 봅니다.

이제 / 이륙 / 여러분의 안전 / 좌석벨트

3단계 나의 목소리를 찾자! (소리 내어 낭독하며 익히기)

발음

- 이제, 소리 내어 읽어 보세요.
- 2단계에서 들었던 방송 전문가의 발음을 떠올리며 최대한 비슷하게 소리 내어 읽어 봅니다.

방송문

장음

이:륙 / 좌:석벨트 / 매:셨는지 / 감:사

ㅎ 발음

비행기 / 하겠습니다 / 위해 / 한번 / 확인해 / 감사합니다

이중모음

여러분 / 이륙 / 위해 / 좌석 / 매셨는지 / 확인

4단계 에코처럼 따라 말하라! (섀도잉으로 자연스럽게 익히기)

방송문

- 모델 보이스를 그림자처럼 바로 따라 해 보세요.
- 끊어 읽기와 강세, 억양에 집중해서 방송을 따라 해 봅니다.

손님 여러분,
우리 비행기는 이제 이륙하겠습니다.
여러분의 안전을 위해, 좌석벨트를 매셨는지/ 다시 한번 확인해 주시기 바랍니다.
감사합니다.

⊙ 쉼표(,)와 슬래시(/) : 반템포 쉼 주기　　마침표(.) : 한 호흡 길이로 숨 쉬기
　: 두 배 길이로 호흡하며 클로징 준비하기　　글자 위의 붉은 점(˙) : 강세

5단계 전문적인 올바른 방송을 만들어 보자! (자연스럽게 구사하며 실전 연습하기)

- 먼저, 방송 전문가의 발음과 억양을 따라 방송해 보세요.
- 세 번 반복해 봅니다. ☑☐☐
- 그다음, 자신의 방송을 녹음해 봅시다.

방송문

손님 여러분,

우리 비행기는 이제 이륙하겠습니다.

여러분의 안전을 위해, 좌석벨트를 매셨는지/ 다시 한번 확인해 주시기 바랍니다.

감사합니다.

⊙ 쉼표(,)와 슬래시(/) : 반템포 쉼 주기　마침표(.) : 한 호흡 길이로 숨 쉬기

: 두 배 길이로 호흡하며 클로징 준비하기　글자 위의 붉은 점(˙) : 강세　붉은 글자 : 장음

COACHING DIARY 1

코칭회차

코칭일 　　 코칭시간

Goal Setting(목표 설정)

모델 보이스를 들으면서 최상의 기내 방송을 하고 있는 자신의 모습을 상상하며, 해당 방송의 시점과 주요 내용을 정리해 보세요.

손님 여러분, 안녕하십니까.
스카이팀 회원사인 저희 한국항공은 여러분의 탑승을 진심으로 환영합니다. 이 비행기는 시애틀을 거쳐 로스앤젤레스까지 가는 한국항공 041편이며, 델타항공과 공동 운항하고 있습니다. 저희 승무원들은 여러분께서 안전하고 편안하게 여행하실 수 있도록 정성을 다하겠습니다. 비행기 운항 중에는 보안상 여러 승객들이 한 곳에 모여 있을 수 없으니 협조해 주시기 바랍니다. 노트북 등 큰 전자기기는 좌석 하단 또는 기내 선반에 보관해 주시기 바랍니다. 비행 중 여러분의 안전을 담당하는 안전 요원인 승무원의 지시에 협조해 주시기 바라며, 계속해서 잠시 화면을 주목해 주시기 바랍니다. 감사합니다.

방송 시점	
주요 방송 내용	
특징 및 유의 사항	

Reality Checking(객관적인 현실 점검)

다음 방송문을 녹음해서 들어 보고, 한국어 방송 스킬 학습 내용을 토대로 자신의 잘한 부분과 아쉬운 부분을 스스로 작성해 보세요.

잘한 부분	아쉬운 부분

Option Strategy(대안 모색)

다음 한국어 방송문에 장음인 글자를 동그라미로 표시하고, 끊어 읽기를 해야 할 곳을 표시해 보세요.

손님 여러분, 안녕하십니까.
스카이팀 회원사인 저희 한국항공은 여러분의 탑승을 진심으로 환영합니다. 이 비행기는 시애틀을 거쳐 로스앤젤레스까지 가는 한국항공 041편이며, 델타항공과 공동 운항하고 있습니다. 저희 승무원들은 여러분께서 안전하고 편안하게 여행하실 수 있도록 정성을 다하겠습니다. 비행기 운항 중에는 보안상 여러 승객들이 한 곳에 모여 있을 수 없으니 협조해 주시기 바랍니다. 노트북 등 큰 전자기기는 좌석 하단 또는 기내 선반에 보관해 주시기 바랍니다. 비행 중 여러분의 안전을 담당하는 안전요원인 승무원의 지시에 협조해 주시기 바라며, 계속해서 잠시 화면을 주목해 주시기 바랍니다. 감사합니다.

Will-based Action(실행 의지)

모델 보이스 수준의 전문적인 방송을 하기 위한 자신만의 실천 계획을 작성해 보세요.

가장 먼저 할 일	1. 2. 3.
일주일 후에 할 일	1. 2. 3.
한 달 후에 할 일	1. 2. 3.

코치 피드백 담기

방송 스피치의 주요 코칭 포인트는 발음 정확도, 호흡과 성량, 억양과 리듬, 목소리 톤, 방송문 숙지, 상황 대처 능력, 비언어적 표현, 서비스 이미지 반영입니다. 먼저, 학습한 내용을 토대로 충분히 연습한 후 녹음하여 교수자에게 전문적인 코칭을 받아 보세요. 그리고 제출한 녹음본의 주요 피드백 내용을 정리해 보세요.

2-2 이륙 후 안내 방송(In-flight Announcements)

이륙 전 안내 방송 Pre-departure Announcements

- 항공기 출발 준비 안내(Preparation for Departure)
- 승객 탑승 환영(Welcome Onboard)
- 안전 시연 안내(Safety Demonstration)
- 이륙 직전 안내(Take-off Announcement)

이륙 후 안내 방송 In-flight Announcements

- 좌석벨트 표시등 소등 안내(Seatbelt Sign Off)
- 기내 판매 안내(In-flight Sales)

착륙 전 안내 방송 Pre-landing Announcements

- 도착지 정보 및 검역 안내 (Arrival Documents & Health Declaration)
- 목적지 공항 접근 안내(Descent & Approaching)
- 착륙 직전 안내(Landing Announcement)

착륙 후 안내 방송 Post-landing Announcements

- 도착 인사 및 환송 방송(Farewell Announcement)
- 하기 절차 안내(Disembarkation Instructions)

1) 좌석벨트 표시등 소등 안내(Seatbelt Sign Off)

1단계 방송의 설계도를 그려라! (내용을 읽고, 방송 구조 이해하기)

- 아래 방송문 내용을 눈으로 읽은 다음, 해석해 보세요.
- 방송 시점 · 내용 · 특징을 파악하고, 어떤 느낌으로 전달하면 좋을지 상상해 봅니다.

한국항공 가족 여러분,
좌석벨트 표시등이 꺼졌습니다.
기류 변화에 대비해 자리에서는 항상 좌석벨트를 매 주시기 바랍니다.
선반을 여실 때는 물건이 떨어지지 않도록 주의해 주십시오.
또한 소지하신 보조배터리를 포함한 전자기기에서 열이 나거나 부풀어 오를 경우, 혹은 좌석 사이에 끼었을 때는 안전 조치를 위해 승무원에게 즉시 말씀해 주십시오.
감사합니다.

방송문

2단계 소리의 흐름에 집중하라! (전문가 음성 청취 & 발음 분석)

- 모델 보이스를 들으며 방송 전문가의 낭독을 들어 보세요.
- 아래는 발음에 유의해야 하는 부분입니다. 여기에 집중해서 들어 봅니다.

매 주시기 바랍니다 / 주의해 주십시오

발음

3단계 나의 목소리를 찾자! (소리 내어 낭독하며 익히기)

- 이제, 소리 내어 읽어 보세요.
- 2단계에서 들었던 방송 전문가의 발음을 떠올리며 최대한 비슷하게 소리 내어 읽어 봅니다.

장음

좌:석벨트 / 변:화 / 매: 주시기 / 주:의 / 소:지하신 / 전:자기기 / 좌:석 / 말:씀 / 감:사

방송문

ㅎ 발음

기류 변화 / 대비해 / 항상 / 주의해 주십시오 / 또한 / 소지하신 / 포함한 / 혹은 / 위해 / 말씀해 / 감사합니다

이중모음

여러분 / 좌석 / 표시등 / 꺼졌습니다 / 기류 변화 / 여실 / 주의 / 열 / 경우 / 위해 / 승무원

4단계 에코처럼 따라 말하라! (섀도잉으로 자연스럽게 익히기)

방송문

- 모델 보이스를 그림자처럼 바로 따라 해 보세요.
- 끊어 읽기와 강세, 억양에 집중해서 방송을 따라 해 봅니다.

한국항공 가족 여러분,
좌석벨트 표시등이 꺼졌습니다.
기류 변화에 대비해/ 자리에서는 항상 좌석벨트를 매 주시기 바랍니다.
선반을 여실 때는/ 물건이 떨어지지 않도록/ 주의해 주십시오.
또한 소지하신 보조배터리를 포함한 전자기기에서/ 열이 나거나 부풀어 오를 경우, 혹은 좌석 사이에 끼었을 때는/ 안전 조치를 위해/ 승무원에게 즉시 말씀해 주십시오.
(숨)(숨) 감사합니다.

⊙ 쉼표(,)와 슬래시(/) : 반템포 쉼 주기　　마침표(.) : 한 호흡 길이로 숨 쉬기(숨)
(숨)(숨) : 두 배 길이로 호흡하며 클로징 준비하기　　글자 위의 붉은 점(•) : 강세

방송문

5단계 전문적인 올바른 방송을 만들어 보자! (자연스럽게 구사하며 실전 연습하기)

- 먼저, 방송 전문가의 발음과 억양을 따라 방송해 보세요.
- 세 번 반복해 봅니다. ☑□□
- 그다음, 자신의 방송을 녹음해 봅시다.

한국항공 가족 여러분,
좌석벨트 표시등이 꺼졌습니다.
기류 변화에 대비해/ 자리에서는 항상 좌석벨트를 매 주시기 바랍니다.
선반을 여실 때는/ 물건이 떨어지지 않도록/ 주의해 주십시오.
또한 소지하신 보조배터리를 포함한 전자기기에서/ 열이 나거나 부풀어
오를 경우, 혹은 좌석 사이에 끼었을 때는/ 안전 조치를 위해/ 승무원에게
즉시 말씀해 주십시오.
감사합니다.

⊙ 쉼표(,)와 슬래시(/) : 반템포 쉼 주기 마침표(.) : 한 호흡 길이로 숨 쉬기
: 두 배 길이로 호흡하며 클로징 준비하기 글자 위의 붉은 점(˙) : 강세 붉은 글자 : 장음

2) 기내 판매 안내(In-flight Sales)

1단계 방송의 설계도를 그려라! (내용을 읽고, 방송 구조 이해하기)

- 아래 방송문 내용을 눈으로 읽은 다음, 해석해 보세요.
- 방송 시점 · 내용 · 특징을 파악하고, 어떤 느낌으로 전달하면 좋을지 상상해 봅니다.

한국항공 가족 여러분,

음료와 스낵 그리고 기념품 판매를 시작하겠습니다. 자세한 사항은 판매 책자를 확인해 주시기 바랍니다.

감염 예방 필요시

아울러, 가족 여러분의 감염 예방을 위해 음식 섭취 시 외에는 마스크 착용을 권고하고 있으니 협조해 주시기 바랍니다.

감사합니다.

2단계 소리의 흐름에 집중하라! (전문가 음성 청취 & 발음 분석)

방송문

- 모델 보이스를 들으며 방송 전문가의 낭독을 들어 보세요.
- 아래는 발음에 유의해야 하는 부분입니다. 여기에 집중해서 들어 봅니다.

자세한 사항은 / 확인해 / 감염 예방

발음

3단계 나의 목소리를 찾자! (소리 내어 낭독하며 익히기)

- 이제, 소리 내어 읽어 보세요.
- 2단계에서 들었던 방송 전문가의 발음을 떠올리며 최대한 비슷하게 소리 내어 읽어 봅니다.

방송문

장음

음:료 / 시:작 / 사:항 / 감:염 예:방 / 음:식 / 권:고 / 감:사

ㅎ 발음

시작하겠습니다 / 자세한 / 사항 / 확인해 / 위해 / 권고하고 / 협조해 / 감사합니다

이중모음

여러분 / 음료 / 기념품 / 확인 / 감염 / 예방 / 위해 / 섭취 / 착용 / 권고 / 협조

방송문

4단계 에코처럼 따라 말하라! (섀도잉으로 자연스럽게 익히기)

- 모델 보이스를 그림자처럼 바로 따라 해 보세요.
- 끊어 읽기와 강세, 억양에 집중해서 방송을 따라 해 봅니다.

한국항공 가족 여러분,
음료와 스낵/ 그리고 기념품 판매를 시작하겠습니다. 자세한 사항은/ 판매 책자를 확인해 주시기 바랍니다.

감염 예방 필요시

아울러, 가족 여러분의 감염 예방을 위해/ 음식 섭취 시 외에는 마스크 착용을 권고하고 있으니/ 협조해 주시기 바랍니다.

감사합니다.

⊙ 쉼표(,)와 슬래시(/) : 반템포 쉼 주기　마침표(.) : 한 호흡 길이로 숨 쉬기

: 두 배 길이로 호흡하며 클로징 준비하기　글자 위의 붉은 점(˙) : 강세

5단계 전문적인 올바른 방송을 만들어 보자! (자연스럽게 구사하며 실전 연습하기)

방송문

- 먼저, 방송 전문가의 발음과 억양을 따라 방송해 보세요.
- 세 번 반복해 봅니다. ☑☐☐
- 그다음, 자신의 방송을 녹음해 봅시다.

한국항공 가족 여러분,

음료와 스낵/ 그리고 기념품 판매를 시작하겠습니다. 자세한 사항은/ 판매 책자를 확인해 주시기 바랍니다.

감염 예방 필요시

아울러, 가족 여러분의 감염 예방을 위해/ 음식 섭취 시 외에는 마스크 착용을 권고하고 있으니/ 협조해 주시기 바랍니다.

감사합니다.

⊙ 쉼표(,)와 슬래시(/) : 반템포 쉼 주기　마침표(.) : 한 호흡 길이로 숨 쉬기

: 두 배 길이로 호흡하며 클로징 준비하기　글자 위의 붉은 점(˙) : 강세　붉은 글자 : 장음

COACHING DIARY 2

코칭회차

코칭일 코칭시간

Goal Setting(목표 설정)

모델 보이스를 들으면서 최상의 기내 방송을 하고 있는 자신의 모습을 상상하며, 해당 방송의 시점과 주요 내용을 정리해 보세요.

한국항공 가족 여러분,
좌석벨트 표시등이 꺼졌습니다.
기류 변화에 대비해 자리에서는 항상 좌석벨트를 매 주시기 바랍니다.
선반을 여실 때는 물건이 떨어지지 않도록 주의해 주십시오.
또한 소지하신 보조배터리를 포함한 전자기기에서 열이 나거나 부풀어 오를 경우, 혹은 좌석 사이에 끼었을 때는 안전 조치를 위해 승무원에게 즉시 말씀해 주십시오.
감사합니다.

방송 시점	
주요 방송 내용	
특징 및 유의 사항	

Reality Checking(객관적인 현실 점검)

다음 방송문을 녹음해서 들어 보고, 한국어 방송 스킬 학습 내용을 토대로 자신의 잘한 부분과 아쉬운 부분을 스스로 작성해 보세요.

잘한 부분	아쉬운 부분

Option Strategy(대안 모색)

다음 한국어 방송문에 장음인 글자를 동그라미로 표시하고, 끊어 읽기를 해야 할 곳을 표시해 보세요.

한국항공 가족 여러분,

좌석벨트 표시등이 꺼졌습니다.

기류 변화에 대비해 자리에서는 항상 좌석벨트를 매 주시기 바랍니다.

선반을 여실 때는 물건이 떨어지지 않도록 주의해 주십시오.

또한 소지하신 보조배터리를 포함한 전자기기에서 열이 나거나 부풀어 오를 경우, 혹은 좌석 사이에 끼었을 때는 안전 조치를 위해 승무원에게 즉시 말씀해 주십시오.

감사합니다.

Will-based Action(실행 의지)

모델 보이스 수준의 전문적인 방송을 하기 위한 자신만의 실천 계획을 작성해 보세요.

가장 먼저 할 일	1. 2. 3.
일주일 후에 할 일	1. 2. 3.
한 달 후에 할 일	1. 2. 3.

코치 피드백 담기

방송 스피치의 주요 코칭 포인트는 발음 정확도, 호흡과 성량, 억양과 리듬, 목소리 톤, 방송문 숙지, 상황 대처 능력, 비언어적 표현, 서비스 이미지 반영입니다. 먼저, 학습한 내용을 토대로 충분히 연습한 후 녹음하여 교수자에게 전문적인 코칭을 받아 보세요. 그리고 제출한 녹음본의 주요 피드백 내용을 정리해 보세요.

2-3 착륙 전 안내 방송(Pre-landing Announcements)

이륙 전 안내 방송 Pre-departure Announcements

- 항공기 출발 준비 안내(Preparation for Departure)
- 승객 탑승 환영(Welcome Onboard)
- 안전 시연 안내(Safety Demonstration)
- 이륙 직전 안내(Take-off Announcement)

이륙 후 안내 방송 In-flight Announcements

- 좌석벨트 표시등 소등 안내(Seatbelt Sign Off)
- 기내 판매 안내(In-flight Sales)

착륙 전 안내 방송 Pre-landing Announcements

- 도착지 정보 및 검역 안내 (Arrival Documents & Health Declaration)
- 목적지 공항 접근 안내(Descent & Approaching)
- 착륙 직전 안내(Landing Announcement)

착륙 후 안내 방송 Post-landing Announcements

- 도착 인사 및 환송 방송(Farewell Announcement)
- 하기 절차 안내(Disembarkation Instructions)

1) 도착지 정보 및 검역 안내(Arrival Documents & Health Declaration)

1단계 방송의 설계도를 그려라! (내용을 읽고, 방송 구조 이해하기)

- 아래 방송문 내용을 눈으로 읽은 다음, 해석해 보세요.
- 방송 시점 · 내용 · 특징을 파악하고, 어떤 느낌으로 전달하면 좋을지 상상해 봅니다.

한국항공 가족 여러분,

대한민국 입국 서류에 대해 안내해 드리겠습니다.

'K-ETA'를 사전 등록하지 않은 외국인 승객께서는 입국 신고서를 작성하셔야 합니다.

'큐-코드'를 사전 등록하지 않은 모든 승객께서는 반드시 큐-코드를 발급받으시거나, 건강상태 질문서를 작성해 주시기 바랍니다.

세관 신고서는 신고할 물품이 없는 경우에도 가족당 한 장씩 작성하셔야 합니다.

미화 10,000불 이상, 또는 이에 해당하는 외화를 갖고 계시거나 미화 800불 이상의 물품을 구입하신 분께서는 세관 신고서에 반드시 신고해 주십시오.

자세한 사항은 기내지를 참고해 주시기 바랍니다.

여행 중, 각종 질병의 감염 예방을 위해 개인 위생을 포함한 기본 건강 안전 수칙에 신경 써 주시기 바랍니다.

발열, 기침, 구토, 설사 등의 감염 의심 증상이 나타날 경우, 즉시 가까운 의료기관을 찾아 주십시오.

또한 대한민국으로의 과일, 동식물, 축산물, 곤충의 불법 반입은 금지되어 있습니다.

자세한 사항은 좌석 앞주머니의 기내지를 참고해 주시기 바랍니다.

필요시

검역에 관해 신고를 하지 않을 경우 최고 해당 과태료가 부과될 수 있습니다.

감사합니다.

2단계 소리의 흐름에 집중하라! (전문가 음성 청취 & 발음 분석)

방송문

- 모델 보이스를 들으며 방송 전문가의 낭독을 들어 보세요.
- 아래는 발음에 유의해야 하는 부분입니다. 여기에 집중해서 들어 봅니다.

입국 신고서 / 세관 신고서 / 기본 건강 안전 수칙

3단계 나의 목소리를 찾자! (소리 내어 낭독하며 익히기)

발음

- 이제, 소리 내어 읽어 보세요.
- 2단계에서 들었던 방송 전문가의 발음을 떠올리며 최대한 비슷하게 소리 내어 읽어 봅니다.

방송문

장음

대:한민국 / 안:내 / 사:전 / 외:국인 / 모:든 / 건:강 / 세:관 / 이:상 / 외:화 / 사:항 / 감:염 / 예:방 / 개:인 / 과:일 / 동:식물 / 금:지 / 좌:석 / 검:역 / 최:고 / 과:태료 / 부:과 / 감:사

ㅎ 발음

대한민국 / 안내해 / 등록하지 / 작성하셔야 합니다 / 작성해 주시기 / 신고할 / 한 장 / 미화 / 해당 / 외화 / 구입하신 / 신고해 / 자세한 / 사항 / 참고해 / 여행 / 위해 / 포함한 / 또한 / 관해 / 하지 / 감사합니다

이중모음

여러분 / 입국 서류 / 외국인 / 작성하셔야 / 큐-코드 / 세관 신고서 / 경우에도 / 미화 / 외화 / 계시거나 / 질병 / 감염 / 예방 / 위해 / 위생 / 신경 / 발열 / 의심 / 의료기관 / 과일 / 금지되어 / 좌석 / 검역 / 관해 / 최고 / 과태료 / 부과

4단계 에코처럼 따라 말하라! (섀도잉으로 자연스럽게 익히기)

방송문

- 모델 보이스를 그림자처럼 바로 따라 해 보세요.
- 끊어 읽기와 강세, 억양에 집중해서 방송을 따라 해 봅니다.

한국항공 가족 여러분,

대한민국 입국 서류에 대해 안내해 드리겠습니다.

'K-ETA'를 사전 등록하지 않은/ 외국인 승객께서는/ 입국 신고서를 작성하셔야 합니다.

'큐-코드'를 사전 등록하지 않은/ 모든 승객께서는/ 반드시 큐-코드를 발급받으시거나/ 건강상태 질문서를 작성해 주시기 바랍니다.

세관 신고서는/ 신고할 물품이 없는 경우에도/ 가족당 한 장씩 작성하셔야 합니다.

미화 10,000불 이상, 또는 이에 해당하는 외화를 갖고 계시거나/ 미화 800불 이상의 물품을 구입하신 분께서는/ 세관 신고서에 반드시 신고해 주십시오.

자세한 사항은/ 기내지를 참고해 주시기 바랍니다.

여행 중, 각종 질병의 감염 예방을 위해/ 개인 위생을 포함한 기본 건강 안전 수칙에 신경 써 주시기 바랍니다.

발열, 기침, 구토, 설사 등의 감염 의심 증상이 나타날 경우, 즉시 가까운 의료기관을 찾아 주십시오.

또한/ 대한민국으로의 과일, 동식물, 축산물, 곤충의 불법 반입은/ 금지되어 있습니다.

자세한 사항은/ 좌석 앞주머니의 기내지를 참고해 주시기 바랍니다.

필요시

검역에 관해 신고를 하지 않을 경우/ 최고 해당 과태료가 부과될 수 있습니다.

감사합니다.

⊙ 쉼표(,)와 슬래시(/) : 반템포 쉼 주기　마침표(.) : 한 호흡 길이로 숨 쉬기
: 두 배 길이로 호흡하며 클로징 준비하기　글자 위의 붉은 점(˙) : 강세

5단계 전문적인 올바른 방송을 만들어 보자! (자연스럽게 구사하며 실전 연습하기)

방송문

- 먼저, 방송 전문가의 발음과 억양을 따라 방송해 보세요.
- 세 번 반복해 봅니다. ☑☐☐
- 그다음, 자신의 방송을 녹음해 봅시다.

한국항공 가족 여러분,

대한민국 입국 서류에 대해 안내해 드리겠습니다.

'K-ETA'를 사전 등록하지 않은/ 외국인 승객께서는/ 입국 신고서를 작성하셔야 합니다.

'큐-코드'를 사전 등록하지 않은/ 모든 승객께서는/ 반드시 큐-코드를 발급받으시거나/ 건강상태 질문서를 작성해 주시기 바랍니다.

세관 신고서는/ 신고할 물품이 없는 경우에도/ 가족당 한 장씩 작성하셔야 합니다.

미화 10,000불 이상, 또는 이에 해당하는 외화를 갖고 계시거나/ 미화 800불 이상의 물품을 구입하신 분께서는/ 세관 신고서에 반드시 신고해 주십시오.

자세한 사항은/ 기내지를 참고해 주시기 바랍니다.

여행 중, 각종 질병의 감염 예방을 위해/ 개인 위생을 포함한 기본 건강 안전 수칙에 신경 써 주시기 바랍니다.

발열, 기침, 구토, 설사 등의 감염 의심 증상이 나타날 경우, 즉시 가까운 의료기관을 찾아 주십시오.

또한/ 대한민국으로의 과일, 동식물, 축산물, 곤충의 불법 반입은/ 금지되어 있습니다.

자세한 사항은/ 좌석 앞주머니의 기내지를 참고해 주시기 바랍니다.

필요시

검역에 관해 신고를 하지 않을 경우/ 최고 해당 과태료가 부과될 수 있습니다.

감사합니다.

⊙ 쉼표(,)와 슬래시(/) : 반템포 쉼 주기　　마침표(.) : 한 호흡 길이로 숨 쉬기

: 두 배 길이로 호흡하며 클로징 준비하기　　글자 위의 붉은 점(˙) : 강세　　붉은 글자 : 장음

2) 목적지 공항 접근 안내(Descent & Approaching)

1단계 **방송의 설계도를 그려라!** (내용을 읽고, 방송 구조 이해하기)

- 아래 방송문 내용을 눈으로 읽은 다음, 해석해 보세요.
- 방송 시점 · 내용 · 특징을 파악하고, 어떤 느낌으로 전달하면 좋을지 상상해 봅니다.

안내 말씀 드리겠습니다.
곧 로스앤젤레스 국제 공항에 도착하겠습니다.
좌석 등받이와 발 받침대, 테이블을 제자리로 해 주시고, 꺼내 놓은 짐 또는 노트북 등 큰 전자기기는 앞 좌석 아래나 선반 속에 다시 보관해 주시기 바랍니다.

단거리
또한 착륙 준비를 위해 기내 판매를 마치겠습니다.
구매하지 못하신 분께서는 양해해 주시기 바랍니다.

감사합니다.

2단계 **소리의 흐름에 집중하라!** (전문가 음성 청취 & 발음 분석)

방송문

- 모델 보이스를 들으며 방송 전문가의 낭독을 들어 보세요.
- 아래는 발음에 유의해야 하는 부분입니다. 여기에 집중해서 들어 봅니다.

좌석 등받이 / 발 받침대 / 제자리로 / 앞 좌석 아래

발음

3단계 나의 목소리를 찾자! (소리 내어 낭독하며 익히기)

- 이제, 소리 내어 읽어 보세요.
- 2단계에서 들었던 방송 전문가의 발음을 떠올리며 최대한 비슷하게 소리 내어 읽어 봅니다.

방송문

장음

안:내 / 말:씀 / 도:착 / 좌:석 / 꺼:내 / 전:자기기 / 속:에 / 보:관 / 준:비 / 못:하신 / 감:사

ㅎ 발음

도착하겠습니다 / 보관해 / 또한 / 위해 / 구매하지 / 못하신 / 양해해 / 감사합니다

이중모음

좌석 / 보관 / 착륙 / 위해 / 양해

방송문

4단계 에코처럼 따라 말하라! (섀도잉으로 자연스럽게 익히기)

- 모델 보이스를 그림자처럼 바로 따라 해 보세요.
- 끊어 읽기와 강세, 억양에 집중해서 방송을 따라 해 봅니다.

안내 말씀 드리겠습니다.
곧 로스앤젤레스 국제 공항에 도착하겠습니다.
좌석 등받이와 발 받침대, 테이블을 제자리로 해 주시고, 꺼내 놓은 짐/ 또는 노트북 등 큰 전자기기는/ 앞 좌석 아래나 선반 속에/ 다시 보관해 주시기 바랍니다.

단거리

또한/ 착륙 준비를 위해/ 기내 판매를 마치겠습니다.
구매하지 못하신 분께서는/ 양해해 주시기 바랍니다.

감사합니다.

⊙ 쉼표(,)와 슬래시(/) : 반템포 쉼 주기　마침표(.) : 한 호흡 길이로 숨 쉬기
: 두 배 길이로 호흡하며 클로징 준비하기　글자 위의 붉은 점(•) : 강세

5단계 전문적인 올바른 방송을 만들어 보자! (자연스럽게 구사하며 실전 연습하기)

- 먼저, 방송 전문가의 발음과 억양을 따라 방송해 보세요.
- 세 번 반복해 봅니다. ☑☐☐
- 그다음, 자신의 방송을 녹음해 봅시다.

방송문

안내 말씀 드리겠습니다.
곧 로스앤젤레스 국제 공항에 도착하겠습니다.
좌석 등받이와 발 받침대, 테이블을 제자리로 해 주시고, 꺼내 놓은 짐/ 또는 노트북 등 큰 전자기기는/ 앞 좌석 아래나 선반 속에/ 다시 보관해 주시기 바랍니다.

단거리

또한/ 착륙 준비를 위해/ 기내 판매를 마치겠습니다.
구매하지 못하신 분께서는/ 양해해 주시기 바랍니다.

감사합니다.

⊙ 쉼표(,)와 슬래시(/) : 반템포 쉼 주기　마침표(.) : 한 호흡 길이로 숨 쉬기
: 두 배 길이로 호흡하며 클로징 준비하기　글자 위의 붉은 점(•) : 강세　붉은 글자 : 장음

3) 착륙 직전 안내(Landing Announcement)

1단계 방송의 설계도를 그려라! (내용을 읽고, 방송 구조 이해하기)

- 아래 방송문 내용을 눈으로 읽은 다음, 해석해 보세요.
- 방송 시점 · 내용 · 특징을 파악하고, 어떤 느낌으로 전달하면 좋을지 상상해 봅니다.

손님 여러분,
우리 비행기는 곧 착륙하겠습니다.
좌석벨트를 매 주십시오.
감사합니다.

방송문

2단계 소리의 흐름에 집중하라! (전문가 음성 청취 & 발음 분석)

- 모델 보이스를 들으며 방송 전문가의 낭독을 들어 보세요.
- 아래는 발음에 유의해야 하는 부분입니다. 여기에 집중해서 들어 봅니다.

손님 여러분 / 곧 착륙하겠습니다 / 감사합니다

발음

3단계 나의 목소리를 찾자! (소리 내어 낭독하며 익히기)

- 이제, 소리 내어 읽어 보세요.
- 2단계에서 들었던 방송 전문가의 발음을 떠올리며 최대한 비슷하게 소리 내어 읽어 봅니다.

방송문

장음

좌:석벨트 / 매: 주십시오 / 감:사

ㅎ 발음

비행기 / 착륙하겠습니다 / 감사합니다

이중모음

여러분 / 착륙 / 좌석벨트

4단계 **에코처럼 따라 말하라!** (섀도잉으로 자연스럽게 익히기)

방송문

- 모델 보이스를 그림자처럼 바로 따라 해 보세요.
- 끊어 읽기와 강세, 억양에 집중해서 방송을 따라 해 봅니다.

손님 여러분,

우리 비행기는 곧 착륙하겠습니다.

좌석벨트를 매 주십시오.

감사합니다.

⊙ 쉼표(,) : 반템포 쉼 주기　　마침표(.) : 한 호흡 길이로 숨 쉬기

: 두 배 길이로 호흡하며 클로징 준비하기　　글자 위의 붉은 점(˙) : 강세

5단계 **전문적인 올바른 방송을 만들어 보자!** (자연스럽게 구사하며 실전 연습하기)

방송문

- 먼저, 방송 전문가의 발음과 억양을 따라 방송해 보세요.
- 세 번 반복해 봅니다. ☑☐☐
- 그다음, 자신의 방송을 녹음해 봅시다.

손님 여러분,

우리 비행기는 곧 착륙하겠습니다.

좌석벨트를 매 주십시오.

감사합니다.

⊙ 쉼표(,) : 반템포 쉼 주기　　마침표(.) : 한 호흡 길이로 숨 쉬기

: 두 배 길이로 호흡하며 클로징 준비하기　　글자 위의 붉은 점(˙) : 강세　　붉은 글자 : 장음

COACHING DIARY 3

코칭회차

코칭일 | 코칭시간

Goal Setting(목표 설정)

모델 보이스를 들으면서 최상의 기내 방송을 하고 있는 자신의 모습을 상상하며, 해당 방송의 시점과 주요 내용을 정리해 보세요.

안내 말씀 드리겠습니다.
곧 로스앤젤레스 국제 공항에 도착하겠습니다.
좌석 등받이와 발 받침대, 테이블을 제자리로 해 주시고, 꺼내 놓은 짐 또는 노트북 등 큰 전자기기는 앞 좌석 아래나 선반 속에 다시 보관해 주시기 바랍니다.
감사합니다.

방송 시점	
주요 방송 내용	
특징 및 유의 사항	

Reality Checking(객관적인 현실 점검)

다음 방송문을 녹음해서 들어 보고, 한국어 방송 스킬 학습 내용을 토대로 자신의 잘한 부분과 아쉬운 부분을 스스로 작성해 보세요.

잘한 부분	아쉬운 부분

Option Strategy(대안 모색)

다음 한국어 방송문에 장음인 글자를 동그라미로 표시하고, 끊어 읽기를 해야 할 곳을 표시해 보세요.

안내 말씀 드리겠습니다.
곧 로스앤젤레스 국제 공항에 도착하겠습니다.
좌석 등받이와 발 받침대, 테이블을 제자리로 해 주시고, 꺼내 놓은 짐 또는 노트북 등 큰 전자기기는 앞 좌석 아래나 선반 속에 다시 보관해 주시기 바랍니다.
감사합니다.

Will-based Action(실행 의지)

모델 보이스 수준의 전문적인 방송을 하기 위한 자신만의 실천 계획을 작성해 보세요.

가장 먼저 할 일	1. 2. 3.
일주일 후에 할 일	1. 2. 3.
한 달 후에 할 일	1. 2. 3.

코치 피드백 담기

방송 스피치의 주요 코칭 포인트는 발음 정확도, 호흡과 성량, 억양과 리듬, 목소리 톤, 방송문 숙지, 상황 대처 능력, 비언어적 표현, 서비스 이미지 반영입니다. 먼저, 학습한 내용을 토대로 충분히 연습한 후 녹음하여 교수자에게 전문적인 코칭을 받아 보세요. 그리고 제출한 녹음본의 주요 피드백 내용을 정리해 보세요.

2-4 착륙 후 안내 방송(Post-landing Announcements)

이륙 전 안내 방송 Pre-departure Announcements

- 항공기 출발 준비 안내(Preparation for Departure)
- 승객 탑승 환영(Welcome Onboard)
- 안전 시연 안내(Safety Demonstration)
- 이륙 직전 안내(Take-off Announcement)

이륙 후 안내 방송 In-flight Announcements

- 좌석벨트 표시등 소등 안내(Seatbelt Sign Off)
- 기내 판매 안내(In-flight Sales)

착륙 전 안내 방송 Pre-landing Announcements

- 도착지 정보 및 검역 안내 (Arrival Documents & Health Declaration)
- 목적지 공항 접근 안내(Descent & Approaching)
- 착륙 직전 안내(Landing Announcement)

착륙 후 안내 방송 Post-landing Announcements

- 도착 인사 및 환송 방송(Farewell Announcement)
- 하기 절차 안내(Disembarkation Instructions)

1) 도착 인사 및 환송 방송(Farewell Announcement)

1단계 방송의 설계도를 그려라! (내용을 읽고, 방송 구조 이해하기)

- 아래 방송문 내용을 눈으로 읽은 다음, 해석해 보세요.
- 방송 시점 · 내용 · 특징을 파악하고, 어떤 느낌으로 전달하면 좋을지 상상해 봅니다.

손님 여러분,
우리 비행기는 로스앤젤레스 국제 공항에 도착했습니다.

> **30분 이상 지연/기상, 천재지변 등 귀책 사유가 아닌 경우**
> 공항 제설 작업으로 인해 도착이 예정보다 늦어졌습니다.

비행기가 완전히 멈춘 후 좌석벨트 표시등이 꺼질 때까지 자리에서 기다려 주시고, 선반을 여실 때는 안에 있는 물건이 떨어질 수 있으니 조심해 주십시오.
오늘도 스카이팀 회원사인 한국항공을 이용해 주셔서 대단히 감사합니다.
저희 승무원들은 앞으로도 여러분께서 안전하고 편안하게 여행하시도록 정성을 다하겠습니다.
감사합니다.

방송문

2단계 소리의 흐름에 집중하라! (전문가 음성 청취 & 발음 분석)

- 모델 보이스를 들으며 방송 전문가의 낭독을 들어 보세요.
- 아래는 발음에 유의해야 하는 부분입니다. 여기에 집중해서 들어 봅니다.

> 스카이팀 회원사 / 대단히 / 안전하고 / 편안하게

3단계 나의 목소리를 찾자! (소리 내어 낭독하며 익히기)

발음

- 이제, 소리 내어 읽어 보세요.
- 2단계에서 들었던 방송 전문가의 발음을 떠올리며 최대한 비슷하게 소리 내어 읽어 봅니다.

방송문

장음

도:착 / 예:정 / 멈춘 후: / 좌:석벨트 / 조:심 / 회:원사 / 이:용 / 대:단히 / 감:사 / 다:하겠습니다

ㅎ 발음

비행기 / 했습니다 / 완전히 / 멈춘 후 / 조심해 / 회원사 / 이용해 / 대단히 / 감사합니다 / 저희 / 안전하고 / 편안하게 / 여행하시도록 / 다하겠습니다

이중모음

여러분 / 관계 / 예정 / 늦어졌습니다 / 완전히 / 좌석벨트 / 표시등 / 기다려 / 여실 / 회원사 / 저희 / 승무원 / 편안하게 / 여행

4단계 에코처럼 따라 말하라! (섀도잉으로 자연스럽게 익히기)

방송문

- 모델 보이스를 그림자처럼 바로 따라 해 보세요.
- 끊어 읽기와 강세, 억양에 집중해서 방송을 따라 해 봅니다.

손님 여러분,
우리 비행기는 로스앤젤레스 국제 공항에 도착했습니다.

30분 이상 지연/기상, 천재지변 등 귀책 사유가 아닌 경우

공항 제설 작업으로 인해/ 도착이 예정보다 늦어졌습니다.

비행기가 완전히 멈춘 후/ 좌석벨트 표시등이 꺼질 때까지/ 자리에서 기다려 주시고, 선반을 여실 때는/ 안에 있는 물건이 떨어질 수 있으니/ 조심해 주십시오.

오늘도/ 스카이팀 회원사인 한국항공을 이용해 주셔서/ 대단히 감사합니다.

저희 승무원들은/ 앞으로도 여러분께서 안전하고 편안하게 여행하시도록/ 정성을 다하겠습니다.

감사합니다.

⊙ 쉼표(,)와 슬래시(/) : 반템포 쉼 주기　　마침표(.) : 한 호흡 길이로 숨 쉬기

: 두 배 길이로 호흡하며 클로징 준비하기　　글자 위의 붉은 점(•) : 강세

방송문

5단계 전문적인 올바른 방송을 만들어 보자! (자연스럽게 구사하며 실전 연습하기)

- 먼저, 방송 전문가의 발음과 억양을 따라 방송해 보세요.
- 세 번 반복해 봅니다. ☑☐☐
- 그다음, 자신의 방송을 녹음해 봅시다.

손님 여러분,

우리 비행기는 로스앤젤레스 국제 공항에 도착했습니다.

30분 이상 지연/기상, 천재지변 등 귀책 사유가 아닌 경우

공항 제설 작업으로 인해/ 도착이 예정보다 늦어졌습니다.

비행기가 완전히 멈춘 후/ 좌석벨트 표시등이 꺼질 때까지/ 자리에서 기다려 주시고, 선반을 여실 때는/ 안에 있는 물건이 떨어질 수 있으니/ 조심해 주십시오.

오늘도/ 스카이팀 회원사인 한국항공을 이용해 주셔서/ 대단히 감사합니다.

저희 승무원들은/ 앞으로도 여러분께서 안전하고 편안하게 여행하시도록/ 정성을 다하겠습니다.

감사합니다.

⊙ 쉼표(,)와 슬래시(/) : 반템포 쉼 주기　마침표(.) : 한 호흡 길이로 숨 쉬기( )

 : 두 배 길이로 호흡하며 클로징 준비하기　글자 위의 붉은 점(•) : 강세　붉은 글자 : 장음

2) 하기 절차 안내(Disembarkation Instructions)

1단계 방송의 설계도를 그려라! (내용을 읽고, 방송 구조 이해하기)

- 아래 방송문 내용을 눈으로 읽은 다음, 해석해 보세요.
- 방송 시점 · 내용 · 특징을 파악하고, 어떤 느낌으로 전달하면 좋을지 상상해 봅니다.

한국항공 가족 여러분,

지금부터 하기하겠습니다.

잊으신 짐들이 없는지 다시 한번 확인해 주십시오.

버스로 이동하는 경우

터미널까지 버스로 모시겠습니다.

Step Car가 연결된 경우

계단을 이용하실 때 주의하시기 바랍니다.

감사합니다.

방송문

2단계 소리의 흐름에 집중하라! (전문가 음성 청취 & 발음 분석)

- 모델 보이스를 들으며 방송 전문가의 낭독을 들어 보세요.
- 아래는 발음에 유의해야 하는 부분입니다. 여기에 집중해서 들어 봅니다.

지금부터 / 다시 한번 / 확인해 주십시오

3단계 나의 목소리를 찾자! (소리 내어 낭독하며 익히기)

발음

- 이제, 소리 내어 읽어 보세요.
- 2단계에서 들었던 방송 전문가의 발음을 떠올리며 최대한 비슷하게 소리 내어 읽어 봅니다.

방송문

장음

모:시겠습니다 / 이:용 / 주:의 / 감:사

ㅎ 발음

하기하겠습니다 / 한번 / 확인해 / 이용하실 / 주의하시기 / 감사합니다

이중모음

여러분 / 확인해 / 계단을 / 이용하실 / 주의하시기

4단계 에코처럼 따라 말하라! (섀도잉으로 자연스럽게 익히기)

방송문

- 모델 보이스를 그림자처럼 바로 따라 해 보세요.
- 끊어 읽기와 강세, 억양에 집중해서 방송을 따라 해 봅니다.

한국항공 가족 여러분,

지금부터 하기하겠습니다.

잊으신 짐들이 없는지/ 다시 한번 확인해 주십시오.

버스로 이동하는 경우

터미널까지/ 버스로 모시겠습니다.

Step Car가 연결된 경우

계단을 이용하실 때/ 주의하시기 바랍니다.

감사합니다.

⊙ 쉼표(,)와 슬래시(/) : 반템포 쉼 주기　　마침표(.) : 한 호흡 길이로 숨 쉬기( )
 : 두 배 길이로 호흡하며 클로징 준비하기　　글자 위의 붉은 점(˙) : 강세

QR 방송문

5단계 전문적인 올바른 방송을 만들어 보자! (자연스럽게 구사하며 실전 연습하기)

- 먼저, 방송 전문가의 발음과 억양을 따라 방송해 보세요.
- 세 번 반복해 봅니다. ☑☐☐
- 그다음, 자신의 방송을 녹음해 봅시다.

한국항공 가족 여러분,
지금부터 하기하겠습니다.
잊으신 짐들이 없는지/ 다시 한번 확인해 주십시오.

버스로 이동하는 경우

터미널까지/ 버스로 모시겠습니다.

Step Car가 연결된 경우

계단을 이용하실 때/ 주의하시기 바랍니다.

감사합니다.

⊙ 쉼표(,)와 슬래시(/) : 반템포 쉼 주기　　마침표(.) : 한 호흡 길이로 숨 쉬기( )
 : 두 배 길이로 호흡하며 클로징 준비하기　　글자 위의 붉은 점(˙) : 강세　　붉은 글자 : 장음

COACHING DIARY 4

코칭회차

코칭일 　　　코칭시간

Goal Setting(목표 설정)

모델 보이스를 들으면서 최상의 기내 방송을 하고 있는 자신의 모습을 상상하며, 해당 방송의 시점과 주요 내용을 정리해 보세요.

손님 여러분,
우리 비행기는 로스앤젤레스 국제 공항에 도착했습니다.
공항 제설 작업으로 인해 도착이 예정보다 늦어졌습니다. 비행기가 완전히 멈춘 후 좌석벨트 표시등이 꺼질 때까지 자리에서 기다려 주시고, 선반을 여실 때는 안에 있는 물건이 떨어질 수 있으니 조심해 주십시오.
오늘도 스카이팀 회원사인 한국항공을 이용해 주셔서 대단히 감사합니다.
저희 승무원들은 앞으로도 여러분께서 안전하고 편안하게 여행하시도록 정성을 다하겠습니다.
감사합니다.

방송 시점	
주요 방송 내용	
특징 및 유의 사항	

Reality Checking(객관적인 현실 점검)

다음 방송문을 녹음해서 들어 보고, 한국어 방송 스킬 학습 내용을 토대로 자신의 잘한 부분과 아쉬운 부분을 스스로 작성해 보세요.

잘한 부분	아쉬운 부분

Option Strategy(대안 모색)

다음 한국어 방송문에 장음인 글자를 동그라미로 표시하고, 끊어 읽기를 해야 할 곳을 표시해 보세요.

손님 여러분,

우리 비행기는 로스앤젤레스 국제 공항에 도착했습니다.

공항 제설 작업으로 인해 도착이 예정보다 늦어졌습니다. 비행기가 완전히 멈춘 후 좌석벨트 표시등이 꺼질 때까지 자리에서 기다려 주시고, 선반을 여실 때는 안에 있는 물건이 떨어질 수 있으니 조심해 주십시오.

오늘도 스카이팀 회원사인 한국항공을 이용해 주셔서 대단히 감사합니다.

저희 승무원들은 앞으로도 여러분께서 안전하고 편안하게 여행하시도록 정성을 다하겠습니다.

감사합니다.

Will-based Action(실행 의지)

모델 보이스 수준의 전문적인 방송을 하기 위한 자신만의 실천 계획을 작성해 보세요.

가장 먼저 할 일	1. 2. 3.
일주일 후에 할 일	1. 2. 3.
한 달 후에 할 일	1. 2. 3.

코치 피드백 담기

방송 스피치의 주요 코칭 포인트는 발음 정확도, 호흡과 성량, 억양과 리듬, 목소리 톤, 방송문 숙지, 상황 대처 능력, 비언어적 표현, 서비스 이미지 반영입니다. 먼저, 학습한 내용을 토대로 충분히 연습한 후 녹음하여 교수자에게 전문적인 코칭을 받아 보세요. 그리고 제출한 녹음본의 주요 피드백 내용을 정리해 보세요.

3. 한국어 비정상 상황 방송(Irregular Announcement)

3-1 지연 및 대기 상황(Delay & Holding)

지연 및 대기 상황 Delay & Holding

- 출발 지연 안내(Departure Delay)
- 이륙 지연 안내(Take-off Delay)
- 상황 종료 후 재출발 안내(Resumption After Delay)

기류 불안정 상황 Turbulence

- 1차 – 좌석벨트 표시등이 켜진 경우 (Seatbelt Sign On – Initial)
- 2차 – 좌석벨트 표시등이 켜진 채 장시간 흔들릴 경우 (Seatbelt Sign On – Prolonged Shaking)
- 2차 – 좌석벨트 표시등이 켜져 있으나 흔들리지 않을 경우(Seatbelt Sign On – No Shaking)

비상 상황 Emergency Situation

- 기내 난동 발생(Passenger Disturbance)
- 기내 화재 발생(Cabin Fire)
- 응급 환자 발생(Medical Emergency)

1) 출발 지연 안내(Departure Delay)

1단계 방송의 설계도를 그려라! (내용을 읽고, 방송 구조 이해하기)

- 아래 방송문 내용을 눈으로 읽은 다음, 해석해 보세요.
- 방송 시점 · 내용 · 특징을 파악하고, 어떤 느낌으로 전달하면 좋을지 상상해 봅니다.

손님 여러분,

우리 비행기는 출발 준비를 마쳤습니다. 하지만,

승객 탑승 관련

a. 일부 연결편 승객이 아직 탑승하지 않아

기상 관련

b. 폭우/폭설/강풍/짙은 안개로 인해

c. 로스앤젤레스 국제 공항의 기상 상태가 좋지 않아

d. 이륙 경로상의 뇌우로 인해

e. 공항 제설 작업으로 인해

f. 항공기의 제설/서리 제거 작업을 위한 순서를 기다리고 있어

공항/항로 혼잡

g. 공항이 혼잡해

h. 오늘 우리 비행기가 지날 중국 항로가 혼잡해 관제 허가를 아직 받지 못했습니다.

수하물 관련

i. 손님들의 짐을 싣고 있어

j. 일부 탑승하지 않은 승객의 짐을 내리고 있어

탑재 관련

k. 기내식/서비스 물품을 추가 탑재하기 위해

l. 비행에 필요한 서류를 탑재하기 위해

점검 관련

m. 항공기 추가 점검이 필요해

환자 발생

n. 응급 환자가 발생해 필요한 조치를 하고 있어

탑승객 하기

o. 손님 중 응급 환자를 내려 드리고 있어

p. 탑승하신 일부 승객을 내려 드리고 있어

출발이 늦어지고 있습니다.

상황에 따라 선택

a. 잠시 후에 출발하겠습니다.

b. 약 5분(/20분) 후에 출발하겠습니다.

이 점 양해해 주시기 바랍니다.

감사합니다.

2단계 **소리의 흐름에 집중하라!** (전문가 음성 청취 & 발음 분석)

방송문

- 모델 보이스를 들으며 방송 전문가의 낭독을 들어 보세요.
- 아래는 발음에 유의해야 하는 부분입니다. 여기에 집중해서 들어 봅니다.

하지만 / 늦어지고 / 양해해 주시기 바랍니다

3단계 **나의 목소리를 찾자!** (소리 내어 낭독하며 익히기)

발음

- 이제, 소리 내어 읽어 보세요.
- 2단계에서 들었던 방송 전문가의 발음을 떠올리며 최대한 비슷하게 소리 내어 읽어 봅니다.

방송문

장음

준:비 / 안:개 / 좋:지 / 이:륙 / 항:공기 / 순:서 / 혼:잡 / 항:로 / 못:했습니다 / 신:고 / 응:급 / 환:자 / 잠:시 / 후:에 / 5분(오:분) / 20분(이:십분) / 감:사

ㅎ 발음

비행기 / 하지만 / 탑승하지 / 인해 / 공항 / 항공기 / 위한 / 혼잡해 / 항로 / 허가 / 못했습니다 / 탑재하기 / 비행 / 필요한 / 필요해 / 환자 / 발생해 / 후에 / 하겠습니다 / 양해해 / 감사합니다

이중모음

여러분 / 마쳤습니다 / 이륙 / 경로상의 / 뇌우 / 위한 / 관제 / 필요 / 서류 / 환자 / 약 5분 후에 / 양해해

방송문

4단계 에코처럼 따라 말하라! (섀도잉으로 자연스럽게 익히기)

- 모델 보이스를 그림자처럼 바로 따라 해 보세요.
- 끊어 읽기와 강세, 억양에 집중해서 방송을 따라 해 봅니다.

손님 여러분,

우리 비행기는 출발 준비를 마쳤습니다. 하지만,

승객 탑승 관련

a. 일부 연결편 승객이/ 아직 탑승하지 않아/

기상 관련

b. 폭우/폭설/강풍/짙은 안개로 인해/

c. 로스앤젤레스 국제 공항의 기상 상태가 좋지 않아/

d. 이륙 경로상의 뇌우로 인해/

e. 공항 제설 작업으로 인해/

f. 항공기의 제설/서리 제거 작업을 위한 순서를 기다리고 있어/

공항/항로 혼잡

g. 공항이 혼잡해/

h. 오늘 우리 비행기가 지날 중국 항로가 혼잡해/ 관제 허가를 아직 받지 못했습니다.

수하물 관련

i. 손님들의 짐을 싣고 있어/

j. 일부 탑승하지 않은 승객의 짐을 내리고 있어/

탑재 관련

k. 기내식/서비스 물품을 추가 탑재하기 위해/

l. 비행에 필요한 서류를 탑재하기 위해/

점검 관련

m. 항공기 추가 점검이 필요해/

환자 발생

n. 응급 환자가 발생해/ 필요한 조치를 하고 있어/

탑승객 하기

o. 손님 중 응급 환자를/ 내려 드리고 있어/

p. 탑승하신 일부 승객을/ 내려 드리고 있어/

출발이 늦어지고 있습니다.

상황에 따라 선택

a. 잠시 후에 출발하겠습니다.

b. 약 5분(/20분) 후에 출발하겠습니다.

이 점 양해해 주시기 바랍니다.

감사합니다.

⊙ 쉼표(,)와 슬래시(/) : 반템포 쉼 주기　　마침표(.) : 한 호흡 길이로 숨 쉬기

: 두 배 길이로 호흡하며 클로징 준비하기　　글자 위의 붉은 점(˙) : 강세

방송문

5단계 전문적인 올바른 방송을 만들어 보자! (자연스럽게 구사하며 실전 연습하기)

- 먼저, 방송 전문가의 발음과 억양을 따라 방송해 보세요.
- 세 번 반복해 봅니다. ☑☐☐
- 그다음, 자신의 방송을 녹음해 봅시다.

손님 여러분,

우리 비행기는 출발 준비를 마쳤습니다. 하지만,

승객 탑승 관련

a. 일부 연결편 승객이/ 아직 탑승하지 않아/

기상 관련

b. 폭우/폭설/강풍/짙은 안개로 인해/

c. 로스앤젤레스 국제 공항의 기상 상태가 좋지 않아/

d. 이륙 경로상의 뇌우로 인해/

e. 공항 제설 작업으로 인해/

f. 항공기의 제설/서리 제거 작업을 위한 순서를 기다리고 있어/

공항/항로 혼잡

g. 공항이 혼잡해/

h. 오늘 우리 비행기가 지날 중국 항로가 혼잡해/ 관제 허가를 아직 받지 못했습니다.

수하물 관련

i. 손님들의 짐을 싣고 있어/

j. 일부 탑승하지 않은 승객의 짐을 내리고 있어/

탑재 관련

k. 기내식/서비스 물품을 추가 탑재하기 위해/

l. 비행에 필요한 서류를 탑재하기 위해/

점검 관련

m. 항공기 추가 점검이 필요해/

환자 발생

n. 응급 환자가 발생해/ 필요한 조치를 하고 있어/

탑승객 하기

o. 손님 중 응급 환자를/ 내려 드리고 있어/

p. 탑승하신 일부 승객을/ 내려 드리고 있어/

출발이 늦어지고 있습니다.

상황에 따라 선택

a. 잠시 후에 출발하겠습니다.

b. 약 5(오)분(/20(이십)분) 후에 출발하겠습니다.

이 점 양해해 주시기 바랍니다.

🌬🌬 감사합니다.

⊙ 쉼표(,)와 슬래시(/) : 반템포 쉼 주기　　마침표(.) : 한 호흡 길이로 숨 쉬기(🌬)
🌬🌬 : 두 배 길이로 호흡하며 클로징 준비하기　　글자 위의 붉은 점(•) : 강세　　붉은 글자 : 장음

2) 이륙 지연 안내(Take-off Delay)

1단계 방송의 설계도를 그려라! (내용을 읽고, 방송 구조 이해하기)

- 아래 방송문 내용을 눈으로 읽은 다음, 해석해 보세요.
- 방송 시점 · 내용 · 특징을 파악하고, 어떤 느낌으로 전달하면 좋을지 상상해 봅니다.

안내 말씀 드리겠습니다.

우리 비행기는 지금

기상 관련

a. 폭우/폭설/강풍/짙은 안개로 인해

b. 이륙 경로상의 뇌우로 인해

c. 공항 제설 작업으로 인해

공항/항로 혼잡

d. 이착륙하는 비행기가 많아

e. 중국 항로상 간격을 충분히 확보하기 위해

f. 활주로 변경으로

이륙이 늦어지고 있습니다.

상황에 따라 선택

a. 약 20분 후에 출발하겠습니다.

b. 허가를 받는 대로 출발하겠습니다.

이 점 양해해 주시기 바랍니다.

감사합니다.

2단계 소리의 흐름에 집중하라! (전문가 음성 청취 & 발음 분석)

방송문

- 모델 보이스를 들으며 방송 전문가의 낭독을 들어 보세요.
- 아래는 발음에 유의해야 하는 부분입니다. 여기에 집중해서 들어 봅니다.

안내 말씀 드리겠습니다 / 지금 / 이륙이

3단계 나의 목소리를 찾자! (소리 내어 낭독하며 익히기)

발음

- 이제, 소리 내어 읽어 보세요.
- 2단계에서 들었던 방송 전문가의 발음을 떠올리며 최대한 비슷하게 소리 내어 읽어 봅니다.

방송문

장음

안:내 / 말:씀 / 안:개 / 이:륙 / 이:착륙 / 항:로 / 변:경 /
약 20분(이:십분) / 후:에 / 감:사

ㅎ 발음

비행기 / 인해 / 공항 / 이착륙하는 / 항로 / 충분히 / 확보하기 위해 /
활주로 / 약 20분 후에 / 허가 / 출발하겠습니다 / 양해해 / 감사합니다

이중모음

이륙 / 경로상의 / 뇌우 / 이착륙 / 간격 / 확보 / 위해 / 활주로 / 변경 /
약 20분 후에 / 양해해

방송문

4단계 에코처럼 따라 말하라! (섀도잉으로 자연스럽게 익히기)

- 모델 보이스를 그림자처럼 바로 따라 해 보세요.
- 끊어 읽기와 강세, 억양에 집중해서 방송을 따라 해 봅니다.

안내 말씀 드리겠습니다.

우리 비행기는 지금/

기상 관련

a. 폭우/폭설/강풍/짙은 안개로 인해/

b. 이륙 경로상의 뇌우로 인해/

c. 공항 제설 작업으로 인해/

공항/항로 혼잡

d. 이착륙하는 비행기가 많아/

e. 중국 항로상 간격을 충분히 확보하기 위해/

f. 활주로 변경으로/

이륙이 늦어지고 있습니다.

상황에 따라 선택

a. 약 20분 후에 출발하겠습니다.

b. 허가를 받는 대로 출발하겠습니다.

이 점 양해해 주시기 바랍니다.

감사합니다.

⊙ 슬래시(/) : 반템포 쉼 주기　　마침표(.) : 한 호흡 길이로 숨 쉬기

: 두 배 길이로 호흡하며 클로징 준비하기　　글자 위의 붉은 점(•) : 강세

5단계 **전문적인 올바른 방송을 만들어 보자!** (자연스럽게 구사하며 실전 연습하기)

방송문

- 먼저, 방송 전문가의 발음과 억양을 따라 방송해 보세요.
- 세 번 반복해 봅니다. ☑☐☐
- 그다음, 자신의 방송을 녹음해 봅시다.

안내 말씀 드리겠습니다.

우리 비행기는 지금/

기상 관련

a. 폭우/폭설/강풍/짙은 안개로 인해/

b. 이륙 경로상의 뇌우로 인해/

c. 공항 제설 작업으로 인해/

공항/항로 혼잡

d. 이착륙하는 비행기가 많아/

e. 중국 항로상 간격을 충분히 확보하기 위해/

f. 활주로 변경으로/

이륙이 늦어지고 있습니다.

상황에 따라 선택

a. 약 20(이십)분 후에 출발하겠습니다.

b. 허가를 받는 대로 출발하겠습니다.

이 점 양해해 주시기 바랍니다.

감사합니다.

⊙ 슬래시(/) : 반템포 쉼 주기　　마침표(.) : 한 호흡 길이로 숨 쉬기

: 두 배 길이로 호흡하며 클로징 준비하기　　글자 위의 붉은 점(•) : 강세　　붉은 글자 : 장음

3) 상황 종료 후 재출발 안내(Resumption After Delay)

1단계 방송의 설계도를 그려라! (내용을 읽고, 방송 구조 이해하기)

- 아래 방송문 내용을 눈으로 읽은 다음, 해석해 보세요.
- 방송 시점 · 내용 · 특징을 파악하고, 어떤 느낌으로 전달하면 좋을지 상상해 봅니다.

손님 여러분,
우리 비행기는

상황에 따라 선택

a. 항공기 점검이(/작업이) 완료돼
b. 로스앤젤레스 국제 공항의 기상 상태가 좋아져
c. 승객 탑승이 완료돼
d. 관제탑으로부터 출발 허가를 받아
e. 서비스 물품의 탑재가 완료돼

곧 출발하겠습니다.
출발을 위해 좌석벨트를 매 주시고, 등받이와 테이블을 제자리로 해 주십시오.
기다려 주셔서 감사합니다.

방송문

2단계 소리의 흐름에 집중하라! (전문가 음성 청취 & 발음 분석)

- 모델 보이스를 들으며 방송 전문가의 낭독을 들어 보세요.
- 아래는 발음에 유의해야 하는 부분입니다. 여기에 집중해서 들어 봅니다.

곧 / 출발을 위해 / 기다려 주셔서

3단계 나의 목소리를 찾자! (소리 내어 낭독하며 익히기)

발음

- 이제, 소리 내어 읽어 보세요.
- 2단계에서 들었던 방송 전문가의 발음을 떠올리며 최대한 비슷하게 소리 내어 읽어 봅니다.

방송문

장음

항:공기 / 좌:석벨트 / 매: 주시고 / 감:사

ㅎ 발음

비행기 / 항공기 / 허가 / 출발하겠습니다 / 위해 / 해 주십시오 / 감사합니다

이중모음

여러분 / 완료돼 / 좋아져 / 관제탑 / 위해 / 좌석벨트 / 기다려 주셔서

4단계 에코처럼 따라 말하라! (섀도잉으로 자연스럽게 익히기)

방송문

- 모델 보이스를 그림자처럼 바로 따라 해 보세요.
- 끊어 읽기와 강세, 억양에 집중해서 방송을 따라 해 봅니다.

손님 여러분,

우리 비행기는

상황에 따라 선택

a. 항공기 점검이(/작업이) 완료돼/

b. 로스앤젤레스 국제 공항의 기상 상태가 좋아져/

c. 승객 탑승이 완료돼/

d. 관제탑으로부터 출발 허가를 받아/
e. 서비스 물품의 탑재가 완료돼/

곧 출발하겠습니다.
출발을 위해/ 좌석벨트를 매 주시고, 등받이와 테이블을 제자리로 해 주십시오.
기다려 주셔서 감사합니다.

⊙ 쉼표(,)와 슬래시(/) : 반템포 쉼 주기　　마침표(.) : 한 호흡 길이로 숨 쉬기( )
　 : 두 배 길이로 호흡하며 클로징 준비하기　　글자 위의 붉은 점(˙) : 강세

방송문

5단계 전문적인 올바른 방송을 만들어 보자! (자연스럽게 구사하며 실전 연습하기)

- 먼저, 방송 전문가의 발음과 억양을 따라 방송해 보세요.
- 세 번 반복해 봅니다. ☑☐☐
- 그다음, 자신의 방송을 녹음해 봅시다.

손님 여러분,
우리 비행기는

상황에 따라 선택

a. 항공기 점검이(/작업이) 완료돼/
b. 로스앤젤레스 국제 공항의 기상 상태가 좋아져/
c. 승객 탑승이 완료돼/
d. 관제탑으로부터 출발 허가를 받아/
e. 서비스 물품의 탑재가 완료돼/

곧 출발하겠습니다.

출발을 위해/ 좌석벨트를 매 주시고, 등받이와 테이블을 제자리로 해 주십시오.

기다려 주셔서 감사합니다.

⊙ 쉼표(,)와 슬래시(/) : 반템포 쉼 주기　마침표(.) : 한 호흡 길이로 숨 쉬기

: 두 배 길이로 호흡하며 클로징 준비하기　글자 위의 붉은 점(˙) : 강세　붉은 글자 : 장음

COACHING DIARY 5

코칭회차

코칭일 코칭시간

Goal Setting(목표 설정)

모델 보이스를 들으면서 최상의 기내 방송을 하고 있는 자신의 모습을 상상하며, 해당 방송의 시점과 주요 내용을 정리해 보세요.

안내 말씀 드리겠습니다.
우리 비행기는 지금 이착륙하는 비행기가 많아 이륙이 늦어지고 있습니다.
허가를 받는 대로 출발하겠습니다.
이 점 양해해 주시기 바랍니다.
감사합니다.

방송 시점	
주요 방송 내용	
특징 및 유의 사항	

Reality Checking(객관적인 현실 점검)

다음 방송문을 녹음해서 들어 보고, 한국어 방송 스킬 학습 내용을 토대로 자신의 잘한 부분과 아쉬운 부분을 스스로 작성해 보세요.

잘한 부분	아쉬운 부분

Option Strategy(대안 모색)

다음 한국어 방송문에 장음인 글자를 동그라미로 표시하고, 끊어 읽기를 해야 할 곳을 표시해 보세요.

> 안내 말씀 드리겠습니다.
> 우리 비행기는 지금 이착륙하는 비행기가 많아 이륙이 늦어지고 있습니다.
> 허가를 받는 대로 출발하겠습니다.
> 이 점 양해해 주시기 바랍니다.
> 감사합니다.

Will-based Action(실행 의지)

모델 보이스 수준의 전문적인 방송을 하기 위한 자신만의 실천 계획을 작성해 보세요.

가장 먼저 할 일	1. 2. 3.
일주일 후에 할 일	1. 2. 3.
한 달 후에 할 일	1. 2. 3.

코치 피드백 담기

방송 스피치의 주요 코칭 포인트는 발음 정확도, 호흡과 성량, 억양과 리듬, 목소리 톤, 방송문 숙지, 상황 대처 능력, 비언어적 표현, 서비스 이미지 반영입니다. 먼저, 학습한 내용을 토대로 충분히 연습한 후 녹음하여 교수자에게 전문적인 코칭을 받아 보세요. 그리고 제출한 녹음본의 주요 피드백 내용을 정리해 보세요.

3-2 기류 불안정 상황(Turbulence)

지연 및 대기 상황
Delay & Holding

- 출발 지연 안내(Departure Delay)
- 이륙 지연 안내(Take-off Delay)
- 상황 종료 후 재출발 안내(Resumption After Delay)

기류 불안정 상황
Turbulence

- 1차 – 좌석벨트 표시등이 켜진 경우 (Seatbelt Sign On – Initial)
- 2차 – 좌석벨트 표시등이 켜진 채 장시간 흔들릴 경우 (Seatbelt Sign On – Prolonged Shaking)
- 2차 – 좌석벨트 표시등이 켜져 있으나 흔들리지 않을 경우(Seatbelt Sign On – No Shaking)

비상 상황
Emergency Situation

- 기내 난동 발생(Passenger Disturbance)
- 기내 화재 발생(Cabin Fire)
- 응급 환자 발생(Medical Emergency)

1) 1차 – 좌석벨트 표시등이 켜진 경우(Seatbelt Sign On – Initial)

1단계 방송의 설계도를 그려라! (내용을 읽고, 방송 구조 이해하기)

- 아래 방송문 내용을 눈으로 읽은 다음, 해석해 보세요.
- 방송 시점 · 내용 · 특징을 파악하고, 어떤 느낌으로 전달하면 좋을지 상상해 봅니다.

손님 여러분,

좌석벨트를 매 주시기 바랍니다.

방송문

2단계 소리의 흐름에 집중하라! (전문가 음성 청취 & 발음 분석)

- 모델 보이스를 들으며 방송 전문가의 낭독을 들어 보세요.
- 아래는 발음에 유의해야 하는 부분입니다. 여기에 집중해서 들어 봅니다.

좌석벨트 / 매 주시기 바랍니다

발음

3단계 나의 목소리를 찾자! (소리 내어 낭독하며 익히기)

- 이제, 소리 내어 읽어 보세요.
- 2단계에서 들었던 방송 전문가의 발음을 떠올리며 최대한 비슷하게 소리 내어 읽어 봅니다.

방송문

장음

좌:석 / 매: 주시기

이중모음

여러분 / 좌석벨트

4단계 에코처럼 따라 말하라! (섀도잉으로 자연스럽게 익히기)

- 모델 보이스를 그림자처럼 바로 따라 해 보세요.
- 끊어 읽기와 강세, 억양에 집중해서 방송을 따라 해 봅니다.

방송문

손님 여러분,

좌석벨트를 매 주시기 바랍니다.

⊙ 쉼표(,) : 반템포 쉼 주기   마침표(.) : 한 호흡 길이로 숨 쉬기

글자 위의 붉은 점(•) : 강세

5단계 전문적인 올바른 방송을 만들어 보자! (자연스럽게 구사하며 실전 연습하기)

- 먼저, 방송 전문가의 발음과 억양을 따라 방송해 보세요.
- 세 번 반복해 봅니다. ☑☐☐
- 그다음, 자신의 방송을 녹음해 봅시다.

방송문

손님 여러분,

좌석벨트를 매 주시기 바랍니다.

⊙ 쉼표(,) : 반템포 쉼 주기   마침표(.) : 한 호흡 길이로 숨 쉬기

글자 위의 붉은 점(•) : 강세   붉은 글자 : 장음

2) 2차 – 좌석벨트 표시등이 켜진 채 장시간 흔들릴 경우 (Seatbelt Sign On – Prolonged Shaking)

1단계 방송의 설계도를 그려라! (내용을 읽고, 방송 구조 이해하기)

- 아래 방송문 내용을 눈으로 읽은 다음, 해석해 보세요.
- 방송 시점 · 내용 · 특징을 파악하고, 어떤 느낌으로 전달하면 좋을지 상상해 봅니다.

손님 여러분,
비행기가 계속해서 흔들리고 있습니다.
좌석벨트를 매셨는지 다시 한번 확인해 주시고 화장실 사용은 삼가시기 바랍니다.

유아 동반 방송 필요시

그리고 유아를 동반하신 손님께서는 안전하게 유아를 안아 주시기 바랍니다.

방송문

2단계 소리의 흐름에 집중하라! (전문가 음성 청취 & 발음 분석)

- 모델 보이스를 들으며 방송 전문가의 낭독을 들어 보세요.
- 아래는 발음에 유의해야 하는 부분입니다. 여기에 집중해서 들어 봅니다.

계속해서 / 삼가시기 바랍니다 / 안아 주시기 바랍니다

3단계 나의 목소리를 찾자! (소리 내어 낭독하며 익히기)

발음

- 이제, 소리 내어 읽어 보세요.
- 2단계에서 들었던 방송 전문가의 발음을 떠올리며 최대한 비슷하게 소리 내어 읽어 봅니다.

방송문

장음

계:속 / 좌:석벨트 / 매:셨는지 / 사:용 / 안:아 주시기

ㅎ 발음

비행기 / 계속해서 / 흔들리고 / 한번 / 확인해 / 화장실 / 동반하신 / 안전하게

이중모음

여러분 / 계속 / 좌석벨트 / 매셨는지 / 확인 / 화장실 / 사용 / 유아

4단계 에코처럼 따라 말하라! (섀도잉으로 자연스럽게 익히기)

방송문

- 모델 보이스를 그림자처럼 바로 따라 해 보세요.
- 끊어 읽기와 강세, 억양에 집중해서 방송을 따라 해 봅니다.

손님 여러분,

비행기가 계속해서 흔들리고 있습니다.

좌석벨트를 매셨는지/ 다시 한번 확인해 주시고/ 화장실 사용은 삼가시기 바랍니다.

유아 동반 방송 필요시

그리고 유아를 동반하신 손님께서는/ 안전하게 유아를 안아 주시기 바랍니다.

⊙ 쉼표(,)와 슬래시(/) : 반템포 쉼 주기　　마침표(.) : 한 호흡 길이로 숨 쉬기
글자 위의 붉은 점(•) : 강세

방송문

5단계 전문적인 올바른 방송을 만들어 보자! (자연스럽게 구사하며 실전 연습하기)

- 먼저, 방송 전문가의 발음과 억양을 따라 방송해 보세요.
- 세 번 반복해 봅니다. ☑☐☐
- 그다음, 자신의 방송을 녹음해 봅시다.

손님 여러분,
비행기가 계속해서 흔들리고 있습니다.
좌석벨트를 매셨는지/ 다시 한번 확인해 주시고/ 화장실 사용은 삼가시기 바랍니다.

유아 동반 방송 필요시

그리고 유아를 동반하신 손님께서는/ 안전하게 유아를 안아 주시기 바랍니다.

⊙ 쉼표(,)와 슬래시(/) : 반템포 쉼 주기　　마침표(.) : 한 호흡 길이로 숨 쉬기
글자 위의 붉은 점(•) : 강세　　붉은 글자 : 장음

3) 2차 - 좌석벨트 표시등이 켜져 있으나 흔들리지 않을 경우 (Seatbelt Sign On - No Shaking)

1단계 방송의 설계도를 그려라! (내용을 읽고, 방송 구조 이해하기)

- 아래 방송문 내용을 눈으로 읽은 다음, 해석해 보세요.
- 방송 시점 · 내용 · 특징을 파악하고, 어떤 느낌으로 전달하면 좋을지 상상해 봅니다.

안내 말씀 드리겠습니다.

A: 흔들리지 않는 경우(지속적인 주의가 필요할 때)

우리 비행기는 기류가 불안정한 지역을 지나고 있습니다. 좌석벨트 표시등이 꺼질 때까지 자리에서 잠시만 기다려 주시고 화장실 사용은 삼가시기 바랍니다.

B: 난기류 재진입이 예상될 경우

우리 비행기는 잠시 후에 다시 기류 변화가 심한 지역을 지나갈 예정입니다. 좌석벨트를 계속 매 주시고 화장실 사용은 삼가시기 바랍니다.

유아 동반 방송 필요시

그리고 유아를 동반하신 손님께서는 안전하게 유아를 안아 주시기 바랍니다.

방송문

2단계 소리의 흐름에 집중하라! (전문가 음성 청취 & 발음 분석)

- 모델 보이스를 들으며 방송 전문가의 낭독을 들어 보세요.
- 아래는 발음에 유의해야 하는 부분입니다. 여기에 집중해서 들어 봅니다.

불안정한 지역을 / 꺼질 때까지 / 잠시만 / 잠시 후에 / 계속

발음

3단계 나의 목소리를 찾자! (소리 내어 낭독하며 익히기)

- 이제, 소리 내어 읽어 보세요.
- 2단계에서 들었던 방송 전문가의 발음을 떠올리며 최대한 비슷하게 소리 내어 읽어 봅니다.

방송문

장음

안:내 / 말:씀 / 좌:석벨트 / 잠:시 / 사:용 / 후:에 / 변:화 / 심:한 / 예:정 / 계:속 / 매: 주시고 / 안:아 주시기

ㅎ 발음

비행기 / 불안정한 / 화장실 / 잠시 후에 / 변화 / 심한 / 동반하신 / 안전하게

이중모음

기류 / 지역 / 좌석벨트 / 표시등 / 화장실 / 사용 / 변화 / 예정 / 계속 / 유아

4단계 **에코처럼 따라 말하라!** (섀도잉으로 자연스럽게 익히기)

방송문

- 모델 보이스를 그림자처럼 바로 따라 해 보세요.
- 끊어 읽기와 강세, 억양에 집중해서 방송을 따라 해 봅니다.

안내 말씀 드리겠습니다.

A: 흔들리지 않는 경우(지속적인 주의가 필요할 때)

우리 비행기는/ 기류가 불안정한 지역을 지나고 있습니다. 좌석벨트 표시등이 꺼질 때까지/ 자리에서 잠시만 기다려 주시고/ 화장실 사용은 삼가시기 바랍니다.

B: 난기류 재진입이 예상될 경우

우리 비행기는/ 잠시 후에/ 다시 기류 변화가 심한 지역을 지나갈 예정입니다. 좌석벨트를 계속 매 주시고/ 화장실 사용은 삼가시기 바랍니다.

유아 동반 방송 필요시

그리고 유아를 동반하신 손님께서는/ 안전하게 유아를 안아 주시기 바랍니다.

⊙ 슬래시(/) : 반템포 쉼 주기　　마침표(.) : 한 호흡 길이로 숨 쉬기
글자 위의 붉은 점(•) : 강세

방송문

5단계 전문적인 올바른 방송을 만들어 보자! (자연스럽게 구사하며 실전 연습하기)

- 먼저, 방송 전문가의 발음과 억양을 따라 방송해 보세요.
- 세 번 반복해 봅니다. ☑□□
- 그다음, 자신의 방송을 녹음해 봅시다.

안내 말씀 드리겠습니다.

A: 흔들리지 않는 경우(지속적인 주의가 필요할 때)

우리 비행기는/ 기류가 불안정한 지역을 지나고 있습니다. 좌석벨트 표시등이 꺼질 때까지/ 자리에서 잠시만 기다려 주시고/ 화장실 사용은 삼가시기 바랍니다.

B: 난기류 재진입이 예상될 경우

우리 비행기는/ 잠시 후에/ 다시 기류 변화가 심한 지역을 지나갈 예정입니다. 좌석벨트를 계속 매 주시고/ 화장실 사용은 삼가시기 바랍니다.

유아동반 방송 필요시

그리고 유아를 동반하신 손님께서는/ 안전하게 유아를 안아 주시기 바랍니다.

⊙ 슬래시(/) : 반템포 쉼 주기　　마침표(.) : 한 호흡 길이로 숨 쉬기

글자 위의 붉은 점(•) : 강세　　붉은 글자 : 장음

COACHING DIARY 6

코칭회차

코칭일　　　　코칭시간

Goal Setting(목표 설정)

모델 보이스를 들으면서 최상의 기내 방송을 하고 있는 자신의 모습을 상상하며, 해당 방송의 시점과 주요 내용을 정리해 보세요.

손님 여러분,
비행기가 계속해서 흔들리고 있습니다.
좌석벨트를 매셨는지 다시 한번 확인해 주시고 화장실 사용은 삼가시기 바랍니다.
그리고 유아를 동반하신 손님께서는 안전하게 유아를 안아 주시기 바랍니다.

방송 시점	
주요 방송 내용	
특징 및 유의 사항	

Reality Checking(객관적인 현실 점검)

다음 방송문을 녹음해서 들어 보고, 한국어 방송 스킬 학습 내용을 토대로 자신의 잘한 부분과 아쉬운 부분을 스스로 작성해 보세요.

잘한 부분	아쉬운 부분

Option Strategy(대안 모색)

다음 한국어 방송문에 장음인 글자를 동그라미로 표시하고, 끊어 읽기를 해야 할 곳을 표시해 보세요.

손님 여러분,

비행기가 계속해서 흔들리고 있습니다.

좌석벨트를 매셨는지 다시 한번 확인해 주시고 화장실 사용은 삼가시기 바랍니다.

그리고 유아를 동반하신 손님께서는 안전하게 유아를 안아 주시기 바랍니다.

Will-based Action(실행 의지)

모델 보이스 수준의 전문적인 방송을 하기 위한 자신만의 실천 계획을 작성해 보세요.

가장 먼저 할 일	1. 2. 3.
일주일 후에 할 일	1. 2. 3.
한 달 후에 할 일	1. 2. 3.

코치 피드백 담기

방송 스피치의 주요 코칭 포인트는 발음 정확도, 호흡과 성량, 억양과 리듬, 목소리 톤, 방송문 숙지, 상황 대처 능력, 비언어적 표현, 서비스 이미지 반영입니다. 먼저, 학습한 내용을 토대로 충분히 연습한 후 녹음하여 교수자에게 전문적인 코칭을 받아 보세요. 그리고 제출한 녹음본의 주요 피드백 내용을 정리해 보세요.

3-3 비상 상황(Emergency Situation)

지연 및 대기 상황 Delay & Holding

- 출발 지연 안내(Departure Delay)
- 이륙 지연 안내(Take-off Delay)
- 상황 종료 후 재출발 안내(Resumption After Delay)

기류 불안정 상황 Turbulence

- 1차 – 좌석벨트 표시등이 켜진 경우 (Seatbelt Sign On – Initial)
- 2차 – 좌석벨트 표시등이 켜진 채 장시간 흔들릴 경우 (Seatbelt Sign On – Prolonged Shaking)
- 2차 – 좌석벨트 표시등이 켜져 있으나 흔들리지 않을 경우(Seatbelt Sign On – No Shaking)

비상 상황 Emergency Situation

- 기내 난동 발생(Passenger Disturbance)
- 기내 화재 발생(Cabin Fire)
- 응급 환자 발생(Medical Emergency)

1) 기내 난동 발생(Passenger Disturbance)

1단계 방송의 설계도를 그려라! (내용을 읽고, 방송 구조 이해하기)

- 아래 방송문 내용을 눈으로 읽은 다음, 해석해 보세요.
- 방송 시점 · 내용 · 특징을 파악하고, 어떤 느낌으로 전달하면 좋을지 상상해 봅니다.

손님 여러분,

저는 여러분을 모시고 가는 사무장입니다.

잠시(/기내) 소란이 있었던 점 양해해 주시기 바랍니다. 원만한 사태 해결에 협조해 주신 손님 여러분께 다시 한번 감사드립니다.

저희 승무원들은 목적지까지 여러분의 편안한 여행을 위해 최선을 다하겠습니다.

2단계 소리의 흐름에 집중하라! (전문가 음성 청취 & 발음 분석)

- 모델 보이스를 들으며 방송 전문가의 낭독을 들어 보세요.
- 아래는 발음에 유의해야 하는 부분입니다. 여기에 집중해서 들어 봅니다.

방송문

원만한 사태 해결 / 목적지까지 / 최선을 다하겠습니다

발음

3단계 나의 목소리를 찾자! (소리 내어 낭독하며 익히기)

- 이제, 소리 내어 읽어 보세요.
- 2단계에서 들었던 방송 전문가의 발음을 떠올리며 최대한 비슷하게 소리 내어 읽어 봅니다.

방송문

장음

모:시고 / 사:무장 / 잠:시 / 사:태 / 해:결 / 감:사드립니다 / 최:선을 / 다:하겠습니다

ㅎ 발음

양해해 / 원만한 / 해결 / 협조해 / 한번 / 저희 / 편안한 / 여행 / 위해 / 다하겠습니다

이중모음

여러분 / 양해해 / 원만한 / 해결 / 협조해 / 저희 / 승무원 / 편안한 / 여행 / 위해 / 최선

방송문

4단계 에코처럼 따라 말하라! (섀도잉으로 자연스럽게 익히기)

- 모델 보이스를 그림자처럼 바로 따라 해 보세요.
- 끊어 읽기와 강세, 억양에 집중해서 방송을 따라 해 봅니다.

손님 여러분,
저는 여러분을 모시고 가는 사무장입니다.
잠시(/기내) 소란이 있었던 점/ 양해해 주시기 바랍니다. 원만한 사태
해결에 협조해 주신/ 손님 여러분께/ 다시 한번 감사드립니다.

저희 승무원들은/ 목적지까지/ 여러분의 편안한 여행을 위해/ 최선을 다하겠습니다.

⊙ 쉼표(,)와 슬래시(/) : 반템포 쉼 주기　　마침표(.) : 한 호흡 길이로 숨 쉬기
: 두 배 길이로 호흡하며 클로징 준비하기　　글자 위의 붉은 점(•) : 강세

5단계 전문적인 올바른 방송을 만들어 보자! (자연스럽게 구사하며 실전 연습하기)

방송문

- 먼저, 방송 전문가의 발음과 억양을 따라 방송해 보세요.
- 세 번 반복해 봅니다. ☑☐☐
- 그다음, 자신의 방송을 녹음해 봅시다.

손님 여러분,
저는 여러분을 모시고 가는 사무장입니다.
잠시(/기내) 소란이 있었던 점/ 양해해 주시기 바랍니다. 원만한 사태 해결에 협조해 주신/ 손님 여러분께/ 다시 한번 감사드립니다.
저희 승무원들은/ 목적지까지/ 여러분의 편안한 여행을 위해/ 최선을 다하겠습니다.

⊙ 쉼표(,)와 슬래시(/) : 반템포 쉼 주기　　마침표(.) : 한 호흡 길이로 숨 쉬기
: 두 배 길이로 호흡하며 클로징 준비하기　　글자 위의 붉은 점(•) : 강세　　붉은 글자 : 장음

2) 기내 화재 발생(Cabin Fire)

1단계 방송의 설계도를 그려라! (내용을 읽고, 방송 구조 이해하기)

- 아래 방송문 내용을 눈으로 읽은 다음, 해석해 보세요.
- 방송 시점 · 내용 · 특징을 파악하고, 어떤 느낌으로 전달하면 좋을지 상상해 봅니다.

손님 여러분,
지금 비행기 내에 작은 연기가 발생해 저희 승무원들이 해결하고 있습니다.
감사합니다.

방송문

2단계 소리의 흐름에 집중하라! (전문가 음성 청취 & 발음 분석)

- 모델 보이스를 들으며 방송 전문가의 낭독을 들어 보세요.
- 아래는 발음에 유의해야 하는 부분입니다. 여기에 집중해서 들어 봅니다.

손님 여러분 / 지금 / 연기가 발생해

발음

3단계 나의 목소리를 찾자! (소리 내어 낭독하며 익히기)

- 이제, 소리 내어 읽어 보세요.
- 2단계에서 들었던 방송 전문가의 발음을 떠올리며 최대한 비슷하게 소리 내어 읽어 봅니다.

방송문

장음

작:은 / 해:결 / 감:사

ㅎ 발음

비행기 / 발생해 / 저희 / 해결하고 / 감사합니다

이중모음

여러분 / 연기 / 저희 / 승무원 / 해결

4단계 에코처럼 따라 말하라! (섀도잉으로 자연스럽게 익히기)

- 모델 보이스를 그림자처럼 바로 따라 해 보세요.
- 끊어 읽기와 강세, 억양에 집중해서 방송을 따라 해 봅니다.

방송문

손님 여러분,
지금 비행기 내에/ 작은 연기가 발생해/ 저희 승무원들이 해결하고 있습니다.
감사합니다.

⊙ 쉼표(,)와 슬래시(/) : 반템포 쉼 주기　　마침표(.) : 한 호흡 길이로 숨 쉬기
: 두 배 길이로 호흡하며 클로징 준비하기　　글자 위의 붉은 점(•) : 강세

5단계 전문적인 올바른 방송을 만들어 보자! (자연스럽게 구사하며 실전 연습하기)

- 먼저, 방송 전문가의 발음과 억양을 따라 방송해 보세요.
- 세 번 반복해 봅니다. ☑☐☐
- 그다음, 자신의 방송을 녹음해 봅시다.

방송문

손님 여러분,
지금 비행기 내에/ 작은 연기가 발생해/ 저희 승무원들이 해결하고 있습니다.
감사합니다.

⊙ 쉼표(,)와 슬래시(/) : 반템포 쉼 주기　　마침표(.) : 한 호흡 길이로 숨 쉬기
: 두 배 길이로 호흡하며 클로징 준비하기　　글자 위의 붉은 점(•) : 강세　　붉은 글자 : 장음

3) 응급 환자 발생(Medical Emergency)

1단계 방송의 설계도를 그려라! (내용을 읽고, 방송 구조 이해하기)

- 아래 방송문 내용을 눈으로 읽은 다음, 해석해 보세요.
- 방송 시점 · 내용 · 특징을 파악하고, 어떤 느낌으로 전달하면 좋을지 상상해 봅니다.

Doctor Paging 1차

안내 말씀 드리겠습니다.
지금 기내에 응급 환자가 발생했습니다. 손님 중에 의사 선생님이 계시면 저희 승무원에게 말씀해 주십시오.
감사합니다.

Doctor Paging 2차

다시 한번 안내 말씀 드리겠습니다.
지금 기내에 응급 환자가 발생해 도움을 필요로 하고 있습니다. 손님 중에 의료인, 응급 구조사가 계시면 승무원에게 말씀해 주십시오.
감사합니다.

방송문

2단계 소리의 흐름에 집중하라! (전문가 음성 청취 & 발음 분석)

- 모델 보이스를 들으며 방송 전문가의 낭독을 들어 보세요.
- 아래는 발음에 유의해야 하는 부분입니다. 여기에 집중해서 들어 봅니다.

지금 기내에 / 다시 한번 / 응급 환자가 발생해

3단계 나의 목소리를 찾자! (소리 내어 낭독하며 익히기)

- 이제, 소리 내어 읽어 보세요.
- 2단계에서 들었던 방송 전문가의 발음을 떠올리며 최대한 비슷하게 소리 내어 읽어 봅니다.

발음

방송문

장음

안:내 / 말:씀 / 응:급 / 환:자 / 계:시면 / 감:사

ㅎ 발음

환자 / 발생했습니다 / 저희 / 말씀해 / 한번 / 발생해 / 하고 / 감사합니다

이중모음

환자 / 의사 / 계시면 / 저희 / 승무원 / 필요 / 의료인

4단계 에코처럼 따라 말하라! (섀도잉으로 자연스럽게 익히기)

- 모델 보이스를 그림자처럼 바로 따라 해 보세요.
- 끊어 읽기와 강세, 억양에 집중해서 방송을 따라 해 봅니다.

방송문

Doctor Paging 1차

안내 말씀 드리겠습니다.

지금 기내에/ 응급 환자가 발생했습니다. 손님 중에 의사 선생님이 계시면/ 저희 승무원에게 말씀해 주십시오.

감사합니다.

Doctor Paging 2차

다시 한번/ 안내 말씀 드리겠습니다.

지금 기내에/ 응급 환자가 발생해/ 도움을 필요로 하고 있습니다. 손님 중에 의료인, 응급 구조사가 계시면/ 승무원에게 말씀해 주십시오.

감사합니다.

⊙ 쉼표(,)와 슬래시(/) : 반템포 쉼 주기 마침표(.) : 한 호흡 길이로 숨 쉬기

: 두 배 길이로 호흡하며 클로징 준비하기 글자 위의 붉은 점(•) : 강세

5단계 전문적인 올바른 방송을 만들어 보자! (자연스럽게 구사하며 실전 연습하기)

방송문

- 먼저, 방송 전문가의 발음과 억양을 따라 방송해 보세요.
- 세 번 반복해 봅니다. ☑☐☐
- 그다음, 자신의 방송을 녹음해 봅시다.

Doctor Paging 1차

안내 말씀 드리겠습니다.

지금 기내에/ 응급 환자가 발생했습니다.

손님 중에 의사 선생님이 계시면/ 저희 승무원에게 말씀해 주십시오.

감사합니다.

Doctor Paging 2차

다시 한번/ 안내 말씀 드리겠습니다.

지금 기내에/ 응급 환자가 발생해/ 도움을 필요로 하고 있습니다. 손님 중에 의료인, 응급 구조사가 계시면/ 승무원에게 말씀해 주십시오.

감사합니다.

⊙ 쉼표(,)와 슬래시(/) : 반템포 쉼 주기 마침표(.) : 한 호흡 길이로 숨 쉬기

: 두 배 길이로 호흡하며 클로징 준비하기 글자 위의 붉은 점(•) : 강세 붉은 글자 : 장음

COACHING DIARY 7

코칭회차

코칭일　　코칭시간

Goal Setting(목표 설정)

모델 보이스를 들으면서 최상의 기내 방송을 하고 있는 자신의 모습을 상상하며, 해당 방송의 시점과 주요 내용을 정리해 보세요.

안내 말씀 드리겠습니다.
지금 기내에 응급 환자가 발생했습니다. 손님 중에 의사 선생님이 계시면 저희 승무원에게 말씀해 주십시오.
감사합니다.

방송 시점	
주요 방송 내용	
특징 및 유의 사항	

Reality Checking(객관적인 현실 점검)

다음 방송문을 녹음해서 들어 보고, 한국어 방송 스킬 학습 내용을 토대로 자신의 잘한 부분과 아쉬운 부분을 스스로 작성해 보세요.

잘한 부분	아쉬운 부분

Option Strategy(대안 모색)

다음 한국어 방송문에 장음인 글자를 동그라미로 표시하고, 끊어 읽기를 해야 할 곳을 표시해 보세요.

안내 말씀 드리겠습니다.
지금 기내에 응급 환자가 발생했습니다. 손님 중에 의사 선생님이 계시면
저희 승무원에게 말씀해 주십시오.
감사합니다.

Will-based Action(실행 의지)

모델 보이스 수준의 전문적인 방송을 하기 위한 자신만의 실천 계획을 작성해 보세요.

가장 먼저 할 일	1. 2. 3.
일주일 후에 할 일	1. 2. 3.
한 달 후에 할 일	1. 2. 3.

코치 피드백 담기

방송 스피치의 주요 코칭 포인트는 발음 정확도, 호흡과 성량, 억양과 리듬, 목소리 톤, 방송문 숙지, 상황 대처 능력, 비언어적 표현, 서비스 이미지 반영입니다. 먼저, 학습한 내용을 토대로 충분히 연습한 후 녹음하여 교수자에게 전문적인 코칭을 받아 보세요. 그리고 제출한 녹음본의 주요 피드백 내용을 정리해 보세요.

C H A P T E R

07

영어 방송

원어민처럼 자연스럽고 명확하게

1. 영어 방송 기법

1) 또렷한 발음을 위한 정확한 딕션

(1) 자음의 명확한 발음

영어 방송에서는 자음을 정확하고 또렷하게 발음하는 것이 매우 중요하며, 이는 정보 전달의 명확성과 직결된다. 특히 /p/, /t/, /k/와 같은 파열음은 입술과 혀의 움직임을 분명히 해야 하며, 예를 들어 "Please fasten your seatbelt."에서 /p/와 /t/ 발음을 또렷하게 하면 전달력이 크게 향상된다.

이러한 자음 발음은 방송자의 전문성을 드러내고 승객의 신뢰를 높이는 데 기여하며, 반대로 자음이 모호하면 오해를 불러 방송의 품질이 저하될 수 있다. 정확한 자음 구사는 반복적인 연습과 꾸준한 훈련을 통해 습득할 수 있으며, 방송 담당자는 평소 발음을 의식하며 말하는 습관을 기르는 것이 바람직하다.

(2) 연음(Liaison)과 끊어 읽기(Phrasing)의 균형

자연스러운 말하기를 위해 단어 간의 연음은 유용하지만, 과도하게 사용하면 오히려 전달력을 떨어뜨릴 수 있다. 따라서 문장 사이에서는 명확한 끊어 읽기를 병행하여 정보의 구분을 돕는 것이 중요하며, 예를 들어 "We will be landing shortly,/ please remain seated."처럼 의미 단위로 나누어 말하는 방식이 효과적이다.

끊어 읽기는 메시지를 명료하게 전달하고, 연음은 말의 흐름을 부드럽게 만들어 승객에게 친절한 인상을 주므로 두 요소는 상호 보완적으로 조절되어야 한다. 특히 안전 관련 방송에서는 끊어 읽기를 통해 핵심 내용을 강조하는 것이 중요하며, 꾸준한 연습을 통해 연음과 끊어 읽기의 균형을 자연스럽게 익히는 노력이 필요하다.

(3) 강세(Stressing)와 약화(Reducing)

영어는 단어마다 강세(Stress)를 달리하며 의미 전달을 조절하는 언어적 특징을 지니고 있다. 중요한 단어에 강세를 주고, 전치사 · 관사 · 접속사와 같은 기능어에는 약화를 적용하면 문장의 흐름이 자연스러워지고 청자의 이해도가 높아진다. 예를 들어 "Your safety is our priority."에서는 'safety'와 'priority'에 강세를 주어 핵심 정보를 강조하고, 나머지 단어는 부드럽게 처리함으로써 정보의 중요도를 효과적으로 전달할 수 있다.

강세는 음의 높이뿐 아니라 길이와 힘을 조절해 리듬감을 형성하며, 약화는 덜 중요한 정보를 정돈해 발화를 명료하게 만드는 역할을 하므로, 꾸준한 듣기와 따라 말하기 연습을 통해 이 두 기술을 자연스럽게 익히는 것이 중요하다.

(4) 항공 용어의 정확한 발음

기내 방송에는 항공 분야 특유의 전문 용어들이 자주 등장하기 때문에, 방송 담당자는 이들의 발음을 정확히 숙지해야 한다. 예를 들어 turbulence[ˈtɜːrbjələns]나 aisle[aɪl]처럼 철자와 실제 발음이 다른 단어는 혼동을 초래하기 쉬우므로, 명확하고 또렷하게 발음하여 승객의 이해를 도와야 한다. 특히 안전이나 절차와 관련된 용어는 오해 없이 정확하게 전달하는 것이 중요하며, 부정확한 발음은 승객의 불안이나 혼란을 유발할 수 있다.

IPA(국제 음성 기호)나 표준 발음 자료를 참고해 반복적으로 연습하는 것이 효과적이며, 이러한 정확한 용어 구사는 방송자의 전문성과 항공사의 신뢰를 동시에 높이는 핵심 요소가 된다.

2) 자연스럽고 안정된 억양 운용

(1) 하향 억양(Falling Intonation)

하향 억양은 문장을 마무리하거나 확정된 정보를 전달할 때 사용되는 억양 방식으로, 기내 방송에서 안정감과 신뢰를 주는 데 효과적이다. 예를 들어 "We are now beginning our descent."와 같은 안내문은 문장의 끝을 낮추어 말함으로써 승객이 메시지를 분명하게 인식하고, 공식적인 분위기를 형성할 수 있다. 이 억양은 진술문, 지시문, 안내문 등에 주로 적용되며, 방송 담당자의 자신감과 침착함을 전달해 정보의 확실성을 강조한다.

말을 끝까지 내리는 것만으로도 말의 무게감과 전문성이 크게 향상되며, 연습 시 문장 마지막 단어의 음을 의식적으로 낮추는 습관을 기르는 것이 큰 도움이 된다.

(2) 상향 억양(Rising Intonation)

상향 억양은 질문이나 친절한 요청을 표현할 때 사용되며, 듣는 이에게 부드럽고 공손한 인상을 주는 억양 방식이다. 예를 들어 "Would you like something to drink?"와 같은 문장은 문장의 끝을 올려 말함으로써 승객에게 선택의 여지를 주고, 친절한 서비스 태도를 전달한다.

기내 방송에서는 선택이나 제안을 포함한 안내문에 주로 사용되며, 상향 억양은 긍정적인 분위기를 조성하고 승객의 긴장감을 낮추는 데 효과적이다.

지나치게 단조로운 억양은 기계적인 인상을 줄 수 있으므로, 문장 끝부분에서 음을 자연스럽게 올리는 연습을 통해 상향 억양을 유연하게 구사하는 것이 바람직하다.

(3) 중립 억양(Level/Neutral Intonation)

중립 억양은 정보 나열이나 설명 시 사용되며, 감정을 배제한 안정적이고 균형 잡힌 전달을 가능하게 하는 억양 방식이다. 예를 들어 "Tokyo, Hong Kong, and Singapore." 처럼 도시명을 나열할 때 일정한 억양을 유지하면 청자가 정보를 명확하게 받아들일 수 있다.

항공 기내 방송에서는 경로 안내, 절차 설명, 도시명 소개 등에서 중립 억양을 사용함으로써 메시지의 명료성과 객관성을 높일 수 있다. 다만, 지나치게 단조롭게 들리지 않도록 리듬과 호흡을 조절해 일정한 음높이를 유지하면서도 생동감을 잃지 않는 연습이 필요하다.

(4) 친절한 말투 만들기

기계적인 억양은 승객에게 거리감을 주고, 방송의 따뜻한 이미지 형성을 방해할 수 있기 때문에 개선이 필요하다. 자연스럽고 부드러운 억양은 친절하고 따뜻한 말투를 만들어 내며, 예를 들어 "Thank you for flying with us today."와 같은 문장은 미소 띤 억양으로 전달해야 진심이 느껴진다.

억양은 단순한 음의 높낮이를 넘어서 감정과 태도를 표현하는 수단으로 작용하며, 부드러운 억양은 승객의 심리를 안정시키고 서비스 만족도를 높이는 데 기여한다. 이를 위해 음성 표정, 호흡 조절, 발화 속도 등을 함께 고려한 연습이 필요하며, 말에 생기를 불어넣는 억양은 방송 담당자의 전문성과 품격을 동시에 드러내는 중요한 요소가 된다.

lielos/iStock/Getty Images Plus

3) 전달력 있는 목소리 표현과 호흡 조절

(1) 강세 표현의 중요성(Word Stress)

영어는 강세 중심 언어이기 때문에 단어의 특정 음절이나 문장의 핵심어에 힘을 주는 것이 매우 중요하다. 문장 안에서는 의미 전달의 중심이 되는 단어에 강세를 주어 청자가 정보의 우선순위를 파악할 수 있게 한다.

예를 들어 "Passengers must remain seated during takeoff."에서는 'passengers', 'remain', 'seated', 'takeoff'에 강세를 주어야 핵심 메시지가 효과적으로 전달된다. 이처럼 의미 중심 어휘에 강세를 주고, 'must'나 'during'과 같은 기능어는 약화하여 자연스러운 리듬을 형성하는 것이 영어 방송 발화의 핵심이다.

영어에서는 일반적으로 명사, 동사, 형용사 등 의미 중심 어휘에 강세가 집중되고, 관사나 전치사 같은 기능어는 약화되어 문장의 리듬과 흐름을 형성한다. 강세는 음의 세기뿐 아니라 길이와 높이에도 영향을 주므로, 방송 담당자는 호흡과 억양을 함께 조절하며 다양한 예문을 반복적으로 듣고 따라 말하는 훈련을 통해 자연스럽고 전문적인 강세 구사를 익혀야 한다.

(2) 끊어 읽기의 기술(Phrasing)

끊어 읽기는 문장을 의미 단위로 구분해 정보 전달을 명확하게 만드는 핵심적인 기법이다. 영어 방송에서는 한 문장을 여러 구간으로 나누어 말함으로써 듣는 사람이 내용을 쉽게 이해할 수 있도록 돕는다.

예를 들어 "In case of an emergency/ follow the crew's instructions/ and leave your belongings behind."와 같이 세 구간으로 나누어 끊어 읽으면, 문장의 구조가 분명해지고 핵심 지시 사항이 효과적으로 전달된다. 이처럼 끊어 읽기를 활용하면 발화가 부드럽고 안정감 있게 들리며, 청자는 자연스럽게 내용을 따라갈 수 있다.

이 기법은 억양, 속도, 호흡과 밀접하게 연결되어 있어 꾸준한 실습을 통해 음성 흐름을 조절하는 능력을 기를 수 있다. 특히 안전 관련 안내에서는 끊어 읽기를 통해 핵심 정보를 강조하는 것이 매우 효과적이며, 방송문에 구간 구분 기호 '/'를 직접 표시하고 낭독해 보는 연습은 실전 감각을 높이는 데 큰 도움이 된다.

(3) 속도 조절의 중요성(Speed Control)

속도는 음성 전달의 명료성과 친절함을 결정짓는 중요한 요소로, 상황에 따라 적절히 조절되어야 한다. 빠른 속도는 반복 안내나 간단한 나열에 효과적이며, 느린 속도는 중요한 정보를 안정적으로 전달하는 데 유용하다.

예를 들어 “Please fasten your seatbelt.”는 천천히 말함으로써 안전의 중요성을 강조하고, 승객에게 신중한 행동을 유도할 수 있다. 반면, 과도하게 빠른 말투는 청자가 내용을 놓치게 만들고, 지나치게 느린 속도는 집중력을 떨어뜨릴 수 있으므로 균형 있는 속도 조절이 필수적이다.

속도 조절은 강세, 끊어 읽기, 억양 조절과 함께 방송의 리듬을 형성하는 핵심 기술이며, 발화의 자연스러움과 전문성을 동시에 높여준다.

방송 담당자는 문장의 성격과 청자의 반응을 고려해 순간적인 속도 변화를 유연하게 조절할 수 있어야 하며, 자신의 방송을 녹음해 듣고 속도 변화에 따른 전달 효과를 비교해 보는 것도 매우 유익한 연습 방법이다. 같은 문장을 다양한 톤과 속도로 반복 연습하면, 상황에 맞는 유연한 발화 능력을 기를 수 있다.

2. 영어 정규 방송(Routine Announcement)

2-1 이륙 전 안내 방송(Pre–departure Announcements)

이륙 전 안내 방송 Pre-departure Announcements

- 항공기 출발 준비 안내(Preparation for Departure)
- 승객 탑승 환영(Welcome Onboard)
- 안전 시연 안내(Safety Demonstration)
- 이륙 직전 안내(Take–off Announcement)

이륙 후 안내 방송 In-flight Announcements

- 좌석벨트 표시등 소등 안내(Seatbelt Sign Off)
- 기내 판매 안내(In–flight Sales)

착륙 전 안내 방송 Pre-landing Announcements

- 도착지 정보 및 검역 안내
  (Arrival Documents & Health Declaration)
- 목적지 공항 접근 안내(Descent & Approaching)
- 착륙 직전 안내(Landing Announcement)

착륙 후 안내 방송 Post-landing Announcements

- 도착 인사 및 환송 방송(Farewell Announcement)
- 하기 절차 안내(Disembarkation Instructions)

1) 항공기 출발 준비 안내(Preparation for Departure)

1단계 방송의 설계도를 그려라! (내용을 읽고, 방송 구조 이해하기)

- 아래 방송문 내용을 눈으로 읽은 다음, 해석해 보세요.
- 방송 시점 · 내용 · 특징을 파악하고, 어떤 느낌으로 전달하면 좋을지 상상해 봅니다.

Ladies and gentlemen,
this is Korea Air flight 041 bound for Seattle Tacoma international airport and the final destination is Los Angeles international airport.

탑승이 10분 이상 지연된 경우

We are sorry for the boarding delay due to an aircraft connection.

◈ 탑승 지연 사유: 1. aircraft connection 2. in–flight preparation 3. 기타

Please stow your carry-on items in the overhead bins or under the seat in front of you. When you open the overhead bins, be careful as the contents may fall out.

승객 좌석 이동이 많을 것으로 예상되는 경우(만석이 아닌 경우 등)

All seats are assigned for the weight and balance of this aircraft.

기내 수하물 과다 반입 시(사무장 판단하에 수시로 실시)

For your safety, please stow your fragile items under the seat in front of you.

Thank you.

방송문

2단계 소리의 흐름에 집중하라! (원어민 음성 청취 & 발음 분석)

- 모델 보이스를 들으며 원어민의 낭독을 들어 보세요.
- 아래는 발음에 유의해야 하는 부분입니다. 여기에 집중해서 들어 봅니다.

flight 041 / Seattle Tacoma / Los Angeles

발음

3단계 나의 목소리를 찾자! (소리 내어 낭독하며 익히기)

- 이제, 소리 내어 읽어 보세요.
- 2단계에서 들었던 원어민의 발음을 떠올리며 최대한 비슷하게 소리 내어 읽어 봅니다.

방송문

flight [flaɪt]	destination [ˌdestɪˈneɪʃn]
preparation [ˌprepəˈreɪʃn]	stow [stoʊ]
assigned [əˈsaɪnd]	fragile [frædʒl]

방송문

4단계 에코처럼 따라 말하라! (섀도잉으로 자연스럽게 익히기)

- 모델 보이스를 그림자처럼 바로 따라 해 보세요.
- 연음에 집중해서 방송을 따라 해 봅니다.

Ladies and gentlemen,

this is Korea Air flight 041/ bound for Seattle Tacoma international airport/ and the final destination/ is Los Angeles international airport.

탑승이 10분 이상 지연된 경우

We are sorry for the boarding delay/ due to an aircraft connection.

◈ 탑승 지연 사유: 1. aircraft connection 2. in–flight preparation 3. 기타

Please stow your carry-on items in the overhead bins/ or under the seat in front of you. When you open the overhead bins, be careful/ as the contents may fall out.

승객 좌석 이동이 많을 것으로 예상되는 경우(만석이 아닌 경우 등)

All seats are assigned/ for the weight and balance of this aircraft.

기내 수하물 과다 반입 시(사무장 판단하에 수시로 실시)

For your safety, please stow your fragile items/ under the seat in front of you.

Thank you.

⊙ / : 끊어 읽기 ◡ : 연음

방송문

5단계 원어민처럼 방송해 보자! (자연스럽게 구사하며 실전 연습하기)

- 먼저, 원어민의 강세와 억양을 따라 방송해 보세요.
- 세 번 반복해 봅니다. ☑☐☐
- 그다음, 자신의 방송을 녹음해 봅시다.

Ladies and **gentlemen**,

this is **Korea Air flight 041**/ bound for **Seattle Tacoma international airport**/ and the final destination/ is **Los Angeles international airport.**

탑승이 10분 이상 지연된 경우

We are **sorry** for the boarding **delay**/ due to an **aircraft connection**.

◈ 탑승 지연 사유: 1. aircraft connection 2. in-flight preparation 3. 기타

Please **stow** your **carry-on items** in the **overhead bins**/ or **under** the seat in **front** of you. When you **open** the overhead bins, be careful/ as the contents **may fall out**.

승객 좌석 이동이 많을 것으로 예상되는 경우(만석이 아닌 경우 등)

All seats are assigned/ for the **weight** and **balance** of this aircraft.

기내 수하물 과다 반입 시(사무장 판단하에 수시로 실시)

For your safety, please stow your **fragile items**/ **under** the seat in **front** of you.

Thank you.

◉ /: 끊어 읽기 ‿: 연음 굵은 글자 : 강세

2) 승객 탑승 환영(Welcome Onboard)

1단계 방송의 설계도를 그려라! (내용을 읽고, 방송 구조 이해하기)

- 아래 방송문 내용을 눈으로 읽은 다음, 해석해 보세요.
- 방송 시점 · 내용 · 특징을 파악하고, 어떤 느낌으로 전달하면 좋을지 상상해 봅니다.

Good morning(/afternoon/evening), ladies and gentlemen,
we would like to welcome you on board Korea Air, a member of Sky Team. This is flight 041, bound for Los Angeles via Seattle.

> **공동 운항의 경우**
>
> Code-sharing with Delta airlines.
>
> **30분 이상 지연 시/항공기 점검, 교체, 지상 조업 등 당사 귀책 사유인 경우**
>
> We ask for your understanding as our flight has been delayed due to an aircraft change. We appreciate your patience.

During the flight, our cabin crew will be happy to assist you in any way we can.

> **승객 군집 방지 안내 – 괌, 미국행 항공편**
>
> Due to security regulations, we ask you not to congregate in the cabin.

Larger devices such as laptops must be stowed in the overhead bins or under the seat in front of you. Please cooperate with cabin crew who act as safety officers during the flight. Also, we ask that you direct your attention to the video screens(/cabin crew) for important safety information.
Thank you.

방송문

2단계 소리의 흐름에 집중하라! (원어민 음성 청취 & 발음 분석)

- 모델 보이스를 들으며 원어민의 낭독을 들어 보세요.
- 아래는 발음에 유의해야 하는 부분입니다. 여기에 집중해서 들어 봅니다.

bound for / as our / assist you / in front of you / direct your

발음

3단계 나의 목소리를 찾자! (소리 내어 낭독하며 익히기)

- 이제, 소리 내어 읽어 보세요.
- 2단계에서 들었던 원어민의 발음을 떠올리며 최대한 비슷하게 소리 내어 읽어 봅니다.

방송문

appreciate [əˈpriːʃieɪt]	patience [ˈpeɪʃns]
regulations [ˌregjuˈleɪʃnz]	congregate [ˈkɑːŋgrɪgeɪt]
stowed [stoʊd]	direct [dəˈrekt]

방송문

4단계 에코처럼 따라 말하라! (섀도잉으로 자연스럽게 익히기)

- 모델 보이스를 그림자처럼 바로 따라 해 보세요.
- 연음에 집중해서 방송을 따라 해 봅니다.

Good morning(/afternoon/evening), ladies and gentlemen,

we would like to welcome you on board/ Korea Air, a member of

Sky Team. This is flight 041, bound for Los Angeles via Seattle.

공동 운항의 경우

Code-sharing with Delta airlines.

30분 이상 지연 시/항공기 점검, 교체, 지상 조업 등 당사 귀책 사유인 경우

We ask for your understanding/ as our flight has been delayed/ due to an aircraft change. We appreciate your patience.

During the flight, our cabin crew will be happy to assist you/ in any way we can.

승객 군집 방지 안내 – 괌, 미국행 항공편

Due to security regulations, we ask you not to congregate/ in the cabin.

Larger devices such as laptops/ must be stowed in the overhead bins/ or under the seat in front of you. Please cooperate with cabin crew/ who act as safety officers during the flight. Also,
we ask that you direct your attention/ to the video screens(/cabin crew)/ for important safety information.
Thank you.

⦿ / : 끊어 읽기 ‿ : 연음

방송문

5단계 원어민처럼 방송해 보자! (자연스럽게 구사하며 실전 연습하기)

- 먼저, 원어민의 강세와 억양을 따라 방송해 보세요.
- 세 번 반복해 봅니다. ☑☐☐
- 그다음, 자신의 방송을 녹음해 봅시다.

Good **morning(/afternoon/evening)**, ladies and gentlemen, we would like to **welcome** you on board/ **Korea Air**, a member of **Sky Team**. This is flight **041**, bound for **Los Angeles** via **Seattle**.

공동 운항의 경우

Code-sharing with **Delta airlines.**

30분 이상 지연 시/항공기 점검, 교체, 지상 조업 등 당사 귀책 사유인 경우

We ask for your **understanding**/ as our flight has been **delayed**/ due to an **aircraft change**. We appreciate your **patience**.

During the flight, our **cabin crew** will be happy to **assist** you/ in any way we can.

승객 군집 방지 안내 – 괌, 미국행 항공편

Due to **security regulations**, we ask you **not** to **congregate**/ in the cabin.

Larger devices such as **laptops**/ must be stowed in the **overhead bins**/ or **under the seat** in front of you. Please **cooperate** with **cabin crew**/ who act as **safety officers** during the flight. Also, we ask that you **direct** your **attention**/ to the **video screens**(/**cabin crew**)/ for **important safety information.**

Thank you.

⦿ / : 끊어 읽기 ‿ : 연음 굵은 글자 : 강세

3) 안전 시연 안내(Safety Demonstration)

1단계 방송의 설계도를 그려라! (내용을 읽고, 방송 구조 이해하기)

- 아래 방송문 내용을 눈으로 읽은 다음, 해석해 보세요.
- 방송 시점 · 내용 · 특징을 파악하고, 어떤 느낌으로 전달하면 좋을지 상상해 봅니다.

Ladies and gentlemen,

we will now show you the safety features of this aircraft.

Please direct your attention to our cabin crew.

There are emergency exits on both sides of the aircraft.

Please take a moment to locate the nearest exit from your seat.

If there is a loss of power in an emergency, Emergency Track Lights will turn on and guide you to the exits.

Please fasten your seatbelt when the seatbelt sign is on.

To fasten your seatbelt, insert the link into the main buckle and tighten the strap across your hips securely.

To release the seatbelt, raise the flap of the buckle.

Your oxygen mask is in the overhead compartment and it will drop automatically when needed.

When the mask drops, pull it toward you and cover your nose and mouth, then adjust the elastic head band.

Please put your mask on first and then help someone who may need your assistance.

Your life vest is located under your seat or beside your seat for use in an emergency landing on the water.

To put the vest on, slip it over your head, then adjust the straps around your waist.

Please do not inflate the vest inside the aircraft.

To inflate the vest, pull the red tabs down in front of an exit door just before leaving the aircraft.

You can also inflate it by blowing into the tubes.

Each door is equipped with an escape slide that can also be detached and used as a life raft.

For more information, please refer to the safety information card in your seat pocket.

If you are seated in an exit seat, you must be able to assist other passengers in an emergency.

Your cooperation is greatly appreciated.

Also, we'd like to remind you that smoking is strictly prohibited during the flight.

Thank you.

2단계 소리의 흐름에 집중하라! (원어민 음성 청취 & 발음 분석)

- 모델 보이스를 들으며 원어민의 낭독을 들어 보세요.
- 아래는 발음에 유의해야 하는 부분입니다. 여기에 집중해서 들어 봅니다.

방송문

ladies and gentlemen / we will / it will / thank you

발음

3단계 나의 목소리를 찾자! (소리 내어 낭독하며 익히기)

- 이제, 소리 내어 읽어 보세요.
- 2단계에서 들었던 원어민의 발음을 떠올리며 최대한 비슷하게 소리 내어 읽어 봅니다.

방송문

features [ˈfiːtʃərz]	direct [dəˈrekt]
emergency [iˈmɜːrdʒənsi]	nearest [ˈnɪərɪst]
fasten [ˈfæsn]	insert [ɪnˈsɜːrt]
buckle [ˈbʌkl]	tighten [ˈtaɪtn]
release [rɪˈliːs]	raise [reɪz]
oxygen [ˈɑːksɪdʒən]	compartment [kəmˈpɑːrtmənt]
automatically [ˌɔːtəˈmætɪkli]	adjust [əˈdʒʌst]
elastic [ɪˈlæstɪk]	inflate [ɪnˈfleɪt]
equipped [ɪˈkwɪpt]	detached [dɪˈtætʃt]
appreciated [əˈpriːʃieɪtɪd]	strictly [ˈstrɪktli]
prohibited [prəˈhɪbɪtɪd]	

방송문

4단계 에코처럼 따라 말하라! (섀도잉으로 자연스럽게 익히기)

- 모델 보이스를 그림자처럼 바로 따라 해 보세요.
- 연음에 집중해서 방송을 따라 해 봅니다.

Ladies and gentlemen,

we will now show you/ the safety features of this aircraft.

Please direct your attention/ to our cabin crew.

There are emergency exits/ on both sides of the aircraft.

Please take a moment/ to locate the nearest exit from your seat.

If there is a loss of power in an emergency, Emergency Track Lights will turn on/ and guide you to the exits.

Please fasten your seatbelt/ when the seatbelt sign is on.

To fasten your seatbelt, insert the link into the main buckle/ and tighten the strap across your hips securely.

To release the seatbelt, raise the flap of the buckle.

Your oxygen mask is in the overhead compartment/ and it will drop automatically when needed.

When the mask drops, pull it toward you/ and cover your nose and mouth, then adjust the elastic head band.

Please put your mask on first/ and then help someone/ who may need your assistance.

Your life vest is located under your seat/ or beside your seat/ for use in an emergency landing on the water.

To put the vest on, slip it over your head, then adjust the straps around your waist.

Please do not inflate the vest inside the aircraft.

To inflate the vest, pull the red tabs down in front of an exit door/ just before leaving the aircraft.

You can also inflate it/ by blowing into the tubes.

Each door is equipped with an escape slide/ that can also be detached/ and used as a life raft.

For more information, please refer to the safety information card/ in your seat pocket.

If you are seated in an exit seat, you must be able to assist other passengers/ in an emergency.

Your cooperation is greatly appreciated.

Also, we'd like to remind you that smoking is strictly prohibited/ during the flight.

Thank you.

⊙ / : 끊어 읽기 ◡ : 연음

방송문

5단계 원어민처럼 방송해 보자! (자연스럽게 구사하며 실전 연습하기)

- 먼저, 원어민의 강세와 억양을 따라 방송해 보세요.
- 세 번 반복해 봅니다. ☑☐☐
- 그다음, 자신의 방송을 녹음해 봅시다.

Ladies and **gentlemen**,

we will now **show** you/ the **safety features** of this aircraft.

Please **direct** your **attention**/ to our cabin crew.

There are **emergency exits**/ on **both sides** of the aircraft.

Please **take a moment**/ to locate the **nearest exit** from your seat.

If there is **a loss of power** in an **emergency**, **Emergency Track Lights** will **turn on**/ and **guide** you **to the exits**.

Please **fasten** your **seatbelt**/ when the seatbelt sign is on.

To fasten your seatbelt, **insert the link** into **the main buckle**/ and **tighten the strap** across your **hips** securely.

To release the seatbelt, **raise the flap** of the buckle.

Your **oxygen mask** is **in the overhead compartment**/ and it will drop automatically when needed.

When the **mask drops**, **pull it toward you**/ and cover your nose and mouth, then adjust the elastic head band.

Please **put your mask on first**/ and then help someone/ who may need your assistance.

Your **life vest** is located **under your seat**/ or **beside your seat**/ for use in an emergency landing on the water.

To **put the vest on**, slip it **over your head**, then adjust the straps around your waist.

Please **do not inflate the vest** inside the aircraft.

To **inflate** the vest, **pull the red tabs down** in front of an exit door/ just before leaving the aircraft.

You can also **inflate** it/ by **blowing into the tubes**.

Each door is **equipped** with an **escape slide**/ that can **also** be **detached**/ and used as a **life raft**.

For more **information**, please **refer** to **the safety information card**/ in your seat pocket.

If you **are seated in an exit seat**, you **must be able to assist other passengers**/ in an emergency.

Your **cooperation** is greatly **appreciated**.

Also, we'd like to **remind** you that **smoking is strictly prohibited**/ during the flight.

Thank you.

⊙ / : 끊어 읽기 ‿ : 연음 굵은 글자 : 강세

4) 이륙 직전 안내(Take-off Announcement)

1단계 방송의 설계도를 그려라! (내용을 읽고, 방송 구조 이해하기)

- 아래 방송문 내용을 눈으로 읽은 다음, 해석해 보세요.
- 방송 시점 · 내용 · 특징을 파악하고, 어떤 느낌으로 전달하면 좋을지 상상해 봅니다.

Ladies and gentlemen,

we are now ready for take-off.

Please make sure that your seatbelt is securely fastened.

Thank you.

방송문

2단계 소리의 흐름에 집중하라! (원어민 음성 청취 & 발음 분석)

- 모델 보이스를 들으며 원어민의 낭독을 들어 보세요.
- 아래는 발음에 유의해야 하는 부분입니다. 여기에 집중해서 들어 봅니다.

ladies / ready / please / fastened

발음

3단계 나의 목소리를 찾자! (소리 내어 낭독하며 익히기)

- 이제, 소리 내어 읽어 보세요.
- 2단계에서 들었던 원어민의 발음을 떠올리며 최대한 비슷하게 소리 내어 읽어 봅니다.

방송문

securely [sə'kjʊrli]　　fastened ['fæsnd]

4단계 **에코처럼 따라 말하라!** (섀도잉으로 자연스럽게 익히기)

- 모델 보이스를 그림자처럼 바로 따라 해 보세요.
- 연음에 집중해서 방송을 따라 해 봅니다.

방송문

Ladies and gentlemen,

we are now ready for take-off.

Please make sure that your seatbelt/ is securely fastened.

Thank you.

⊙ / : 끊어 읽기　　◡ : 연음

5단계 **원어민처럼 방송해 보자!** (자연스럽게 구사하며 실전 연습하기)

- 먼저, 원어민의 강세와 억양을 따라 방송해 보세요.
- 세 번 반복해 봅니다. ☑☐☐
- 그다음, 자신의 방송을 녹음해 봅시다.

방송문

Ladies and **gentlemen**,

we are **now ready** for **take-off**.

Please **make sure** that your **seatbelt**/ is **securely fastened**.

Thank you.

⊙ / : 끊어 읽기　　◡ : 연음　　굵은 글자 : 강세

COACHING DIARY 1

코칭회차

코칭일 　　　　 코칭시간

Goal Setting(목표 설정)

모델 보이스를 들으면서 최상의 기내 방송을 하고 있는 자신의 모습을 그려 보세요.

> Good morning, ladies and gentlemen,
> we would like to welcome you on board Korea air, a member of Sky Team. This is flight 041, bound for Los Angeles via Seattle, code-sharing with Delta airlines. During the flight, our cabin crew will be happy to assist you in any way we can. Due to security regulations, we ask you not to congregate in the cabin. Larger devices such as laptops must be stowed in the overhead bins or under the seat in front of you. Please cooperate with cabin crew who act as safety officers during the flight. Also, we ask that you direct your attention to the video screens for important safety information. Thank you.

Reality Checking(객관적인 현실 점검)

다음 방송문을 녹음해서 들어 보고, 영어 방송 스킬 학습 내용을 토대로 자신의 잘한 부분과 아쉬운 부분을 스스로 작성해 보세요.

잘한 부분	아쉬운 부분

Option Strategy(대안 모색)

1. 자신이 확실하게 알지 못하는 단어의 발음 기호를 적어 보세요.

단어	발음 기호

2. 다음 영어 방송문에 끊어 읽기를 해야 할 곳을 표시하고, 연음, 억양을 선으로 그려 보세요.

Good morning, ladies and gentlemen,
we would like to welcome you on board Korea air, a member of Sky Team. This is flight 041, bound for Los Angeles via Seattle, code-sharing with Delta airlines. During the flight, our cabin crew will be happy to assist you in any way we can. Due to security regulations, we ask you not to congregate in the cabin. Larger devices such as laptops must be stowed in the overhead bins or under the seat in front of you. Please cooperate with cabin crew who act as safety officers during the flight. Also, we ask that you direct your attention to the video screens for important safety information. Thank you.

Will-based Action(실행 의지)

원어민 수준의 전문적인 방송을 하기 위한 자신만의 실천 계획을 작성해 보세요.

가장 먼저 할 일	1. 2. 3.
일주일 후에 할 일	1. 2. 3.
한 달 후에 할 일	1. 2. 3.

코치 피드백 담기

방송 스피치의 주요 코칭 포인트는 발음 정확도, 호흡과 성량, 억양과 리듬, 목소리 톤, 방송문 숙지, 상황 대처 능력, 비언어적 표현, 서비스 이미지 반영입니다. 먼저, 학습한 내용을 토대로 충분히 연습한 후 녹음하여 교수자에게 전문적인 코칭을 받아 보세요. 그리고 제출한 녹음본의 주요 피드백 내용을 정리해 보세요.

2-2 이륙 후 안내 방송(In–flight Announcements)

이륙 전 안내 방송 Pre-departure Announcements

- 항공기 출발 준비 안내(Preparation for Departure)
- 승객 탑승 환영(Welcome Onboard)
- 안전 시연 안내(Safety Demonstration)
- 이륙 직전 안내(Take–off Announcement)

이륙 후 안내 방송 In-flight Announcements

- 좌석벨트 표시등 소등 안내(Seatbelt Sign Off)
- 기내 판매 안내(In–flight Sales)

착륙 전 안내 방송 Pre-landing Announcements

- 도착지 정보 및 검역 안내
  (Arrival Documents & Health Declaration)
- 목적지 공항 접근 안내(Descent & Approaching)
- 착륙 직전 안내(Landing Announcement)

착륙 후 안내 방송 Post-landing Announcements

- 도착 인사 및 환송 방송(Farewell Announcement)
- 하기 절차 안내(Disembarkation Instructions)

1) 좌석벨트 표시등 소등 안내(Seatbelt Sign Off)

1단계 방송의 설계도를 그려라! (내용을 읽고, 방송 구조 이해하기)

- 아래 방송문 내용을 눈으로 읽은 다음, 해석해 보세요.
- 방송 시점 · 내용 · 특징을 파악하고, 어떤 느낌으로 전달하면 좋을지 상상해 봅니다.

Ladies and gentlemen,
the seatbelt sign is off.
We recommend you keep your seatbelt fastened while seated.
When opening the overhead bins, be careful as the contents may fall out.
Also, if your electronic device swells, overheats or falls into your seat, do not move your seat and please call our cabin crew immediately.
Thank you.

2단계 소리의 흐름에 집중하라! (원어민 음성 청취 & 발음 분석)

방송문

- 모델 보이스를 들으며 원어민의 낭독을 들어 보세요.
- 아래는 발음에 유의해야 하는 부분입니다. 여기에 집중해서 들어 봅니다.

is off / keep your / your seat

3단계 나의 목소리를 찾자! (소리 내어 낭독하며 익히기)

발음

- 이제, 소리 내어 읽어 보세요.
- 2단계에서 들었던 원어민의 발음을 떠올리며 최대한 비슷하게 소리 내어 읽어 봅니다.

방송문

recommend [ˌrekəˈmend]	fastened [ˈfæsnd]
electronic [ɪˌlekˈtrɑːnɪk]	swells [swelz]
overheats [ˌoʊvərˈhiːtz]	immediately [ɪˈmiːdiətli]

4단계 에코처럼 따라 말하라! (섀도잉으로 자연스럽게 익히기)

방송문

- 모델 보이스를 그림자처럼 바로 따라 해 보세요.
- 연음에 집중해서 방송을 따라 해 봅니다.

Ladies and gentlemen,
the seatbelt sign is off.
We recommend you keep your seatbelt fastened/ while seated.
When opening the overhead bins, be careful as the contents may fall out.
Also, if your electronic device swells, overheats/ or falls into your seat, do not move your seat/ and please call our cabin crew immediately.
Thank you.

⊙ / : 끊어 읽기 ◡ : 연음

방송문

5단계 원어민처럼 방송해 보자! (자연스럽게 구사하며 실전 연습하기)

- 먼저, 원어민의 강세와 억양을 따라 방송해 보세요.
- 세 번 반복해 봅니다. ☑☐☐
- 그다음, 자신의 방송을 녹음해 봅시다.

Ladies and **gentlemen**,

the **seatbelt sign** is **off**.

We **recommend** you **keep** your **seatbelt fastened**/ while **seated**.

When **opening** the **overhead bins**, be **careful** as the **contents may fall out**.

Also, if your **electronic device swells**, **overheats**/ or **falls** into your **seat**, **do not move** your **seat**/ and please **call** our cabin crew **immediately**.

Thank you.

⊙ / : 끊어 읽기　　◡ : 연음　　굵은 글자 : 강세

2) 기내 판매 안내(In-flight Sales)

1단계 **방송의 설계도를 그려라!** (내용을 읽고, 방송 구조 이해하기)

- 아래 방송문 내용을 눈으로 읽은 다음, 해석해 보세요.
- 방송 시점 · 내용 · 특징을 파악하고, 어떤 느낌으로 전달하면 좋을지 상상해 봅니다.

Ladies and gentlemen,

we are selling various items such as snacks, beverages, and Korea Air souvenirs. If you wish to purchase any of these items, please let us know.

> 감염 예방 필요시
>
> We recommend wearing a mask except when eating or drinking to prevent infection.

Thank you.

2단계 **소리의 흐름에 집중하라!** (원어민 음성 청취 & 발음 분석)

방송문

- 모델 보이스를 들으며 원어민의 낭독을 들어 보세요.
- 아래는 발음에 유의해야 하는 부분입니다. 여기에 집중해서 들어 봅니다.

various items / such as snacks / beverages

발음

3단계 나의 목소리를 찾자! (소리 내어 낭독하며 익히기)

- 이제, 소리 내어 읽어 보세요.
- 2단계에서 들었던 원어민의 발음을 떠올리며 최대한 비슷하게 소리 내어 읽어 봅니다.

방송문

various [ˈveriəs]	beverage [ˈbevərɪdʒ]
souvenir [ˌsuːvəˈnɪr]	purchase [ˈpɜːrtʃəs]
prevent [prɪˈvent]	infection [ɪnˈfekʃn]

방송문

4단계 에코처럼 따라 말하라! (섀도잉으로 자연스럽게 익히기)

- 모델 보이스를 그림자처럼 바로 따라 해 보세요.
- 연음에 집중해서 방송을 따라 해 봅니다.

Ladies and gentlemen,

we are selling various items/ such as snacks, beverages, and Korea Air souvenirs. If you wish to purchase any of these items, please let us know.

감염 예방 필요시

We recommend wearing a mask/ except when eating or drinking to prevent infection.

Thank you.

⊙ / : 끊어 읽기 ‿ : 연음

5단계 원어민처럼 방송해 보자! (자연스럽게 구사하며 실전 연습하기)

방송문

- 먼저, 원어민의 강세와 억양을 따라 방송해 보세요.
- 세 번 반복해 봅니다. ☑☐☐
- 그다음, 자신의 방송을 녹음해 봅시다.

Ladies and **gentlemen**,

we are **selling various** items/ such as **snacks**, **beverages**, and **Korea Air souvenirs**. If you **wish** to **purchase** any of these items, please **let** us **know**.

감염 예방 필요시

We **recommend wearing** a **mask**/ **except** when **eating** or **drinking** to **prevent infection**.

Thank you.

⊙ / : 끊어 읽기 ◡ : 연음 굵은 글자 : 강세

COACHING DIARY 2

코칭회차

코칭일 　　　 코칭시간

Goal Setting(목표 설정)

모델 보이스를 들으면서 최상의 기내 방송을 하고 있는 자신의 모습을 그려 보세요.

Ladies and gentlemen,
the seatbelt sign is off. We recommend you keep your seatbelt fastened while seated.
When opening the overhead bins, be careful as the contents may fall out. Also, if your electronic device swells, overheats or falls into your seat, do not move your seat and please call our cabin crew immediately.
Thank you.

Reality Checking(객관적인 현실 점검)

다음 방송문을 녹음해서 들어 보고, 영어 방송 스킬 학습 내용을 토대로 자신의 잘한 부분과 아쉬운 부분을 스스로 작성해 보세요.

잘한 부분	아쉬운 부분

Option Strategy(대안 모색)

1. 자신이 확실하게 알지 못하는 단어의 발음 기호를 적어 보세요.

단어	발음 기호

2. 다음 영어 방송문에 끊어 읽기를 해야 할 곳을 표시하고, 연음, 억양을 선으로 그려 보세요.

Ladies and gentlemen,
the seatbelt sign is off. We recommend you keep your seatbelt fastened while seated.
When opening the overhead bins, be careful as the contents may fall out. Also, if your electronic device swells, overheats or falls into your seat, do not move your seat and please call our cabin crew immediately.
Thank you.

Will-based Action(실행 의지)

원어민 수준의 전문적인 방송을 하기 위한 자신만의 실천 계획을 작성해 보세요.

가장 먼저 할 일	1. 2. 3.
일주일 후에 할 일	1. 2. 3.
한 달 후에 할 일	1. 2. 3.

코치 피드백 담기

방송 스피치의 주요 코칭 포인트는 발음 정확도, 호흡과 성량, 억양과 리듬, 목소리 톤, 방송문 숙지, 상황 대처 능력, 비언어적 표현, 서비스 이미지 반영입니다. 먼저, 학습한 내용을 토대로 충분히 연습한 후 녹음하여 교수자에게 전문적인 코칭을 받아 보세요. 그리고 제출한 녹음본의 주요 피드백 내용을 정리해 보세요.

2-3 착륙 전 안내 방송(Pre-landing Announcements)

이륙 전 안내 방송 Pre-departure Announcements

- 항공기 출발 준비 안내(Preparation for Departure)
- 승객 탑승 환영(Welcome Onboard)
- 안전 시연 안내(Safety Demonstration)
- 이륙 직전 안내(Take-off Announcement)

이륙 후 안내 방송 In-flight Announcements

- 좌석벨트 표시등 소등 안내(Seatbelt Sign Off)
- 기내 판매 안내(In-flight Sales)

착륙 전 안내 방송 Pre-landing Announcements

- 도착지 정보 및 검역 안내 (Arrival Documents & Health Declaration)
- 목적지 공항 접근 안내(Descent & Approaching)
- 착륙 직전 안내(Landing Announcement)

착륙 후 안내 방송 Post-landing Announcements

- 도착 인사 및 환송 방송(Farewell Announcement)
- 하기 절차 안내(Disembarkation Instructions)

1) 도착지 정보 및 검역 안내(Arrival Documents & Health Declaration)

1단계 방송의 설계도를 그려라! (내용을 읽고, 방송 구조 이해하기)

- 아래 방송문 내용을 눈으로 읽은 다음, 해석해 보세요.
- 방송 시점 · 내용 · 특징을 파악하고, 어떤 느낌으로 전달하면 좋을지 상상해 봅니다.

Dear passengers,

we inform you about Korea entry documents.

Foreigners who have not registered on the K-ETA must complete an entry card.

Passengers who have not registered on the Q-code need to fill out the health questionnaire.

Please fill out the customs form, if you are carrying more than the equivalent of 10,000(ten thousand) US dollars in foreign currency or if you are carrying more than 800(eight hundred) US dollars' worth of items.

If you need any help, please let us know.

To prevent the spread of infectious diseases, please pay attention to the basic health instructions.

Passengers with unusual symptoms, please contact our cabin crew and see the quarantine officer upon arrival.

If these symptoms develop later, please contact the local hospital.

For further information, please refer to the guide in your seat pocket.

필요시

Violators will be fined up to 3,000,000(three million) Korean Won under Korean law.

Thank you.

2단계 소리의 흐름에 집중하라! (원어민 음성 청취 & 발음 분석)

- 모델 보이스를 들으며 원어민의 낭독을 들어 보세요.
- 아래는 발음에 유의해야 하는 부분입니다. 여기에 집중해서 들어 봅니다.

방송문

10,000 US dollars / 800 US dollars / 3,000,000 Korean Won

3단계 나의 목소리를 찾자! (소리 내어 낭독하며 익히기)

- 이제, 소리 내어 읽어 보세요.
- 2단계에서 들었던 원어민의 발음을 떠올리며 최대한 비슷하게 소리 내어 읽어 봅니다.

발음

방송문

document [ˈdɒkjumənt]	foreigner [ˈfɔːrənər]
registered [ˈredʒistərd]	questionnaire [ˌkwestʃəˈner]
equivalent [ɪˈkwɪvələnt]	infectious [ɪnˈfekʃəs]
diseases [dɪˈziːzɪz]	instruction [ɪnˈstrʌkʃn]
unusual [ʌnˈjuːʒuəl]	symptom [ˈsɪmptəm]
quarantine [ˈkwɔːrəntiːn]	violators [ˈvaɪəleɪtərz]

4단계 에코처럼 따라 말하라! (섀도잉으로 자연스럽게 익히기)

방송문

- 모델 보이스를 그림자처럼 바로 따라 해 보세요.
- 연음에 집중해서 방송을 따라 해 봅니다.

Dear passengers,

we inform you about Korea entry documents.

Foreigners who have not registered on the K-ETA/ must complete an entry card.

Passengers who have not registered on the Q-code/ need to fill out the health questionnaire.

Please fill out the customs form, if you are carrying more than the equivalent of 10,000(ten thousand) US dollars in foreign currency/ or if you are carrying more than 800(eight hundred) US dollars' worth of items.

If you need any help, please let us know.

To prevent the spread of infectious diseases, please pay attention to the basic health instructions.

Passengers with unusual symptoms, please contact our cabin crew/ and see the quarantine officer upon arrival.

If these symptoms develop later, please contact the local hospital.

For further information, please refer to the guide in your seat pocket.

필요시

Violators will be fined up to 3,000,000(three million) Korean Won under Korean law.

Thank you.

⊙ / : 끊어 읽기 ◡ : 연음

5단계 원어민처럼 방송해 보자! (자연스럽게 구사하며 실전 연습하기)

- 먼저, 원어민의 강세와 억양을 따라 방송해 보세요.
- 세 번 반복해 봅니다. ☑☐☐
- 그다음, 자신의 방송을 녹음해 봅시다.

방송문

Dear passengers,

we **inform** you about **Korea** entry **documents**.

Foreigners who have not **registered** on the **K-ETA**/ must **complete** an **entry** card.

Passengers who have not **registered** on the **Q-code**/ need to **fill** out the **health questionnaire**.

Please **fill** out the **customs** form, if you are **carrying** more than the **equivalent** of **10,000(ten thousand)** US **dollars** in **foreign currency**/ or if you are **carrying** more than **800(eight hundred)** US **dollars**' worth of items.

If you **need** any **help**, please **let** us **know**.

To **prevent** the **spread** of **infectious diseases**, please **pay attention** to the **basic health instructions**.

Passengers with **unusual symptoms**, please **contact** our **cabin** crew/ and see the **quarantine officer** upon **arrival**.

If these **symptoms develop later**, please **contact** the **local hospital**.

For **further information**, please **refer** to the **guide** in your **seat pocket**.

필요시

Violators will be **fined** up to **3,000,000(three million) Korean** Won under **Korean law**.

Thank you.

⊙ / : 끊어 읽기 ‿ : 연음 굵은 글자 : 강세

2) 목적지 공항 접근 안내(Descent & Approaching)

1단계 방송의 설계도를 그려라! (내용을 읽고, 방송 구조 이해하기)

- 아래 방송문 내용을 눈으로 읽은 다음, 해석해 보세요.
- 방송 시점 · 내용 · 특징을 파악하고, 어떤 느낌으로 전달하면 좋을지 상상해 봅니다.

Ladies and gentlemen,

we are approaching Los Angeles international airport.

Please return your seat and tray table to the upright position, and stow your carry-on items, including laptops and other larger electronic devices, in the overhead bins or under the seat in front of you.

> 단거리
>
> Also, we will now be ending our duty free sales to prepare for landing.

Thank you.

2단계 소리의 흐름에 집중하라! (원어민 음성 청취 & 발음 분석)

- 모델 보이스를 들으며 원어민의 낭독을 들어 보세요.
- 아래는 발음에 유의해야 하는 부분입니다. 여기에 집중해서 들어 봅니다.

방송문

your seat / and tray table / including laptops / and other

발음

3단계 나의 목소리를 찾자! (소리 내어 낭독하며 익히기)

- 이제, 소리 내어 읽어 보세요.
- 2단계에서 들었던 원어민의 발음을 떠올리며 최대한 비슷하게 소리 내어 읽어 봅니다.

방송문

position [pəˈzɪʃn]	stow [stoʊ]
electronic [ɪˌlekˈtrɑːnɪk]	prepare [prɪˈper]

방송문

4단계 에코처럼 따라 말하라! (섀도잉으로 자연스럽게 익히기)

- 모델 보이스를 그림자처럼 바로 따라 해 보세요.
- 연음에 집중해서 방송을 따라 해 봅니다.

Ladies and gentlemen,

we are approaching Los Angeles international airport.

Please return your seat and tray table/ to the upright position,

and stow your carry-on items, including laptops/ and other larger

electronic devices, in the overhead bins/ or under the seat in front

of you.

단거리

Also, we will now be ending our duty free sales/ to prepare for

landing.

Thank you.

⊙ / : 끊어 읽기　　‿ : 연음

5단계 원어민처럼 방송해 보자! (자연스럽게 구사하며 실전 연습하기)

방송문

- 먼저, 원어민의 강세와 억양을 따라 방송해 보세요.
- 세 번 반복해 봅니다. ☑☐☐
- 그다음, 자신의 방송을 녹음해 봅시다.

Ladies and **gentlemen,**

we are **approaching Los Angeles international airport.**

Please **return** your **seat** and **tray table**/ to the **upright position,**

and **stow** your **carry-on** items, including **laptops**/ and **other larger**

electronic devices, in the **overhead** bins/ or **under** the **seat** in **front**

of you.

단거리

Also, we will now be **ending** our **duty** free **sales**/ to **prepare** for

landing.

Thank you.

⊙ / : 끊어 읽기 ‿ : 연음 굵은 글자 : 강세

3) 착륙 직전 안내(Landing Announcement)

1단계 방송의 설계도를 그려라! (내용을 읽고, 방송 구조 이해하기)

- 아래 방송문 내용을 눈으로 읽은 다음, 해석해 보세요.
- 방송 시점 · 내용 · 특징을 파악하고, 어떤 느낌으로 전달하면 좋을지 상상해 봅니다.

Ladies and gentlemen,

we will be landing shortly.

Please fasten your seatbelt.

Thank you.

방송문

2단계 소리의 흐름에 집중하라! (원어민 음성 청취 & 발음 분석)

- 모델 보이스를 들으며 원어민의 낭독을 들어 보세요.
- 아래는 발음에 유의해야 하는 부분입니다. 여기에 집중해서 들어 봅니다.

we will be / landing / please / fasten

발음

3단계 나의 목소리를 찾자! (소리 내어 낭독하며 익히기)

- 이제, 소리 내어 읽어 보세요.
- 2단계에서 들었던 원어민의 발음을 떠올리며 최대한 비슷하게 소리 내어 읽어 봅니다.

방송문

shortly [ˈʃɔːrtli]　　　fasten [ˈfæsn]

4단계 에코처럼 따라 말하라! (섀도잉으로 자연스럽게 익히기)

방송문

- 모델 보이스를 그림자처럼 바로 따라 해 보세요.
- 연음에 집중해서 방송을 따라 해 봅니다.

Ladies and gentlemen,

we will be landing shortly.

Please fasten your seatbelt.

Thank you.

⊙ ◡ : 연음

5단계 원어민처럼 방송해 보자! (자연스럽게 구사하며 실전 연습하기)

방송문

- 먼저, 원어민의 강세와 억양을 따라 방송해 보세요.
- 세 번 반복해 봅니다. ☑☐☐
- 그다음, 자신의 방송을 녹음해 봅시다.

Ladies and **gentlemen**,

we will be **landing shortly**.

Please **fasten** your **seatbelt**.

Thank you.

⊙ ◡ : 연음 굵은 글자 : 강세

COACHING DIARY 3

코칭회차

코칭일　　코칭시간

Goal Setting(목표 설정)

모델 보이스를 들으면서 최상의 기내 방송을 하고 있는 자신의 모습을 그려 보세요.

Ladies and gentlemen,
we are approaching Los Angeles international airport.
Please return your seat and tray table to the upright position, and stow your carry-on items, including laptops and other larger electronic devices, in the overhead bins or under the seat in front of you.
Thank you.

Reality Checking(객관적인 현실 점검)

다음 방송문을 녹음해서 들어 보고, 영어 방송 스킬 학습 내용을 토대로 자신의 잘한 부분과 아쉬운 부분을 스스로 작성해 보세요.

잘한 부분	아쉬운 부분

Option Strategy(대안 모색)

1. 자신이 확실하게 알지 못하는 단어의 발음 기호를 적어 보세요.

단어	발음 기호

2. 다음 영어 방송문에 끊어 읽기를 해야 할 곳을 표시하고, 연음, 억양을 선으로 그려 보세요.

Ladies and gentlemen,

we are approaching Los Angeles international airport.

Please return your seat and tray table to the upright position, and stow your carry-on items, including laptops and other larger electronic devices, in the overhead bins or under the seat in front of you.

Thank you.

Will-based Action(실행 의지)

원어민 수준의 전문적인 방송을 하기 위한 자신만의 실천 계획을 작성해 보세요.

가장 먼저 할 일	1. 2. 3.
일주일 후에 할 일	1. 2. 3.
한 달 후에 할 일	1. 2. 3.

코치 피드백 담기

방송 스피치의 주요 코칭 포인트는 발음 정확도, 호흡과 성량, 억양과 리듬, 목소리 톤, 방송문 숙지, 상황 대처 능력, 비언어적 표현, 서비스 이미지 반영입니다. 먼저, 학습한 내용을 토대로 충분히 연습한 후 녹음하여 교수자에게 전문적인 코칭을 받아 보세요. 그리고 제출한 녹음본의 주요 피드백 내용을 정리해 보세요.

2-4 착륙 후 안내 방송(Post-landing Announcements)

이륙 전 안내 방송 Pre-departure Announcements

- 항공기 출발 준비 안내(Preparation for Departure)
- 승객 탑승 환영(Welcome Onboard)
- 안전 시연 안내(Safety Demonstration)
- 이륙 직전 안내(Take-off Announcement)

이륙 후 안내 방송 In-flight Announcements

- 좌석벨트 표시등 소등 안내(Seatbelt Sign Off)
- 기내 판매 안내(In-flight Sales)

착륙 전 안내 방송 Pre-landing Announcements

- 도착지 정보 및 검역 안내
  (Arrival Documents & Health Declaration)
- 목적지 공항 접근 안내(Descent & Approaching)
- 착륙 직전 안내(Landing Announcement)

착륙 후 안내 방송 Post-landing Announcements

- 도착 인사 및 환송 방송(Farewell Announcement)
- 하기 절차 안내(Disembarkation Instructions)

1) 도착 인사 및 환송 방송(Farewell Announcement)

1단계 방송의 설계도를 그려라! (내용을 읽고, 방송 구조 이해하기)

- 아래 방송문 내용을 눈으로 읽은 다음, 해석해 보세요.
- 방송 시점 · 내용 · 특징을 파악하고, 어떤 느낌으로 전달하면 좋을지 상상해 봅니다.

Ladies and gentlemen,
we have landed at Los Angeles international airport.

30분 이상 지연/기상, 천재지변 등 귀책 사유가 아닌 경우
Today we were delayed due to snow removal at the airport.

Please remain seated until the captain turns off the seatbelt sign.
Be careful when opening the overhead bins as the contents may fall out.
Thank you for choosing Korea Air, a member of Sky Team and we hope to see you again soon.

방송문

2단계 소리의 흐름에 집중하라! (원어민 음성 청취 & 발음 분석)

- 모델 보이스를 들으며 원어민의 낭독을 들어 보세요.
- 아래는 발음에 유의해야 하는 부분입니다. 여기에 집중해서 들어 봅니다.

have landed at / until the captain turns off

3단계 나의 목소리를 찾자! (소리 내어 낭독하며 익히기)

발음

- 이제, 소리 내어 읽어 보세요.
- 2단계에서 들었던 원어민의 발음을 떠올리며 최대한 비슷하게 소리 내어 읽어 봅니다.

방송문

landed [ˈlændɪd]	remain [rɪˈmeɪn]
captain [ˈkæptɪn]	contents [ˈkɑːntents]

4단계 에코처럼 따라 말하라! (섀도잉으로 자연스럽게 익히기)

방송문

- 모델 보이스를 그림자처럼 바로 따라 해 보세요.
- 연음에 집중해서 방송을 따라 해 봅니다.

Ladies and gentlemen,

we have landed at Los Angeles international airport.

30분 이상 지연/기상, 천재지변 등 귀책 사유가 아닌 경우

Today we were delayed/ due to snow removal at the airport.

Please remain seated/ until the captain turns off the seatbelt sign.

Be careful when opening the overhead bins/ as the contents may fall out.

Thank you for choosing Korea Air, a member of Sky Team/ and we hope to see you again soon.

⊙ / : 끊어 읽기 ‿ : 연음

방송문

5단계 원어민처럼 방송해 보자! (자연스럽게 구사하며 실전 연습하기)

- 먼저, 원어민의 강세와 억양을 따라 방송해 보세요.
- 세 번 반복해 봅니다. ☑☐☐
- 그다음, 자신의 방송을 녹음해 봅시다.

Ladies and **gentlemen**,

we have **landed** at **Los Angeles international airport**.

> 30분 이상 지연/기상, 천재지변 등 귀책 사유가 아닌 경우
>
> **Today** we were **delayed**/ **due** to **snow removal** at the **airport**.

Please **remain seated**/ until the **captain** turns off the **seatbelt** sign.

Be **careful** when **opening** the **overhead** bins/ as the **contents** may fall out.

Thank you for **choosing Korea Air**, a **member** of **Sky Team**/ and we hope to see you **again** soon.

⊙ / : 끊어 읽기 ‿ : 연음 굵은 글자 : 강세

2) 하기 절차 안내(Disembarkation Instructions)

1단계 방송의 설계도를 그려라! (내용을 읽고, 방송 구조 이해하기)

- 아래 방송문 내용을 눈으로 읽은 다음, 해석해 보세요.
- 방송 시점 · 내용 · 특징을 파악하고, 어떤 느낌으로 전달하면 좋을지 상상해 봅니다.

Ladies and gentlemen,

you may now deplane.

Please remember to take all your belongings before you deplane.

> **Step Car가 연결된 경우**
>
> Watch your steps when walking down the stairs.

Thank you and goodbye.

2단계 소리의 흐름에 집중하라! (원어민 음성 청취 & 발음 분석)

- 모델 보이스를 들으며 원어민의 낭독을 들어 보세요.
- 아래는 발음에 유의해야 하는 부분입니다. 여기에 집중해서 들어 봅니다.

방송문

you may now / to take all your / and goodbye

발음

3단계 나의 목소리를 찾자! (소리 내어 낭독하며 익히기)

- 이제, 소리 내어 읽어 보세요.
- 2단계에서 들었던 원어민의 발음을 떠올리며 최대한 비슷하게 소리 내어 읽어 봅니다.

방송문

deplane [diːˈpleɪn] belongings [bɪˈlɔːŋɪŋz]

stairs [sterz]

방송문

4단계 에코처럼 따라 말하라! (섀도잉으로 자연스럽게 익히기)

- 모델 보이스를 그림자처럼 바로 따라 해 보세요.
- 연음에 집중해서 방송을 따라 해 봅니다.

Ladies and gentlemen,

you may now deplane.

Please remember to take all your belongings/ before you deplane.

Step Car가 연결된 경우

Watch your steps/ when walking down the stairs.

Thank you/ and goodbye.

⊙ / : 끊어 읽기 ◡ : 연음

5단계 원어민처럼 방송해 보자! (자연스럽게 구사하며 실전 연습하기)

- 먼저, 원어민의 강세와 억양을 따라 방송해 보세요.
- 세 번 반복해 봅니다. ☑☐☐
- 그다음, 자신의 방송을 녹음해 봅시다.

방송문

Ladies and **gentlemen**,

you may now **deplane**.

Please **remember** to **take** all your **belongings**/ before you **deplane**.

> Step Car가 연결된 경우
>
> **Watch** your **steps**/ when **walking** down the **stairs**.

Thank you/ and **goodbye**.

⦿ / : 끊어 읽기 ◡ : 연음 굵은 글자 : 강세

COACHING DIARY 4

코칭회차

코칭일 　　코칭시간

Goal Setting(목표 설정)

모델 보이스를 들으면서 최상의 기내 방송을 하고 있는 자신의 모습을 그려 보세요.

> Ladies and gentlemen,
> we have landed at Los Angeles international airport. Today we were delayed due to snow removal at the airport. Please remain seated until the captain turns off the seatbelt sign. Be careful when opening the overhead bins as the contents may fall out.
> Thank you for choosing Korea air, a member of Sky Team and we hope to see you again soon.

Reality Checking(객관적인 현실 점검)

다음 방송문을 녹음해서 들어 보고, 영어 방송 스킬 학습 내용을 토대로 자신의 잘한 부분과 아쉬운 부분을 스스로 작성해 보세요.

잘한 부분	아쉬운 부분

Option Strategy(대안 모색)

1. 자신이 확실하게 알지 못하는 단어의 발음 기호를 적어 보세요.

단어	발음 기호

2. 다음 영어 방송문에 끊어 읽기를 해야 할 곳을 표시하고, 연음, 억양을 선으로 그려 보세요.

> Ladies and gentlemen,
> we have landed at Los Angeles international airport. Today we were delayed due to snow removal at the airport. Please remain seated until the captain turns off the seatbelt sign. Be careful when opening the overhead bins as the contents may fall out.
> Thank you for choosing Korea air, a member of Sky Team and we hope to see you again soon.

Will-based Action(실행 의지)

원어민 수준의 전문적인 방송을 하기 위한 자신만의 실천 계획을 작성해 보세요.

가장 먼저 할 일	1. 2. 3.
일주일 후에 할 일	1. 2. 3.
한 달 후에 할 일	1. 2. 3.

코치 피드백 담기

방송 스피치의 주요 코칭 포인트는 발음 정확도, 호흡과 성량, 억양과 리듬, 목소리 톤, 방송문 숙지, 상황 대처 능력, 비언어적 표현, 서비스 이미지 반영입니다. 먼저, 학습한 내용을 토대로 충분히 연습한 후 녹음하여 교수자에게 전문적인 코칭을 받아 보세요. 그리고 제출한 녹음본의 주요 피드백 내용을 정리해 보세요.

3. 영어 비정상 상황 방송(Irregular Announcement)

3-1 지연 및 대기 상황(Delay & Holding)

지연 및 대기 상황 Delay & Holding

- 출발 지연 안내(Departure Delay)
- 이륙 지연 안내(Take-off Delay)
- 상황 종료 후 재출발 안내(Resumption After Delay)

기류 불안정 상황 Turbulence

- 1차 – 좌석벨트 표시등이 켜진 경우 (Seatbelt Sign On – Initial)
- 2차 – 좌석벨트 표시등이 켜진 채 장시간 흔들릴 경우 (Seatbelt Sign On – Prolonged Shaking)
- 2차 – 좌석벨트 표시등이 켜져 있으나 흔들리지 않을 경우(Seatbelt Sign On – No Shaking)

비상 상황 Emergency Situation

- 기내 난동 발생(Passenger Disturbance)
- 기내 화재 발생(Cabin Fire)
- 응급 환자 발생(Medical Emergency)

1) 출발 지연 안내(Departure Delay)

1단계 방송의 설계도를 그려라! (내용을 읽고, 방송 구조 이해하기)

- 아래 방송문 내용을 눈으로 읽은 다음, 해석해 보세요.
- 방송 시점 · 내용 · 특징을 파악하고, 어떤 느낌으로 전달하면 좋을지 상상해 봅니다.

Ladies and gentlemen,

our departure is delayed _____.

승객 탑승 관련

a. as we are waiting for several(/transit) passengers to board.

기상 관련

b. due to heavy rain/heavy snow/strong winds/heavy fog.

c. due to unfavorable weather conditions at Los Angeles international airport.

d. due to a thunderstorm on our departure route.

e. due to snow removal at the airport.

f. as we are waiting for our turn to remove snow(/frost) from the aircraft.

공항/항로 혼잡

g. due to traffic congestion at the airport.

h. due to air traffic congestion on our route over China.

수하물 관련

i. as baggage is still being loaded in the cargo compartment.

j. as we are unloading some baggage from the cargo compartment.

탑재 관련

k. as we are waiting for some meals(/in-flight items) to be loaded.

l. as we are waiting for some documents to arrive.

점검 관련

m. as a technical check of this aircraft is required.

환자 발생

n. since we are taking care of a passenger who requires medical attention.

탑승객 하기

o. as we are deplaning a passenger who requires emergency medical attention.

p. as we are deplaning some passengers.

상황에 따라 선택

a. We expect to depart in a few minutes.

b. We expect to depart in about 5(/20) minutes.

We ask for your patience.

Thank you.

2단계 소리의 흐름에 집중하라! (원어민 음성 청취 & 발음 분석)

방송문

- 모델 보이스를 들으며 원어민의 낭독을 들어 보세요.
- 아래는 발음에 유의해야 하는 부분입니다. 여기에 집중해서 들어 봅니다.

our departure / due to / ask for your

3단계 나의 목소리를 찾자! (소리 내어 낭독하며 익히기)

발음

- 이제, 소리 내어 읽어 보세요.
- 2단계에서 들었던 원어민의 발음을 떠올리며 최대한 비슷하게 소리 내어 읽어 봅니다.

방송문

departure [dɪˈpɑːrtʃər]	several [ˈsevrəl]
unfavorable [ʌnˈfeɪvərəbl]	congestion [kənˈdʒestʃən]
emergency [iˈmɜːrdʒənsi]	patience [ˈpeɪʃns]

4단계 에코처럼 따라 말하라! (섀도잉으로 자연스럽게 익히기)

방송문

- 모델 보이스를 그림자처럼 바로 따라 해 보세요.
- 연음에 집중해서 방송을 따라 해 봅니다.

Ladies and gentlemen,

our departure is delayed/ _____.

승객 탑승 관련

a. as we are waiting for several(/transit) passengers to board.

기상 관련

b. due to heavy rain/heavy snow/strong winds/heavy fog.

c. due to unfavorable weather conditions/ at Los Angeles international airport.

d. due to a thunderstorm on our departure route.

e. due to snow removal at the airport.

f. as we are waiting for our turn/ to remove snow(/frost) from the aircraft.

공항/항로 혼잡

g. due to traffic congestion at the airport.

h. due to air traffic congestion/ on our route over China.

수하물 관련

i. as baggage is still being loaded in the cargo compartment.

j. as we are unloading some baggage from the cargo compartment.

탑재 관련

k. as we are waiting for some meals(/in-flight items) to be loaded.

l. as we are waiting for some documents to arrive.

점검 관련

m. as a technical check of this aircraft is required.

환자 발생

n. since we are taking care of a passenger/ who requires medical attention.

탑승객 하기

o. as we are deplaning a passenger/ who requires emergency medical attention.

p. as we are deplaning some passengers.

상황에 따라 선택

a. We expect to depart in a few minutes.

b. We expect to depart in about 5(/20) minutes.

We ask for your patience.

Thank you.

⊙ / : 끊어 읽기 ‿ : 연음

방송문

5단계 원어민처럼 방송해 보자! (자연스럽게 구사하며 실전 연습하기)

- 먼저, 원어민의 강세와 억양을 따라 방송해 보세요.
- 세 번 반복해 봅니다. ☑☐☐
- 그다음, 자신의 방송을 녹음해 봅시다.

Ladies and **gentlemen**,

our **departure** is **delayed**/ _____.

승객 탑승 관련

a. **as** we are **waiting** for **several(/transit) passengers** to **board**.

기상 관련

b. **due** to **heavy rain/heavy snow/strong** winds/**heavy fog**.

c. **due** to **unfavorable weather conditions**/ at **Los Angeles international airport**.

d. **due** to a **thunderstorm** on our **departure route**.

e. **due** to **snow removal** at the **airport**.

f. **as** we are **waiting** for our **turn**/ to **remove** snow(/frost) from the **aircraft**.

공항/항로 혼잡

g. **due** to **traffic congestion** at the **airport**.

h. **due** to air **traffic congestion**/ on our route over **China**.

수하물 관련

i. **as baggage** is still being **loaded** in the **cargo compartment**.

j. **as** we are **unloading** some **baggage** from the **cargo compartment**.

탑재 관련

k. **as** we are **waiting** for some **meals**(/in-flight **items**) to be **loaded**.

l. **as** we are **waiting** for some **documents** to **arrive**.

점검 관련

m. **as** a **technical** check of this **aircraft** is **required.**

환자 발생

n. **since** we are **taking** care of a **passenger**/ who **requires medical attention.**

탑승객 하기

o. **as** we are **deplaning** a **passenger**/ who **requires emergency medical attention.**

p. **as** we are **deplaning** some **passengers.**

상황에 따라 선택

a. **We expect** to **depart** in a few **minutes.**

b. **We expect** to **depart** in **about** 5(/20) **minutes.**

We **ask** for your **patience.**

Thank you.

⊙ / : 끊어 읽기 ‿ : 연음 굵은 글자 : 강세

2) 이륙 지연 안내(Take-off Delay)

1단계 방송의 설계도를 그려라! (내용을 읽고, 방송 구조 이해하기)

- 아래 방송문 내용을 눈으로 읽은 다음, 해석해 보세요.
- 방송 시점 · 내용 · 특징을 파악하고, 어떤 느낌으로 전달하면 좋을지 상상해 봅니다.

Ladies and gentlemen,

our take-off is delayed _____.

기상 관련

a. due to heavy rain/heavy snow/strong winds/heavy fog.

b. due to a thunderstorm on our departure route.

c. due to snow removal at the airport.

공항/항로 혼잡

d. due to traffic congestion.

e. due to air traffic congestion on our route over China.

f. due to a runway change.

상황에 따라 선택

a. We expect to take off in about 20 minutes.

b. We will take off as soon as we receive clearance.

Thank you.

방송문

2단계 소리의 흐름에 집중하라! (원어민 음성 청취 & 발음 분석)

- 모델 보이스를 들으며 원어민의 낭독을 들어 보세요.
- 아래는 발음에 유의해야 하는 부분입니다. 여기에 집중해서 들어 봅니다.

our take-off / we expect to / as soon as

발음

3단계 나의 목소리를 찾자! (소리 내어 낭독하며 익히기)

- 이제, 소리 내어 읽어 보세요.
- 2단계에서 들었던 원어민의 발음을 떠올리며 최대한 비슷하게 소리 내어 읽어 봅니다.

방송문

delayed [dɪˈleɪd]	fog [fɔːg]
thunderstorm [ˈθʌndərstɔːrm]	departure [dɪˈpɑːrtʃər]
removal [rɪˈmuːvl]	congestion [kənˈdʒestʃən]
receive [rɪˈsiːv]	clearance [ˈklɪrəns]

방송문

4단계 에코처럼 따라 말하라! (섀도잉으로 자연스럽게 익히기)

- 모델 보이스를 그림자처럼 바로 따라 해 보세요.
- 연음에 집중해서 방송을 따라 해 봅니다.

Ladies and gentlemen,

our take-off is delayed/ _____.

기상 관련

a. due to heavy rain/heavy snow/strong winds/heavy fog.

b. due to a thunderstorm on our departure route.

c. due to snow removal at the airport.

공항/항로 혼잡

d. due to traffic congestion.

e. due to air traffic congestion/ on our route over China.

f. due to a runway change.

상황에 따라 선택

a. We expect to take off in about 20 minutes.

b. We will take off as soon as we receive clearance.

Thank you.

⊙ / : 끊어 읽기 ◡ : 연음

5단계 **원어민처럼 방송해 보자!** (자연스럽게 구사하며 실전 연습하기)

- 먼저, 원어민의 강세와 억양을 따라 방송해 보세요.
- 세 번 반복해 봅니다. ☑☐☐
- 그다음, 자신의 방송을 녹음해 봅시다.

방송문

Ladies and **gentlemen**,

our **take**-off is **delayed**/ _____.

기상 관련

a. **due** to **heavy rain/heavy snow/strong** winds/**heavy fog**.

b. **due** to a **thunderstorm** on our **departure route**.

c. **due** to **snow removal** at the **airport**.

공항/항로 혼잡

d. **due** to **traffic congestion**.

e. **due** to air **traffic congestion**/ on our route over **China**.

f. **due** to a **runway change**.

상황에 따라 선택

a. **We expect** to **take** off in **about** 20 **minutes**.

b. **We** will **take** off as soon as we **receive clearance**.

Thank you.

⊙ / : 끊어 읽기 ◡ : 연음 굵은 글자 : 강세

3) 상황 종료 후 재출발 안내(Resumption After Delay)

1단계 방송의 설계도를 그려라! (내용을 읽고, 방송 구조 이해하기)

- 아래 방송문 내용을 눈으로 읽은 다음, 해석해 보세요.
- 방송 시점 · 내용 · 특징을 파악하고, 어떤 느낌으로 전달하면 좋을지 상상해 봅니다.

Thank you for waiting, ladies and gentlemen.

상황에 따라 선택

a. The technical check of this aircraft is complete,
b. The weather at Los Angeles international airport has improved,
c. All passengers are now currently on board,
d. We have just received clearance from Air Traffic Control,
e. All the additional items have been loaded,

_____ and we are now ready for departure.
Please fasten your seatbelt and return your seat and tray table to the upright position.
Thank you.

2단계 소리의 흐름에 집중하라! (원어민 음성 청취 & 발음 분석)

방송문

- 모델 보이스를 들으며 원어민의 낭독을 들어 보세요.
- 아래는 발음에 유의해야 하는 부분입니다. 여기에 집중해서 들어 봅니다.

has improved / have been loaded / to the upright

발음

3단계 나의 목소리를 찾자! (소리 내어 낭독하며 익히기)

- 이제, 소리 내어 읽어 보세요.
- 2단계에서 들었던 원어민의 발음을 떠올리며 최대한 비슷하게 소리 내어 읽어 봅니다.

방송문

technical [ˈteknɪkl]
currently [ˈkɜːrəntli]
additional [əˈdɪʃənl]
departure [dɪˈpɑːrtʃər]
improve [ɪmˈpruːv]
clearance [ˈklɪrəns]
loaded [ˈloʊdɪd]

방송문

4단계 에코처럼 따라 말하라! (섀도잉으로 자연스럽게 익히기)

- 모델 보이스를 그림자처럼 바로 따라 해 보세요.
- 연음에 집중해서 방송을 따라 해 봅니다.

Thank you for waiting, ladies and gentlemen.

상황에 따라 선택

a. The technical check of this aircraft is complete,
b. The weather at Los Angeles international airport has improved,
c. All passengers are now currently on board,
d. We have just received clearance from Air Traffic Control,
e. All the additional items have been loaded,

_____ and we are now ready for departure.

Please fasten your seatbelt/ and return your seat and tray table to the upright position.

Thank you.

⊙ / : 끊어 읽기 ◡ : 연음

5단계 원어민처럼 방송해 보자! (자연스럽게 구사하며 실전 연습하기)

방송문

- 먼저, 원어민의 강세와 억양을 따라 방송해 보세요.
- 세 번 반복해 봅니다. ☑☐☐
- 그다음, 자신의 방송을 녹음해 봅시다.

Thank you for **waiting**, **ladies** and **gentlemen**.

상황에 따라 선택

a. **The technical** check of this **aircraft** is **complete**,

b. **The weather** at **Los Angeles international airport** has **improved**,

c. **All passengers** are now **currently** on **board**,

d. **We** have just **received clearance** from Air **Traffic Control**,

e. **All** the **additional items** have been **loaded**,

_____ and we are now **ready** for **departure**.

Please fasten your **seatbelt**/ and **return** your seat and tray table to the **upright position**.

Thank you.

⊙ / : 끊어 읽기 ◡ : 연음 굵은 글자 : 강세

COACHING DIARY 5

코칭회차

코칭일 　　코칭시간

Goal Setting(목표 설정)

모델 보이스를 들으면서 최상의 기내 방송을 하고 있는 자신의 모습을 그려 보세요.

Ladies and gentlemen,

our take-off is delayed due to traffic congestion.

We will take off as soon as we receive clearance.

Thank you.

Reality Checking(객관적인 현실 점검)

다음 방송문을 녹음해서 들어 보고, 영어 방송 스킬 학습 내용을 토대로 자신의 잘한 부분과 아쉬운 부분을 스스로 작성해 보세요.

잘한 부분	아쉬운 부분

Option Strategy(대안 모색)

1. 자신이 확실하게 알지 못하는 단어의 발음 기호를 적어 보세요.

단어	발음 기호

2. 다음 영어 방송문에 끊어 읽기를 해야 할 곳을 표시하고, 연음, 억양을 선으로 그려 보세요.

Ladies and gentlemen,
our take-off is delayed due to traffic congestion.
We will take off as soon as we receive clearance.
Thank you.

Will-based Action(실행 의지)

원어민 수준의 전문적인 방송을 하기 위한 자신만의 실천 계획을 작성해 보세요.

가장 먼저 할 일	1. 2. 3.
일주일 후에 할 일	1. 2. 3.
한 달 후에 할 일	1. 2. 3.

코치 피드백 담기

방송 스피치의 주요 코칭 포인트는 발음 정확도, 호흡과 성량, 억양과 리듬, 목소리 톤, 방송문 숙지, 상황 대처 능력, 비언어적 표현, 서비스 이미지 반영입니다. 먼저, 학습한 내용을 토대로 충분히 연습한 후 녹음하여 교수자에게 전문적인 코칭을 받아 보세요. 그리고 제출한 녹음본의 주요 피드백 내용을 정리해 보세요.

3-2 기류 불안정 상황(Turbulence)

지연 및 대기 상황
Delay & Holding

- 출발 지연 안내(Departure Delay)
- 이륙 지연 안내(Take-off Delay)
- 상황 종료 후 재출발 안내(Resumption After Delay)

기류 불안정 상황
Turbulence

- 1차 – 좌석벨트 표시등이 켜진 경우
  (Seatbelt Sign On – Initial)
- 2차 – 좌석벨트 표시등이 켜진 채 장시간 흔들릴 경우
  (Seatbelt Sign On – Prolonged Shaking)
- 2차 – 좌석벨트 표시등이 켜져 있으나 흔들리지 않을 경우(Seatbelt Sign On – No Shaking)

비상 상황
Emergency Situation

- 기내 난동 발생(Passenger Disturbance)
- 기내 화재 발생(Cabin Fire)
- 응급 환자 발생(Medical Emergency)

1) 1차 – 좌석벨트 표시등이 켜진 경우(Seatbelt Sign On – Initial)

1단계 방송의 설계도를 그려라! (내용을 읽고, 방송 구조 이해하기)

- 아래 방송문 내용을 눈으로 읽은 다음, 해석해 보세요.
- 방송 시점 · 내용 · 특징을 파악하고, 어떤 느낌으로 전달하면 좋을지 상상해 봅니다.

Ladies and gentlemen,

please fasten your seatbelt.

방송문

2단계 소리의 흐름에 집중하라! (원어민 음성 청취 & 발음 분석)

- 모델 보이스를 들으며 원어민의 낭독을 들어 보세요.
- 아래는 발음에 유의해야 하는 부분입니다. 여기에 집중해서 들어 봅니다.

ladies / please / your seatbelt

발음

3단계 나의 목소리를 찾자! (소리 내어 낭독하며 익히기)

- 이제, 소리 내어 읽어 보세요.
- 2단계에서 들었던 원어민의 발음을 떠올리며 최대한 비슷하게 소리 내어 읽어 봅니다.

방송문

fastened [ˈfæsnd] seatbelt [si:tbelt]

4단계 에코처럼 따라 말하라! (섀도잉으로 자연스럽게 익히기)

- 모델 보이스를 그림자처럼 바로 따라 해 보세요.
- 연음에 집중해서 방송을 따라 해 봅니다.

방송문

Ladies and gentlemen,

please fasten your seatbelt.

⊙ ◡ : 연음

5단계 원어민처럼 방송해 보자! (자연스럽게 구사하며 실전 연습하기)

- 먼저, 원어민의 강세와 억양을 따라 방송해 보세요.
- 세 번 반복해 봅니다. ☑☐☐
- 그다음, 자신의 방송을 녹음해 봅시다.

방송문

Ladies and **gentlemen**,

please **fasten** your **seatbelt**.

⊙ ◡ : 연음　　굵은 글자 : 강세

2) 2차 – 좌석벨트 표시등이 켜진 채 장시간 흔들릴 경우 (Seatbelt Sign On – Prolonged Shaking)

1단계 방송의 설계도를 그려라! (내용을 읽고, 방송 구조 이해하기)

- 아래 방송문 내용을 눈으로 읽은 다음, 해석해 보세요.
- 방송 시점 · 내용 · 특징을 파악하고, 어떤 느낌으로 전달하면 좋을지 상상해 봅니다.

Ladies and gentlemen,

we are continuing to experience turbulence.

Please keep your seatbelt fastened and refrain from using the restrooms.

> **유아 동반 방송 필요시**
>
> If you are traveling with an infant, we ask you to take your baby out of the bassinet.

방송문

2단계 소리의 흐름에 집중하라! (원어민 음성 청취 & 발음 분석)

- 모델 보이스를 들으며 원어민의 낭독을 들어 보세요.
- 아래는 발음에 유의해야 하는 부분입니다. 여기에 집중해서 들어 봅니다.

> we are continuing to / ask you to take / out of the bassinet

3단계 나의 목소리를 찾자! (소리 내어 낭독하며 익히기)

- 이제, 소리 내어 읽어 보세요.
- 2단계에서 들었던 원어민의 발음을 떠올리며 최대한 비슷하게 소리 내어 읽어 봅니다.

발음

continuing [kənˈtɪnjuːɪŋ]	turbulence [ˈtɜːrbjələns]
fastened [ˈfæsnd]	refrain [rɪˈfreɪn]
infant [ˈɪnfənt]	bassinet [bæsɪˈnet]

방송문

4단계 에코처럼 따라 말하라! (섀도잉으로 자연스럽게 익히기)

- 모델 보이스를 그림자처럼 바로 따라 해 보세요.
- 연음에 집중해서 방송을 따라 해 봅니다.

방송문

Ladies and gentlemen,

we are continuing to experience turbulence.

Please keep your seatbelt fastened/ and refrain from using the restrooms.

유아 동반 방송 필요시

If you are traveling with an infant, we ask you to take your baby out of the bassinet.

⊙ / : 끊어 읽기 ‿ : 연음

방송문

5단계 원어민처럼 방송해 보자! (자연스럽게 구사하며 실전 연습하기)

- 먼저, 원어민의 강세와 억양을 따라 방송해 보세요.
- 세 번 반복해 봅니다. ☑☐☐
- 그다음, 자신의 방송을 녹음해 봅시다.

Ladies and **gentlemen**,

we are **continuing** to **experience turbulence**.

Please keep your **seatbelt fastened**/ and **refrain** from **using** the **restrooms**.

유아 동반 방송 필요시

If you are **traveling** with an **infant**, we ask you to take your **baby** out of the **bassinet**.

⊙ / : 끊어 읽기 ‿ : 연음 굵은 글자 : 강세

3) 2차 – 좌석벨트 표시등이 켜져 있으나 흔들리지 않을 경우 (Seatbelt Sign On – No Shaking)

1단계 방송의 설계도를 그려라! (내용을 읽고, 방송 구조 이해하기)

- 아래 방송문 내용을 눈으로 읽은 다음, 해석해 보세요.
- 방송 시점 · 내용 · 특징을 파악하고, 어떤 느낌으로 전달하면 좋을지 상상해 봅니다.

Ladies and gentlemen,

A: 흔들리지 않는 경우(지속적인 주의가 필요할 때)

the captain has informed us that we are still in an area of turbulence. Please keep your seatbelt fastened until the seatbelt sign has been turned off and refrain from using the restrooms.

B: 난기류 재진입이 예상될 경우

we are still in an area of anticipated turbulence. Please remain seated with your seatbelt securely fastened and refrain from using the restrooms.

유아 동반 방송 필요시

If you are traveling with an infant, we ask that you take your baby out of the bassinet.

방송문

2단계 소리의 흐름에 집중하라! (원어민 음성 청취 & 발음 분석)

- 모델 보이스를 들으며 원어민의 낭독을 들어 보세요.
- 아래는 발음에 유의해야 하는 부분입니다. 여기에 집중해서 들어 봅니다.

has informed us / has been turned off

발음

3단계 나의 목소리를 찾자! (소리 내어 낭독하며 익히기)

- 이제, 소리 내어 읽어 보세요.
- 2단계에서 들었던 원어민의 발음을 떠올리며 최대한 비슷하게 소리 내어 읽어 봅니다.

방송문

informed [ɪnˈfɔːrmd]	turbulence [ˈtɜːrbjələns]
anticipated [ænˈtɪsɪpeɪtid]	securely [səˈkjʊrli]
fastened [ˈfæsnd]	refrain [rɪˈfreɪn]
infant [ˈɪnfənt]	bassinet [bæsɪˈnet]

방송문

4단계 에코처럼 따라 말하라! (섀도잉으로 자연스럽게 익히기)

- 모델 보이스를 그림자처럼 바로 따라 해 보세요.
- 연음에 집중해서 방송을 따라 해 봅니다.

Ladies and gentlemen,

A: 흔들리지 않는 경우(지속적인 주의가 필요할 때)

the captain has informed us that we are still in an area of turbulence. Please keep your seatbelt fastened/ until the seatbelt sign has been turned off/ and refrain from using the restrooms.

B: 난기류 재진입이 예상될 경우

we are still in an area of anticipated turbulence. Please remain seated with your seatbelt securely fastened/ and refrain from using the restrooms.

유아 동반 방송 필요시

If you are traveling with an infant, we ask that you take your baby out of the bassinet.

⦿ / : 끊어 읽기 ‿ : 연음

5단계 원어민처럼 방송해 보자! (자연스럽게 구사하며 실전 연습하기)

방송문

- 먼저, 원어민의 강세와 억양을 따라 방송해 보세요.
- 세 번 반복해 봅니다. ☑☐☐
- 그다음, 자신의 방송을 녹음해 봅시다.

Ladies and **gentlemen**,

A: 흔들리지 않는 경우(지속적인 주의가 필요할 때)

the **captain** has **informed** us that we are **still** in an **area** of **turbulence**. Please keep your **seatbelt fastened**/ until the **seatbelt** sign has been turned **off**/ and **refrain** from **using** the **restrooms**.

B: 난기류 재진입이 예상될 경우

we are **still** in an **area** of **anticipated turbulence**. Please **remain** seated with your **seatbelt securely fastened**/ and **refrain** from **using** the **restrooms**.

유아 동반 방송 필요시

If you are **traveling** with an **infant**, we ask that you take your **baby** out of the **bassinet**.

⊙ / : 끊어 읽기　　◡ : 연음　　굵은 글자 : 강세

COACHING DIARY 6

코칭회차

코칭일 　　　코칭시간

Goal Setting(목표 설정)

모델 보이스를 들으면서 최상의 기내 방송을 하고 있는 자신의 모습을 그려 보세요.

> Ladies and gentlemen,
> we are continuing to experience turbulence.
> Please keep your seatbelt fastened and refrain from using the restrooms.
> If you are traveling with an infant, we ask you to take your baby out of the bassinet.

Reality Checking(객관적인 현실 점검)

다음 방송문을 녹음해서 들어 보고, 영어 방송 스킬 학습 내용을 토대로 자신의 잘한 부분과 아쉬운 부분을 스스로 작성해 보세요.

잘한 부분	아쉬운 부분

Option Strategy(대안 모색)

1. 자신이 확실하게 알지 못하는 단어의 발음 기호를 적어 보세요.

단어	발음 기호

2. 다음 영어 방송문에 끊어 읽기를 해야 할 곳을 표시하고, 연음, 억양을 선으로 그려 보세요.

Ladies and gentlemen,

we are continuing to experience turbulence.

Please keep your seatbelt fastened and refrain from using the restrooms.

If you are traveling with an infant, we ask you to take your baby out of the bassinet.

Will-based Action(실행 의지)

원어민 수준의 전문적인 방송을 하기 위한 자신만의 실천 계획을 작성해 보세요.

가장 먼저 할 일	1. 2. 3.
일주일 후에 할 일	1. 2. 3.
한 달 후에 할 일	1. 2. 3.

코치 피드백 담기

방송 스피치의 주요 코칭 포인트는 발음 정확도, 호흡과 성량, 억양과 리듬, 목소리 톤, 방송문 숙지, 상황 대처 능력, 비언어적 표현, 서비스 이미지 반영입니다. 먼저, 학습한 내용을 토대로 충분히 연습한 후 녹음하여 교수자에게 전문적인 코칭을 받아 보세요. 그리고 제출한 녹음본의 주요 피드백 내용을 정리해 보세요.

3-3 비상 상황(Emergency Situation)

지연 및 대기 상황
Delay & Holding

- 출발 지연 안내(Departure Delay)
- 이륙 지연 안내(Take-off Delay)
- 상황 종료 후 재출발 안내(Resumption After Delay)

기류 불안정 상황
Turbulence

- 1차 – 좌석벨트 표시등이 켜진 경우 (Seatbelt Sign On – Initial)
- 2차 – 좌석벨트 표시등이 켜진 채 장시간 흔들릴 경우 (Seatbelt Sign On – Prolonged Shaking)
- 2차 – 좌석벨트 표시등이 켜져 있으나 흔들리지 않을 경우(Seatbelt Sign On – No Shaking)

비상 상황
Emergency Situation

- 기내 난동 발생(Passenger Disturbance)
- 기내 화재 발생(Cabin Fire)
- 응급 환자 발생(Medical Emergency)

1) 기내 난동 발생(Passenger Disturbance)

1단계 방송의 설계도를 그려라! (내용을 읽고, 방송 구조 이해하기)

- 아래 방송문 내용을 눈으로 읽은 다음, 해석해 보세요.
- 방송 시점 · 내용 · 특징을 파악하고, 어떤 느낌으로 전달하면 좋을지 상상해 봅니다.

Ladies and gentlemen,
this is the purser speaking.
There was an unexpected cabin disturbance caused by one(/some) of our passengers, but it is now under control.
Thank you for your understanding.

2단계 소리의 흐름에 집중하라! (원어민 음성 청취 & 발음 분석)

방송문

- 모델 보이스를 들으며 원어민의 낭독을 들어 보세요.
- 아래는 발음에 유의해야 하는 부분입니다. 여기에 집중해서 들어 봅니다.

caused by one of our / thank you for

3단계 나의 목소리를 찾자! (소리 내어 낭독하며 익히기)

발음

- 이제, 소리 내어 읽어 보세요.
- 2단계에서 들었던 원어민의 발음을 떠올리며 최대한 비슷하게 소리 내어 읽어 봅니다.

방송문

purser [ˈpɜːrsər]
unexpected [ˌʌnɪkˈspektɪd]
disturbance [dɪˈstɜːrbəns]
cause [kɔːz]
understanding [ˌʌndərˈstændɪŋ]

방송문

4단계 에코처럼 따라 말하라! (섀도잉으로 자연스럽게 익히기)

- 모델 보이스를 그림자처럼 바로 따라 해 보세요.
- 연음에 집중해서 방송을 따라 해 봅니다.

Ladies and gentlemen,

this is the purser speaking.

There was an unexpected cabin disturbance/ caused by one(/some)

of our passengers, but it is now under control.

Thank you for your understanding.

⊙ / : 끊어 읽기 ◡ : 연음

방송문

5단계 원어민처럼 방송해 보자! (자연스럽게 구사하며 실전 연습하기)

- 먼저, 원어민의 강세와 억양을 따라 방송해 보세요.
- 세 번 반복해 봅니다. ☑☐☐
- 그다음, 자신의 방송을 녹음해 봅시다.

Ladies and **gentlemen**,

this is the **purser speaking**.

There was an **unexpected cabin disturbance**/ caused by one(/some)

of our **passengers**, but it is now under **control**.

Thank you for your **understanding**.

⊙ / : 끊어 읽기 ◡ : 연음 굵은 글자 : 강세

2) 기내 화재 발생(Cabin Fire)

1단계 방송의 설계도를 그려라! (내용을 읽고, 방송 구조 이해하기)

- 아래 방송문 내용을 눈으로 읽은 다음, 해석해 보세요.
- 방송 시점 · 내용 · 특징을 파악하고, 어떤 느낌으로 전달하면 좋을지 상상해 봅니다.

Ladies and gentlemen,
a minor fire has broken out in the cabin, but it is now under control.
Thank you for your cooperation.

2단계 소리의 흐름에 집중하라! (원어민 음성 청취 & 발음 분석)

- 모델 보이스를 들으며 원어민의 낭독을 들어 보세요.
- 아래는 발음에 유의해야 하는 부분입니다. 여기에 집중해서 들어 봅니다.

방송문

has broken out / it is now under control

3단계 나의 목소리를 찾자! (소리 내어 낭독하며 익히기)

- 이제, 소리 내어 읽어 보세요.
- 2단계에서 들었던 원어민의 발음을 떠올리며 최대한 비슷하게 소리 내어 읽어 봅니다.

발음

control [kən'troʊl]　　cooperation [koʊˌɑːpə'reɪʃn]

방송문

방송문

4단계 에코처럼 따라 말하라! (섀도잉으로 자연스럽게 익히기)

- 모델 보이스를 그림자처럼 바로 따라 해 보세요.
- 연음에 집중해서 방송을 따라 해 봅니다.

Ladies and gentlemen,

a minor fire has broken out in the cabin, but it is now under control.

Thank you for your cooperation.

⊙ ◡ : 연음

방송문

5단계 원어민처럼 방송해 보자! (자연스럽게 구사하며 실전 연습하기)

- 먼저, 원어민의 강세와 억양을 따라 방송해 보세요.
- 세 번 반복해 봅니다. ☑☐☐
- 그다음, 자신의 방송을 녹음해 봅시다.

Ladies and **gentlemen**,

a **minor** fire has **broken** out in the **cabin**, but it is now under **control**.

Thank you for your **cooperation**.

⊙ ◡ : 연음　　굵은 글자 : 강세

3) 응급 환자 발생(Medical Emergency)

1단계 방송의 설계도를 그려라! (내용을 읽고, 방송 구조 이해하기)

- 아래 방송문 내용을 눈으로 읽은 다음, 해석해 보세요.
- 방송 시점 · 내용 · 특징을 파악하고, 어떤 느낌으로 전달하면 좋을지 상상해 봅니다.

Doctor Paging 1차

Ladies and gentlemen,

we have a passenger who requires emergency medical attention. If there is a medical doctor on board, please contact any of our cabin crew.

Thank you.

Doctor Paging 2차

Ladies and gentlemen,

we have a passenger who requires emergency medical attention. If there is a medical doctor or other medical professional on board, please contact our cabin crew.

Thank you.

2단계 소리의 흐름에 집중하라! (원어민 음성 청취 & 발음 분석)

방송문

- 모델 보이스를 들으며 원어민의 낭독을 들어 보세요.
- 아래는 발음에 유의해야 하는 부분입니다. 여기에 집중해서 들어 봅니다.

who requires / on board / any of our

발음

3단계 나의 목소리를 찾자! (소리 내어 낭독하며 익히기)

- 이제, 소리 내어 읽어 보세요.
- 2단계에서 들었던 원어민의 발음을 떠올리며 최대한 비슷하게 소리 내어 읽어 봅니다.

방송문

require [rɪˈkwaɪər]	emergency [iˈmɜːrdʒənsi]
professional [prəˈfeʃənl]	contact [ˈkɑːntækt]

방송문

4단계 에코처럼 따라 말하라! (섀도잉으로 자연스럽게 익히기)

- 모델 보이스를 그림자처럼 바로 따라 해 보세요.
- 연음에 집중해서 방송을 따라 해 봅니다.

Doctor Paging 1차

Ladies and gentlemen,

we have a passenger/ who requires emergency medical attention.

If there is a medical doctor on board, please contact any of our cabin crew.

Thank you.

Doctor Paging 2차

Ladies and gentlemen,

we have a passenger/ who requires emergency medical attention.

If there is a medical doctor or other medical professional on board,

please contact our cabin crew.

Thank you.

⊙ / : 끊어 읽기 ‿ : 연음

5단계 원어민처럼 방송해 보자! (자연스럽게 구사하며 실전 연습하기)

방송문

- 먼저, 원어민의 강세와 억양을 따라 방송해 보세요.
- 세 번 반복해 봅니다. ☑☐☐
- 그다음, 자신의 방송을 녹음해 봅시다.

Doctor Paging 1차

Ladies and **gentlemen**,

we have a **passenger**/ who **requires emergency medical attention**.

If there is a **medical doctor** on board, please **contact any of** our

cabin crew.

Thank you.

Doctor Paging 2차

Ladies and **gentlemen**,

we have a **passenger**/ who **requires emergency medical attention**.

If there is a **medical doctor** or **other medical professional** on board,

please **contact** our **cabin** crew.

Thank you.

⊙ / : 끊어 읽기 ◡ : 연음 굵은 글자 : 강세

COACHING DIARY 7

코칭회차

코칭일 　　코칭시간

Goal Setting(목표 설정)

모델 보이스를 들으면서 최상의 기내 방송을 하고 있는 자신의 모습을 그려 보세요.

> Ladies and gentlemen,
>
> we have a passenger who requires emergency medical attention. If there is a medical doctor on board, please contact any of our cabin crew.
>
> Thank you.

Reality Checking(객관적인 현실 점검)

다음 방송문을 녹음해서 들어 보고, 영어 방송 스킬 학습 내용을 토대로 자신의 잘한 부분과 아쉬운 부분을 스스로 작성해 보세요.

잘한 부분	아쉬운 부분

Option Strategy(대안 모색)

1. 자신이 확실하게 알지 못하는 단어의 발음 기호를 적어 보세요.

단어	발음 기호

2. 다음 영어 방송문에 끊어 읽기를 해야 할 곳을 표시하고, 연음, 억양을 선으로 그려 보세요.

Ladies and gentlemen,
we have a passenger who requires emergency medical attention. If there is a medical doctor on board, please contact any of our cabin crew.
Thank you.

Will-based Action(실행 의지)

원어민 수준의 전문적인 방송을 하기 위한 자신만의 실천 계획을 작성해 보세요.

가장 먼저 할 일	1. 2. 3.
일주일 후에 할 일	1. 2. 3.
한 달 후에 할 일	1. 2. 3.

코치 피드백 담기

방송 스피치의 주요 코칭 포인트는 발음 정확도, 호흡과 성량, 억양과 리듬, 목소리 톤, 방송문 숙지, 상황 대처 능력, 비언어적 표현, 서비스 이미지 반영입니다. 먼저, 학습한 내용을 토대로 충분히 연습한 후 녹음하여 교수자에게 전문적인 코칭을 받아 보세요. 그리고 제출한 녹음본의 주요 피드백 내용을 정리해 보세요.

APPENDIX

부록

1. 승객 불편 관련 안내 방송

1) 기내 온도

안내 말씀 드리겠습니다.
지금 기내가 (다소/몹시) (덥습니다/춥습니다).
그러나 이륙 후에 정상 온도에 도달할 것으로 예상되니 잠시만 기다려 주시기 바랍니다.

May I have your attention, please.
We apologize for the (hot/cold) cabin temperature.
It will be adjusted after take-off.
Thank you for your understanding.

2) 기름 냄새

안내 말씀 드리겠습니다.
현재 기내에 엔진 가동으로 인한 기름 냄새가 나고 있습니다.
안전 운항에는 지장이 없으며, 이륙 후에는 냄새가 사라질 예정이니 잠시만 기다려 주시기 바랍니다.

May I have your attention, please.
We are now experiencing some fuel smells due to the engine running.
This will disappear after take-off, and it doesn't affect the safety of this flight.
Thank you for your kind understanding.

3) 기실시 방송 내용 수정

안내 말씀 드리겠습니다.
조금 전 방송한 내용을 정정하겠습니다.

정정할 방송 내용 삽입

(지역명/공항명/비행시간/기타)은/는 A가 아니라 B입니다.

죄송합니다.

May I have your attention, please.
We would like to correct the previous announcement.

정정할 방송 내용 삽입

(destination(지역명)/destination(공항명)/flight time/arrival time/기타) is B, not A.

We apologize for the incorrect announcement.

4) 분실물

안내 말씀 드리겠습니다.

선택

a. 분실물을 보관하고 있습니다. 손님 중, ____을 분실하신 분이 계시면

b. 기내에서 ____을 분실하신 손님이 계십니다. 습득하신 분은

저희 승무원에게 말씀해 주십시오.
감사합니다.

May I have your attention, please.

선택

a. We have found a ____. If you lost a ____,

b. We have a passenger who has lost a ____. If you found it,

please contact us.
Thank you.

2. 비상 사태 방송

1) 준비된 비상 착륙/착수

손님 여러분, 저는 사무장 ○○○입니다. 긴급 사태가 발생했습니다.
이 비행기는 곧 비상 (착륙/착수)하겠습니다.
저희 승무원들은 이러한 상황에 대비하여 충분한 훈련을 받았습니다.
침착해 주시고 지금부터 객실 승무원들의 지시에 따라 주십시오.

Attention, please.
We plan to make an emergency (landing/water landing) soon.
We are trained to handle this situation.
Remain calm and follow the instructions of your cabin crew.

2) 준비되지 않은 비상 착륙/착수

긴급 사태가 발생했습니다.
지금부터 긴급 (착륙/착수)하겠습니다. 좌석벨트를 매십시오.
양팔을 엇갈리게 하여 앞 좌석 상단에 갖다 대십시오.
머리는 팔에 대십시오.

Attention!
This is an emergency (landing/water landing). Fasten your seatbelt.
Cross your arms and put them on top of your front seat.
Lean forward and put your head on your arms.

참 고 문 헌

구봉림(2002), 영어음성학의 이론과 실제, (주)신안사

권성미(2017), 한국어 발음 교육론, 한글파크

김미형(2019), 한국어 발음교육론, 한국문화사

김상준(1996), 방송언어연구, 커뮤니케이션북스

김용범(2003), 영어발음 학습의 맥, 한국문화사

박란희 외 1인(2009), 목소리 구성 요소의 커뮤니케이션 효과에 관한 연구, 한국소통학회

박주연 외 3인(2006), 항공기 기내방송실무, 세림출판사

신지영(2016), 한국어의 말소리, 박이정

안대성(2020), 발성의 완성을 위한 목소리 사용설명서, 예솔

예경희(2023), 항공기내방송, 센게이지러닝코리아(주)

우에노 나오키(2006), 5분 만에 목소리가 좋아지는 책, 넥서스북

이서영(2010), 사람을 끌어당기는 공감스피치, 원앤원북스

이수경(2019), 객실승무원 기내방송실전, 센게이지러닝코리아(주)

이주행 외 2인(2008), 표준 한국어 발음사전, 지구문화사

이지민 외 1인(2024), 항공객실서비스디자인, 센게이지러닝코리아(주)

임유정(2011), 성공을 부르는 목소리 코칭, 원앤원북스

임창희 외 2인(2001), 비즈니스 커뮤니케이션, 한올출판사

차재은 외 5인(2003), 방송언어와 국어연구, 월인

EJ Brown(2023), 영어낭독 5단계 트레이닝, ㈜다락원

Joseph A. DeVito(2021), 설득 커뮤니케이션, 학지사

Kevin Hogan(2002), 파워풀 커뮤니케이션, 시아출판사

Catherine Letondal, Christophe Hurter, Rémi Lesbordes, Jean-Luc Vinot, and Stéphane Conversy(2013), Flights in my hands: coherence concerns in designing Strip'TIC, a tangible space for air traffic controllers. In Proceedings of the SIGCHI Conference on Human Factors in Computing Systems (CHI '13). Association for Computing Machinery, New York, NY, USA, 2175 – 2184. https://doi.org/10.1145/2470654.2481300

Ronald B. Adler, George Rodman, Athena du Pré(2021), Understanding Human Communication, Oxford University Press

Wilbur Schramm(1954), The Process and Effects of Mass Communication, University of Illinois Press

국립국어원, 한국어 어문 규범(2017.3.28. 시행)

대한항공(2025), 기내방송규정집

아시아나항공(2024), 기내방송규정집

티웨이항공(2023), 기내방송규정집

KBS(2023), KBS 한국어 표준발음과 낭독 자료

http://www.google.co.kr

http://www.naver.com

https://youtu.be/1AE_hjOLDtU?si=KFi3d0xNf8DZaWSu

약력

이지민 인하대학교 대학원 경영학과 졸업(경영학 박사)
대한항공 객실승무부 객실사무장
대한항공 객실훈련원 상위클래스전문과정 강사
인하공업전문대학 항공운항과 겸임교수
국가직무능력표준(NCS) 개발 · 개선 위원
현) 신구대학교 항공서비스과 전임교수

임유정 서강대학교 경제학 · 신문방송학과 졸업
KBS 한국방송 리포터
MBC 매일경제TV 증권부 캐스터
GS홈쇼핑 쇼핑호스트
신구대학교 비즈니스실무학부 항공서비스과 겸임교수
현) 라온제나 스피치아카데미 대표